U0694896

Study on Technological Diffusion
and Incentive Mechanism of Fungus

郑金英◎著

菌草技术扩散
及其激励机制研究

经济管理出版社
ECONOMY & MANAGEMENT PUBLISHING HOUSE

图书在版编目（CIP）数据

菌草技术扩散及其激励机制研究／郑金英著. —北京：经济管理出版社，2020. 7
ISBN 978-7-5096-7238-9

Ⅰ. ①菌… Ⅱ. ①郑… Ⅲ. ①食用菌—农业科技推广—激励制度—研究—世界
Ⅳ. ①F316. 13

中国版本图书馆 CIP 数据核字（2020）第 116929 号

组稿编辑：任爱清
责任编辑：任爱清
责任印制：黄章平
责任校对：王淑卿

出版发行：经济管理出版社
　　　　　（北京市海淀区北蜂窝 8 号中雅大厦 A 座 11 层　100038）
网　　　址：www. E-mp. com. cn
电　　　话：(010) 51915602
印　　　刷：北京玺诚印务有限公司
经　　　销：新华书店
开　　　本：720mm×1000mm /16
印　　　张：14
字　　　数：259 千字
版　　　次：2020 年 8 月第 1 版　　2020 年 8 月第 1 次印刷
书　　　号：ISBN 978-7-5096-7238-9
定　　　价：89. 00 元

· 版权所有　翻印必究 ·

凡购本社图书，如有印装错误，由本社读者服务部负责调换。

联系地址：北京阜外月坛北小街 2 号

电话：(010) 68022974　　邮编：100836

前　言

20 世纪 80 年代以前，世界各国都通过以林木中的阔叶树为主要原料来栽培香菇、木耳、灵芝等食（药）用菌。然而阔叶树资源紧缺，培植周期长，且不易人工栽培。随着食用菌产业的快速发展，特别是食用菌工厂化企业的迅猛发展，"菌林矛盾"日趋突出，资源遭到破坏，生态环境日益恶化，食用菌产业也面临原料短缺的威胁。为化解食用菌栽培大量消耗森林资源的难题，福建农林大学林占熺教授从野生和人工栽培的草本植物中筛选、培育数十种菌草，实现食用菌栽培"以草代木"，于 1986 年发明菌草技术，开创了菌草科学研究新领域，这项技术曾获得第 20 届日内瓦国际发明博览会金奖。经过 30 多年的不断研发推广，菌草技术在实践中日趋完善与成熟，到目前为止，可用 45 种野生或人工栽培的菌草栽培 55 种食（药）用菌，并从原来单一的食用菌代料技术拓展至菌草菌物饲料、菌草菌物肥料、菌草生态治理、生物质能源与材料开发等领域，建立起菌草综合开发利用技术体系。

自 1986 年起，菌草技术在福建省进行示范推广，并逐步向全国及世界各地扩散，先后被国家科委列为国家星火计划重中之重项目，被中国扶贫基金会列为科技扶贫首选项目，被福建省政府列为对口帮扶宁夏、智力支疆、科技援藏等项目；被联合国开发计划署和粮农组织列为"中国和发展中国家优先合作项目"，并被选为"南南合作"项目等。菌草技术在示范推广阶段就得到了时任福建省省长习近平的大力支持，到中央后他仍关心此事。2014 年，习近平总书记在与斐济总统谈及援助斐济的菌草项目时说："我十分关注菌草项目，它可以增加当地农民收入，这个项目在巴布亚新几内亚、非洲都取得了很大的成功，我相信它一定可以为当地人民做出贡献。"菌草技术至今已在全国 31 个省（市、自治区）的 487 个县（市、区）推广应用，在生态建设、扶贫减困、产业发展等方面发挥积极作用；通过培训、对外援助与国际合作等方式，菌草技术已传播到亚洲、非洲、大洋洲等 106 个国家，成为中国开展国际合作和农业外交的重要平台；并被列为中国–联合国和平与发展基金项目，成为落实联合国 2030 年可持续发展议程、助力全球减贫事业的重要农业技术。

菌草技术的优势在于能保护和改善生态，菌草技术推广的结果具有很强的正外部性，农户在采用菌草技术初期会提高成本、增加风险，在市场机制单独发生作用时，农户从自身利益角度出发不会自觉采用，菌草技术很难自发地扩散，所以在技术应用的前期，必须依靠政府推动和财政激励，以及技术推广部门前期先导性的示范推广，引导和带领农户采用菌草技术。在此背景下，研究菌草技术扩散及其激励机制，具有重要的现实意义。

本书由两部分组成，第一部分是在我博士论文《菌草技术采用行为及其激励机制研究——以福建省为例》的基础上补充与完善的。首先，对以往的研究文献进行综述，并界定了菌草技术的相关概念；其次，从背景描述到理论分析，再到实证研究；最后，进行总结并提出政策建议。研究内容主要包括四个方面：一是阐述菌草技术的发展历程，并总结了菌草技术在福建省内、国内、国外的推广与运用概况；二是从农业技术扩散系统、政府的宏观目标、生产者的微观动机等方面分析菌草技术扩散及其激励机制；三是基于福建省 18 个菌草产业发展试点县的调研数据，研究不同主体（农户和工厂化企业）对菌草技术的采纳行为，分析菌草技术扩散的影响因素；四是阐述政府激励政策的内涵及作用机制，研究应用政府激励机制促进菌草技术采用与扩散的理论依据和政策效率，并提出政府激励政策的优化对策。

本书第二部分主要就菌草技术的国内推广与国际传播进行研究，国内方面基于菌草技术在宁夏南部山区、陕西延安及贵州石漠化地区的推广扶贫实践，研究菌草技术在西部扶贫与生态治理中的推广模式及政策效应；国际方面着重研究菌草技术在国际间的推广应用为发展中国家减少贫困、改善民生，为我国开展和平外交和构建人类共同体所做出的重要贡献，结合典型案例分析菌草技术在贫困地区扩散的影响因素，最后提出拓展菌草功能、助力全球减贫与生态治理的政策建议。

目　录

第一部分　菌草技术采用行为及其激励机制研究
——以福建省为例

第二部分　菌草技术助力全球减贫

第一部分

菌草技术采用行为及其激励机制研究

——以福建省为例

第一章
导 言

第一节　选题背景及意义

改革开放以来，我国食用菌产业迅猛发展，食用菌产量由1978年的6万吨发展到2018年的3842万吨，占世界总产量的70%以上[①]，食用菌成为我国农副产品出口创汇的主要商品。在江苏、浙江、福建等沿海地区，食用菌的生产已由过去的小规模发展演变成巨大的产业化经济，并逐渐成为经济支柱。自1986年以来，福建省食用菌产量、产值、出口创汇连续30年一直位居全国榜首，2018年食用菌产量达418万吨（鲜重），产值达216亿元[②]。食用菌产业的发展，对促进农民增收和农业经济振兴有重大意义。

20世纪80年代以前，世界各国都以林木中的阔叶树为主要原料来栽培香菇、木耳、灵芝等食（药）用菌。随着菌业的迅猛发展，大量的木材被砍伐，据统计，我国每年至少有400多万立方米的木材成为食用菌原料被消耗掉，而福建省每年消耗的木材达100多万立方米以上（王豫生，2006）。由于阔叶树资源紧缺，培植周期长，且不易人工栽培，从而造成菌业生产与林业生态平衡之间的"菌林矛盾"，制约了食用菌产业的进一步发展。例如，福建省香菇（花菇）主产县寿宁县，1996年栽培花菇1.5亿筒，年消耗阔叶树木材10万立方米，该县1995年阔叶树木材蓄积量仅8.4万立方米，阔叶树的年生产量为0.6万立方米[③]，由于受到木屑资源的制约，现在香菇产量只有盛产期的1/3。实践证明，如果继续用林木资源做原料，以昂贵的生态效益换取短期的经济效益，将破坏生态平衡，造成水土流失，不仅菌业难以持续发展，长此以往甚至还会危及人类生存。

[①②]　福建省食用菌总站。
[③]　寿宁县食用菌办。

针对"菌林矛盾"这个世界性难题，1983 年，福建农林大学林占熺研究员率先开展了用草本植物替代阔叶树木屑栽培食（药）用菌的研究，并于 1986 年 10 月首次获得成功，发明了菌草技术，开创了菌草科学研究新领域，这项技术曾获得第 20 届日内瓦国际发明博览会金奖。经过 30 多年的不断研发推广，菌草技术在实践中日趋完善与成熟，到目前为止，可用 45 种野生或人工栽培的菌草栽培 55 种食用菌、药用菌①，已形成了配套的综合技术；"以草代木"栽培食（药）用菌，不仅能缓解菌业生产与林业生态平衡之间的"菌林矛盾"，促进菌业的可持续发展，而且经过多年的实践证明，用菌草栽培的食（药）用菌与用林木栽培的食（药）用菌相比，具有生产周期短、见效快、生物转化率高、质量好等特点。

　　自菌草技术发明以来，在国内已有 487 个县推广了此项技术，其中，在宁夏、新疆、陕西等西北地区和四川等西南地区，菌草技术成为扶贫和改善生态环境的重要项目；还传播到亚洲、非洲、大洋洲等 106 个国家和地区，成为中国开展国际合作和农业外交的重要平台②。虽然菌草技术是福建省自主创新的技术，在省内的扩散之路却步履维艰。一方面，由于福建省菌业生产可选择的原料来源广、渠道多，大多数农户长期以来习惯采用杂木屑、棉籽壳等原料栽培食用菌；另一方面，由于早期菌草栽培食用菌技术不够成熟等，影响农户对菌草技术的接受度，扩散进展比较缓慢。近年来，随着食用菌产业规模化、工厂化、专业化的快速发展和生态环境保护意识的不断增强，各地陆续出台了保护森林资源的政策，木屑等原料供应日趋紧张，棉籽壳、玉米芯等代料价格也不断上涨，因此，推广应用菌草技术的形势尤为迫切。2009 年福建省委、省政府审时度势，召开多次专题会议，进行研究部署，首次作为省立项目开展菌草产业发展试点工作，进一步推广菌草技术，重点以工厂化代料栽培、农户代料栽培食用菌，兼顾畜牧养殖和生物质燃料的应用，出台了一系列扶持菌草产业发展的政策措施，大力推动了福建省菌草技术的扩散。

　　一项新技术只有经过扩散，被广大生产者所采用，才能发挥它的最大效益。纵观菌草技术多年来在福建省的扩散状况，作为一项农业可持续发展技术，离不开政府部门的大力推广和政策激励，而食用菌生产者的技术采用行为又是决定菌草技术扩散成败的关键。因此，对食用菌生产者（农户和工厂化企业）菌草技术采用行为进行研究，分析农户和工厂化企业采用菌草技术的影响因素，

---

　① 林占熺. 菌草学 ［M］. 北京：中国农业科学技术出版社，2003.

　② 福建农林大学菌草研究所。

并对政府推进菌草技术扩散的激励机制进行研究，提出针对不同采用者的激励措施，对有效引导生产者加快对菌草技术的采用具有重要的理论补充和实践指导意义，也为政府制定进一步促进菌草技术扩散与采用的相关政策提供决策依据。

第二节　研究对象的界定

一、菌草、菌草技术

菌草的概念有广义和狭义之分，狭义的概念是指可以作为栽培食用菌、药用菌培养基的草本植物简称菌草。菌草既包括芒萁、五节芒、类芦、芦竹、芦苇等野生的草本植物，也包括象草、巨菌草、香根草、紫花苜蓿、串叶草等人工栽培的草本植物。广义的菌草还包括玉米秆、甘蔗、棉花秆、稻草等农作物秸秆[1]。本书研究的菌草主要是指狭义的概念。

菌草技术是指运用菌草栽培食用菌、药用菌和生产菌物饲料、菌物肥料的综合技术简称菌草技术。在技术研究领域，菌草技术不断向深度和广度延伸，朝系统化、工程化、实用化方向迈进，现已拓展到菌业生产、草业生产、生态保护、环境治理、生物能源等多个领域，为菌草产业化发展提供了理论科学依据和综合技术。主要由12个方面的内容组成：①菌草的种植技术，包括种植菌草治理水土流失、治理荒漠、沙漠的技术；②菌草加工机械及菌草的处理方法；③利用菌草栽培食用菌技术；④利用菌草栽培药用菌技术；⑤利用菌草生产菌物饲料技术；⑥利用菌草栽培食（药）用菌废料的综合利用技术；⑦利用菌草生产菌物肥料技术；⑧利用菌草栽培食用菌的贮藏、保鲜、加工等技术；⑨菌草栽培药用菌有效药用成分提取加工技术；⑩能源草以草代煤发电技术；⑪菌草养禽、畜综合技术；⑫菌草综合利用技术[2]。

本书研究所涉及的菌草技术主要是指人工种植菌草及利用所种植的菌草（包括野草）栽培食用菌、药用菌的技术。

---

①② 林占熺. 菌草学 [M]. 北京：中国农业科学出版社，2003.

二、农业技术扩散、农业技术采用、农业技术推广

1. 农业技术扩散

农业技术进步由许多环节组成，其中，农业技术扩散是关键环节。一方面，关系到农业技术成果能否转化成现实的生产力；另一方面，关系到农业生产者是否能够获取新技术以解决生产中的特定问题。农业技术扩散作为农业技术创新的后续环节，如果没有技术扩散，技术创新也就没有后续的动力，也就谈不上技术扩散的影响和成效。农业技术扩散的目的是使更大范围、更多的人群采用一项新的农业技术，并促进提高这些地区和人群经济、社会或生态收益，因此，从这个角度上来讲，农业技术扩散比农业技术创新更重要。

Roger（1962）明确地将技术扩散定义为一种新技术经过一段时间，通过一定的渠道在社会系统成员中交流的过程。这个过程包括新技术、传播渠道、经过一定的时间、在社会成员中进行传播四个要素的过程。Colemen（1986）也表明技术扩散的过程是信息流通的过程，要经过中间的桥梁，是信息通过桥梁的两步或多步流动过程。这种对技术扩散的定义代表了一种传播说的观点。Metcalfe（1991）则认为，技术扩散过程是新技术对老技术的替代过程，即技术扩散替代论。替代论的本质在于其强调扩散过程的不均衡特点，即扩散是一种均衡转移到另一种均衡水平的不平衡过程（盛亚，2002）。

关于农业技术扩散，国内学者做了大量的研究，沈达尊（1986）指出，农业技术扩散是指一项科技成果从开始为少数生产者少量采用到大多数生产者广泛采用的过程；刘笑明（2006）认为，可以把农业技术扩散看作是农业技术创新的一个后续子过程，也可以理解为是一个相对独立的传播、推广、扩散过程。它是指一种农业新发明、新成果或新技术等从创新源头开始向周边扩散传播、逐渐被广大农业生产者接受采纳和使用的过程。陈玉萍、吴海涛（2010）认为，农业技术扩散是指一项农业新技术在一定时间内通过某种渠道在社会经济系统中进行传播、适应的过程；农业技术扩散包括农业技术推广和农业生产者的技术采用，农业技术推广是农业技术扩散的最主要渠道。

2. 农业技术采用

Rogers（1962）从精神接受的角度，给技术采用下定义，认为技术采用是一种精神接受的过程，从开始听说一个创新技术到最后采用，这是一个精神的过程。Feder 等（1985）认为，从严格的理论和经验分析的角度出发，对于技术采用需要一个精确的数量定义。这样的定义把技术采用分为农户层面的技术采用和宏观层面的整体采用状况。例如，一个新技术在长期使用后达到一个均

衡状况，这时的农户技术采用的程度就是农户层面上的技术采用。Schultz（1975）认为，农民的资源利用有时没有效率，在这种情况下，通过引入新技术的学习或新技术的实验，帮助农户改变原来的非平衡状态，使他们达到一个新的均衡。汪三贵（1998）认为，农业技术的采用是指农业生产者首次接触某项技术并对该技术进行了解、思考、认可和掌握，进而把它应用到生产实践的过程，一般是指个体农业生产者选择并接受某项农业新技术的行为。技术的采用过程通常由五部分组成：①直感；②产生兴趣；③估价；④第一次实验；⑤采用或放弃。

从农业生产者的角度来看，技术采用是一个动态的过程。首先，生产者会收集技术"硬件和软件"方面的信息及已经采用该技术的生产者对技术的评价信息；其次，根据自身土地、资本、劳动力、人力资本等资源条件，再加上生产者本身的风险偏好等这些因素进行综合考虑，以决定是否采用该新技术。在这一时期内，农业生产者可能试验性地使用新技术或部分采用新技术。随着下一个生产周期的到来，农业生产者为了实现收益的最大化，在正式生产之前，根据以下几个条件决定技术采用类型及不同作物之间土地分配和可变投入的使用：上一时期获得的作物产量、收入和利润，在采用新技术过程中所获得的新的关于技术的信息和生产经验及本期农业生产者自身的资源禀赋状况。在一个周期的农业生产与技术采用之后，生产者对新技术的信息了解得越来越多，生产者自身资源禀赋得以改善。这样，生产者进入下一个生产周期，并作出技术采用决策。因此，从时间维度上来讲，农业生产者的技术采用是一个动态的决策过程。农业生产者技术采用受很多因素的影响，本书重点分析考察这些影响因素。

3. 农业技术的推广

1973 年，联合国粮农组织给农业技术推广下的定义，农业技术推广是通过教育来帮助农民的一种服务或体系，包括改进耕作方法、采用农业新技术、增加农产品效益和农民收入、改善农民生产生活水平，提高农村社会教育水平等方面。我国《农业技术推广法》指出，农业技术推广是指通过试验、示范、培训、指导及咨询服务等，把农业技术普及应用于农业生产产前、产中和产后全过程的活动。因此，农业技术推广工作主要由政府的农业科研和推广机构承担。

汪三贵（1998）指出，农业推广有狭义和广义之分，当一个国家处于传统农业发展阶段、市场经济不发达时，他们的农业技术推广主要是狭义的。狭义的农业技术推广限定在很小的范围内，一般是指推广种子、肥料、改良农作物等技术，或把农业新知识和能力传授给农民，以增加农民经济收入。在这种情况下，农业技术是制约农业生产的主要因素，因此，解决技术问题是农业推广的首要任务，这样，"技术推广"必然以技术指导为主。而当一个国家由传统农业转化为现代农业阶段、市场经济比较发达时，农业科学技术已不是农业生产的主要限制因素，农业推广已经发展为广义的，包括教育组织农民，培养农民领袖，改善农民的整个生活，以至于农业政策的实施等农村中所有与农民生活有关的内容。

4. 概念的区别与联系

农业技术的采用主要是指一个具体的或单个的农业生产者，在生产过程中，根据自身的特点，以及根据自然、经济和社会等环境因素的变化，进行调整而产生的一种有目的的行为，它是一个个体农业生产者的生产决策过程。而农业技术的扩散或传播是指农业技术在较大区域中被群体农民采用，是由众多的个人采用新技术的行为总和，是人们普遍采用的过程。农业技术的采用与扩散是互为前提的，一种农业新技术只有被生产者采用才能扩散，技术的采用速度决定了技术的扩散程度，技术的扩散过程包括了技术的采用过程。

农业技术扩散包括农业技术推广扩散和非推广扩散。当人们有意识、有目的、有计划、有制度、有组织地进行农业技术扩散时，就称为农业技术推广扩散。非推广扩散主要是指在无意识的活动中传播了技术信息，例如，文化交流、人口流动、大众媒介等并非有针对性的传播技术的活动，这些情形均属非推广扩散。农业技术推广促进并加快了农业技术的扩散，农业技术推广活动的最终结果也就是农业技术扩散。在农业技术扩散与传播的过程中，农业技术推广的各项活动促进了农业技术的扩散，农业技术推广起着主导作用。相反地，一项农业技术如果不进行推广活动是难以真正在农业生产上扩散的。

第三节　研究目标

1. 研究的总目标

本书通过对食用菌生产者（农户和工厂化企业）菌草技术采用行为进行研究，分析农户和工厂化企业采用菌草技术的影响因素，并对政府推进菌草技术扩散的激励机制进行研究，提出促进生产者采用的有效激励措施，为政府制定进一步促进菌草技术扩散与采用的相关政策提供决策依据。

2. 研究的子目标

本书立足点是福建菌草技术推广扩散的现状背景，研究落脚点是基于食用菌生产者（农户和工厂化企业）采用行为的政府激励机制。具体来说，要达到如下四个目标：

（1）基于福建菌草技术采用与扩散机制的基础上，对菌草技术扩散过程中不同参与主体进行辨析，从宏观和微观角度阐述菌草技术采用与扩散的动力，揭示菌草技术采用与扩散的特殊性。

（2）对菌草技术采用者——农户的菌草技术采用行为进行研究，分析农户采用菌草技术的影响因素。

（3）对菌草技术采用者——工厂化企业的菌草技术采用行为进行研究，总结工厂化企业菌草技术采用的特点和影响因素。

（4）阐述政府激励政策的内涵及作用机制，研究应用政府激励机制，针对不同采用主体制定不同激励措施，引导采用者加快对菌草技术的采用。

第四节　数据来源与调查方案

一、数据来源

本书研究过程运用的主要数据来源于以下三个方面：一是相关部门，例如，福建省农林大学菌草所、福建省食用菌技术推广总站，福建省农业农村厅；二是通过问卷调查和实地访谈获取的数据；三是公开发表的相关文献整理而得。

二、农户调查方案

1. 确定调查范围

本书的研究数据主要来自笔者在福建省 18 个菌草产业发展试点县（市、区）内筛选典型县（市）的实地调研。2009 年福建省确定将建宁县、将乐县、延平区、顺昌县、新罗区、武平县、连城县、寿宁县、古田县、福鼎市 10 个县（市、区）列为发展菌草产业试点县，培育典型，示范推动。2010 年又新增罗源县、闽清县、宁化县、泰宁县、松溪县、漳平市、长汀县、屏南县 8 个县（市、区）为菌草产业发展试点县（市、区）。为此，菌草产业发展试点县发展到 18 个县（市、区）。

2. 选择调查县（市、区）

（1）由于菌草具有多种用途，18 个菌草种植试点县（市、区）的菌草种植推广包括三个方面的内容：一是作为培育食（药）用菌代料生产的示范县

（市、区），二是作为饲料应用和污染治理的示范县（区），三是作为水土保持和生态修复的示范县（区）。根据本书的研究内容主要选择作为培育食（药）用菌代料生产的示范县（市、区）。

（2）食用菌按照生长所需的营养物质分为腐生、共生和寄生三种类型。大多数食用菌是腐生型的。以吸收禾草秸秆（如稻草、麦草）等腐草中的有机质作为主要营养来源的菌类称为草腐菌，例如，双孢蘑菇、姬松茸、草菇等，所需栽培主要原料为作物秸秆及禾本科秸秆原料，草腐菌生产的本身无须消耗林木资源。另外一类是以木材为主要营养源的菌类称为木腐菌，它们分解木材中的纤维素、木质素，吸收其中的有机质作为主要营养来源，例如，香菇、木耳、平菇、灵芝和猴头菇等，木腐菌的生产需消耗林木资源①。根据本书的研究目标，主要是研究以草代木，解决"菌林矛盾"问题，所以选择以木腐菌为主要生产品种的县（市、区），兼顾少数典型的草腐菌主产县。

（3）被福建省确立为菌草产业发展试点中的许多县（市、区），是食用菌生产的明星县，他们生产食用菌历史悠久，产业基础好。在被确立为省级试点之前，地方政府已经都在探索推广菌草代料技术。

综合以上三方面的原因，确定了连城县、武平县、漳平县、寿宁县、顺昌县、松溪县、泰宁县、福鼎（市）八个县（市）为主要调查点。

3. 县选取典型样本村

走访八县农业局食用菌办部门，获得适合于本书的典型调查村。典型村必须同时具备三个条件：必须是菌草技术推广试点村；有部分种植户采纳了菌草技术，部分没有采纳菌草技术；主要为木腐菌生产专业村，同时兼顾不同菇种。由于随机抽取同时满足这三个条件的样本点比较困难，因此，我们采取典型调查方法。最终，我们获得16个典型样本村（见表1-1）。

4. 典型村随机调查农户

在16个典型村进行实地调查时，调查员完全随机地选取食用菌种植户进行面谈式问卷调查。同时，笔者联系到村主任、食用菌专业合作社、农技推广站等相关人员进行主要知情人访谈，并获得了一些书面材料。

调查分四步完成：

第一步，笔者于2010年7月赴寿宁县进行调研。该县是花菇生产重点县，菌草技术采用基础好，笔者主要与该县的花菇生产专业合作社、专业种植大户、乡、村主任及县食用菌办负责人员进行访谈。这主要是为了"发现问题"，为下一步问卷设计做好准备。

---

① 林占熺. 菌草学［M］. 北京：中国农业科学出版社，2003.

第二步，设计调查问卷。调查问卷《菌草技术采纳行为影响因素调查问卷》由笔者设计，根据相关理论和前人的研究基础，结合菌草技术的特点，调查问卷共分为"菇农基本特征""菇农家庭经营情况""菇农生产成本收益情况""菇农菌草技术采用情况"四大部分进行。而菌草技术采用情况又分为"技术因素、外部环境、相关行为、市场因素、信息渠道、技术服务情况"六个模块。

第三步，进行预调研。在正式调查前，笔者于2011年2月在连城县清泉乡儒畲村进行了预调查。调查发现，不同的农户对问卷内容的理解有差异，为了方便调查，根据预调查中发现的问题和专家咨询建议，笔者对原问卷进行修改完善，最终形成了这份调查问卷（见附录一）。

第四步，进行实地调研。于2011年3~4月在8个县16个典型样本村开展问卷调查。调查小组由笔者带队，邀请福建农林大学经济管理学院的八名研究生。在正式调查前，笔者对调查员就调查目的、调查表格内容、科学提问方法、调查表填充方法、调查注意事项等内容进行了简短培训。

本次共调查了450户食用菌种植户，获取调查问卷450份。经过对问卷信息筛选和可靠性评估，最后得到有效问卷393份，占全部收回问卷的87.5%。其中，连城县55份、武平县43份、漳平县52份、寿宁县56份、顺昌县42份、松溪县45份、泰宁县43份、福鼎市57份（见表1-1）。

表1-1 对福建省食用菌种植户采纳菌草技术情况的调查

被抽中的县市区 （典型调查）	食用菌专业村 （典型调查）	主要生产的菇种 （典型调查）	被调查的户数 （随机调查）	获取有效调 查问卷卷数
连城	儒畲、培田村	灵芝、香菇	60	55
武平	宁洋村、东峰村	香菇	50	43
漳平	象湖村、宝山村	木耳	60	52
寿宁	大熟村、童洋村	花菇	65	56
顺昌	沙墩村、河墩村	姬松茸	50	42
松溪	登山村、项溪村	香菇	50	45
泰宁	朱口村、音山村	香菇	50	43
福鼎	照兰村、太阳头村	蘑菇	65	57
合计			450	393

资料来源：笔者根据典型调查和随机抽样所得。

三、企业调查

对福建省食用菌总站进行访谈，了解菌草推广试点县的工厂化企业发展的总体情况，发现顺昌的工厂化企业发展速度较快，菌草技术采用最好，所以，企业的调研确定以顺昌县 31 家工厂化企业为对象进行调研，而且顺昌县也是我们农户调查的典型县，这样在顺昌县的调研就可以农户和企业同时开展。企业的调研主要是以和企业主访谈了解情况，同时也设计了企业调查问卷（见附录二）进行企业调研。

第五节　研究的技术路线与研究内容

一、研究的技术路线

本书按照"背景描述—理论分析—实证研究—政策建议"的思路进行写作。在进行文献综述的基础上，首先，描述了福建省菌草技术发展及菌草技术扩散的现状背景，运用农业技术扩散理论对菌草技术的扩散机制进行分析，并对食用菌生产者采用菌草技术进行技术经济分析，在此基础上分别对菌草技术采用者（菌农和食用菌工厂化企业）的技术采用行为进行研究。其次，农户的技术采用行为研究是运用实地问卷调研数据，采用计量经济模型，研究食用菌生产农户菌草技术采用行为，找出影响农户采用菌草技术的因素；工厂化企业运用典型地区的案例对其采用行为进行研究。最后，对政府激励政策的作用机制进行研究，根据采用者行为特点，提出构建新的政府激励机制，针对不同采用主体制定不同激励措施，引导采用者加快对菌草技术的采用。具体的研究路线如图 1-1 所示。

二、本书的研究内容

按照上述研究思路，本书的结构安排及内容如下：

第一章为导言。依次论述本书的研究背景及意义并界定研究对象，阐述研究目标及研究的技术路线和研究的内容、研究方法、研究创新点和不足之处。

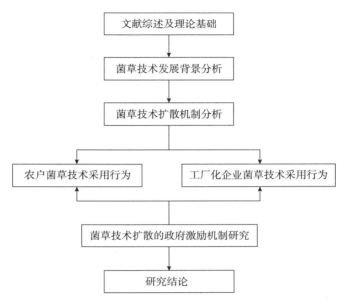

图 1-1　本书研究的技术路线

第二章为研究综述与理论基础。对国内外相关的研究文献及理论进行系统的梳理，并进行总结评价。

第三章为福建省菌草技术发展背景分析。全面分析了福建菌草技术发展的背景，从菌草技术研发成功、在实践中试用与推广的整个过程进行描述与分析，并总结了菌草技术在实践中的运用情况。

第四章为菌草技术采用与扩散机制分析。从菌草技术采用与扩散系统的角度，对其参与主体进行辨析，从宏观和微观的角度阐述菌草技术扩散系统的运行动力。宏观角度主要从菌草技术的经济特性出发，阐述政府的主导作用。微观角度主要从理论上分析生产者技术采用的动力来自经济效益，对农户采用菌草技术的成本—效益进行测算。

第五章为菌草技术扩散中的农户采用行为研究。对农户技术采纳行为的相关理论进行综述，获得技术采纳行为研究的一些经验，进而提出本书中菌草技术采用行为的研究框架，运用大样本调查数据，建立 Logistic 回归分析模型进行实证研究，分析农户采用菌草技术的影响因素和程度，并在此基础上得出结论和启示。

第六章为食用菌工厂化企业菌草技术采用行为研究。包括对企业技术采纳行为的相关理论进行综述；对食用菌工厂化企业的生产特点和菌草技术采用特点进行分析，运用典型案例对工厂化企业采用菌草技术的影响因素进行实证研究。

第七章为菌草技术采用与扩散中的政府激励机制研究。从理论上阐述政府激励政策的内涵及作用机制，根据农户采用行为和工厂化企业采用行为的研究结果，探讨政府菌草技术推广中激励机制的内容与方式。

第八章为研究结论与政策建议。归纳全书的研究结论，提出基于生产者采用行为的菌草技术扩散的激励政策建议。

第九章为本书第二部分菌草技术助力全球减贫的导论，概述贫困理论的发展、我国农村扶贫实践的历史演变，阐述全球减贫事业及我国农业援外与国际合作的概况。

第十章为菌草技术扩散与减贫实践。从菌草技术产生的背景、菌草技术国内推广扶贫历程及菌草技术扩散助力全球减贫进行了全面的阐述，并对菌草技术在贫困地区扩散的影响因素进行分析。

第十一章为菌草技术国内推广实践——以西部扶贫与生态治理为例。研究菌草技术在西部扶贫与生态治理中的推广模式及政策效应。

第十二章为菌草技术援外与国际减贫合作典型案例分析。着重研究菌草技术在国际间的推广应用，为发展中国家减少贫困、改善民生，为我国开展和平外交和构建人类共同体所做出的重要贡献，结合典型案例分析菌草技术在贫困地区扩散的影响因素。

第十三章为拓展菌草功能，助力全球减贫与生态治理。分析菌草业的多功能性，提出拓展菌草功能、助力全球减贫与生态治理的政策建议。

第六节　研究方法及创新说明

一、研究方法

本书在理论论证和实地调研的基础上，采用规范分析和实证分析相结合、定性与定量分析相结合、归纳与演绎相结合及比较分析、案例分析等方法的综合运用。具体方法：采用文献归纳法整理国内外学者在农业技术扩散和农户技术采用行为方面文献的研究，在此基础上找出研究的切入点并提出问题。采用访谈调查法对相关的政府管理部门、技术服务部门、菌草技术科研部门进行访谈调查，从面上了解菌草技术扩散推广的基本情况。采用问卷调查法对福建省菌草技术推广试点县的农户采用菌草技术的情况开展调研，并以计量分析法——Logistic 回归模型对农户采用菌草技术行为进行计量分析。采用案例分析法对企业菌草技术采用行为进行研究。

二、创新说明

（1）从选题的角度来看，对农业技术的采用与扩散，前人已做了大量的研究，菌草技术作为农业技术的一种，又有别于常规的农业技术，目前对菌草技术的研究主要集中在技术领域，而从经济学角度，目前还未见到对其在实践中的扩散情况进行全面系统的研究。

（2）在深入调研的基础上，系统地对食用菌生产农户采用菌草技术的成本和效益进行解剖和测算。运用数学模型对农户采用菌草技术的影响因素和程度进行定量分析，运用典型案例对工厂化企业采用菌草技术的影响因素进行实证研究。

（3）一种特定的技术，两种不同性质的采用者，其采用行为不同，本书在分析各自行为特点的基础上，分别就传统农户模式、工厂化企业模式提出针对性的菌草技术采用激励政策，并首次提出借助"工厂式菌包专业化生产+农户出菇管理"新模式，通过建立更加容易操作的激励约束机制来推广菌草技术，为菌草技术的推广提供了一个全新的思路，其观点具有创新性。

第二章
研究综述与理论基础

第一节 国内外研究现状

一、国外研究现状

1. 农业技术扩散的相关研究

农业技术扩散的研究最早可追溯到 20 世纪 20 年代，人类学家在这一时期的研究中发挥了重要作用。人类学家开创了农户行为调查方法的先河，他们深入部落或村庄，通过与被调查者长期共同生活、分享经历来获得第一手的研究数据。这种参与式研究方法有助于客观了解创新的扩散过程及结果，这构筑了农户行为调查方法的基础。此外，人类学研究还更关注技术创新在不同文化之间的扩散，例如，威斯勒（1923）对早期西班牙开拓者向美国西部的印第安部落引进马的扩散研究，以及美国印第安人向欧洲殖民者传播玉米种植的扩散研究等。

人类学家早期对技术扩散的研究也引起了社会学家的兴趣与关注，瑞安和格罗斯（Bryce Ryan 和 Near Gross，1943）对杂交玉米的扩散研究，从理论框架到研究方法都极大地影响了后来的研究者，例如，对技术的采用率、影响因素及传播网的作用等都进行了详细的调查，并由此建立起了典型的扩散研究设计方案。他们在扩散研究中运用的一次性调查访问法后来成为一种典型的范例，直到现在仍被沿用。瑞安和格罗斯对杂交玉米扩散研究的学术影响远远超越了农业创新扩散的研究范围，对后来的扩散研究者产生了巨大的影响力。

地理学家另辟蹊径，把空间作为一个重要变量，以地图作为载体来研究空间距离如何影响农业技术的扩散，瑞典地理学家哈格斯特朗（T. Hagerstrand，1952）是这一领域的先驱，强调空间是影响农业技术扩散的主要因素，由此奠定了扩散空间研究的理论基础，开创了扩散研究的一个新方向。哈格斯特朗根据理论上扩散在空间发生的情况构造了著名的"平均信息域"模型，在确定了一项农业创新的第一个采用者的位置之后运用计算机模拟接下来的扩散过程，然后将模拟结果与实际数据进行比较，得出只有当潜在的采用者关于创新的信息积累到一定的临界值时，模仿采用才会发生，空间越临近的模仿效应越明显。哈格斯特朗还对空间扩散的极化效应、中心效应及近邻效应等分布规律做了深入的研究。

早期每一学派对扩散的研究都自成一体，各学派之间的交流很少，到了20世纪60~70年代，农业技术扩散的研究愈来愈受到研究者的普遍重视，各学派之间的交流也不断增加，研究领域也从早先的农村社会学和人类学扩展到了社会学、教育学、传播学、经济学、心理学等学科的诸多领域，扩散研究的成果大量增加；同时应用定量化研究以及建立数学模型用来描述、解释扩散过程等新方法也从工业领域应用到农业技术扩散中。更为重要的是，发达国家的学者把农业技术扩散研究目光逐渐转向发展中国家，并深入贫困地区开展研究，发展中国家本土研究人员对于农业技术扩散的研究也有了很大的发展。孟加拉的赛德·A. 拉黑姆、哥伦比亚的保罗·J. 道彻尔曼（1962）指出，在设施环境和文化环境存在较大差异的情况下，发展中国家的农民在技术采用方面与发达国家具有的大致相同模式；弗利戈（Fliege，1968）则认为，发展中国家的农民在采用创新时很少关注创新的经济回报，更关注社会的认同。

此后，学者探讨和反思已有研究存在的缺陷，把研究视角转向对技术采用者的关注。一是反思以往研究中不自觉的（预先）赞成创新的偏见。即很多学者想当然的认为农业技术创新都是有益的，所有的社区成员都不应拒绝采用；二是对所谓"个体指责"的反思，卡普兰和纳尔逊（1973）指出，以往研究者在一项农业新技术扩散受阻时，常常把责任归结于个体（采用者或推广者），而不是向个体构成的整个扩散系统寻求答案；三是反思之前忽视对技术扩散的后果研究，包括一项新技术扩散后所引发的社会不平等、贫困加剧等问题。

20世纪80年代之后，农业技术采用与扩散的研究在前期成果的基础上不断地深化，在理论和方法上不断开拓新的研究方向。一是农民的主体地位得到认可。发达国家的学者认为，农民才是农业技术的扩散主体，农民对于技术的获取其实是根据自己的生产需要而主动寻找并作出采用决策的过程，而技术推广应该只是根据农民的需要而提供的咨询服务；与此同时，农民参与式技术发展（Participator Technology Developmen，PTD）的研究不断深入，农民评估与农民试验的方法得到应用。二是农业生态环保技术扩散研究受到关注。生态环保技术的公共物品属性及其应用的外部性决定了其扩散采用的特殊性。Vanclay 和

Lawrence（1994）指出，由于环境技术的公益性、高成本和外部性与农民的经济理性相悖，所以要提高农户对生态环保技术的认可度，必须改变影响采用行为动机的传统观念。三是积极探索农业技术扩散研究的新方法。博弈分析、期限分析、动态分析等新的研究方法逐步得到运用（Leggesse David，2004），利用期限分析方法研究了埃塞俄比亚农民技术采用率的规律。

2. 农业技术采用及其影响因素的研究

农业技术采用及其影响因素的研究可以追溯到 20 世纪 50 年代后期，格里利切斯（Zvi Griliches，1959）在研究杂交玉米的推广方式时得出：杂交玉米采用速度的有力解释变量是绝对产量的增加、产量和价格的变动以及由此导致的风险和不确定性等这些有利性因素的差别，而不是有关人性、教育和社会环境方面的差别。舒尔茨（T. W. Schultz，1964）在《改造传统农业》的一书中也肯定了有利性是农民对新农业要素的接受速度的强有力的解释变量，并指出研究农民技术需求时还要关注农民对新要素的寻求和如何学习使用新要素。罗杰斯（Rogers，1983）认为，采用者对新技术的采纳决策过程包括认知阶段、说服阶段、决策阶段、执行阶段和确定阶段五个阶段，而每个阶段又受到一系列变量的影响（Linder，1987）。把农户技术采用行为的实证研究归为两大类：第一类是否采用的问题，第二类何时采用的问题。

斯旺森（B. E. Swanson，1991）认为，障碍力和驱动力是影响农户的技术采用行为的两个主要因素，要想使农户尽快采用新技术，推广人员必须努力减少障碍力、增强驱动力；Kaliba 等（1997）在研究坦桑尼亚农户采用奶牛养殖技术时利用 Heckman 模型进行实证分析，研究结果表明，户主的性别、年龄、家庭劳动力人数和农户耕地规模都对农户采用奶牛养殖技术行为产生影响；Adesina 和 Zinnah（1993）采用 Tobit 模型研究了农民对农业技术特性的认知程度对技术采用决策行为的影响，结果表明，农民对农业技术特性的认知程度对农民的技术采用决策有显著的影响，如果在研究农民技术采用行为的模型中，忽略了农民对农业技术特性的了解程度这一变量的话，会使估计的结果有偏，因此，在评估农民的技术采用决策行为时应考虑农民对农业技术特性的认知这一影响因素。Dong 等（1998）对印度三个村庄的农户采用高产品种行为进行研究，结果表明，户主年龄大的农户和家庭人口少的农户往往更愿意采用高产品种，这是因为年龄大的农户拥有更丰富的农业生产经验，所以更愿意采用高产品种。Doss（2001）对性别如何影响非洲农民技术选择进行了研究。他认为性别差异会影响到农民选择技术的偏好，例如，妇女在选择玉米新品种时更倾向于选择耐储存易加工的新品种，而男性则会选择具有其他特性的玉米新品种，此外，性别会对其他因素（如劳动力、土地规模、农业投入和技术推广服务等）产生影响进而影响到农户的技术选择行为。

关于激励机制对农业技术采用的重要性，学者的认识比较统一。Sander（1999）分析了直接激励与间接激励的内涵与作用，直接激励主要包括补贴、奖励和贴息贷款等，间接激励主要指法律法规等。Carey（2002）建立一个随机动态模型，研究经济激励因素的不确定性和未来干旱程度的随机性对于节水灌溉技术采用的影响，认为潜在的水市场会促使水源充足地区的农户反而比短缺地区的农户更容易采用节水技术；Hellin 和 Schrader（2003）研究了拉美地区农民对一项水土保持技术的采用情况，结果发现，一旦对农民的直接激励停止，他们大多数也将立即放弃这项技术的采用；Chokri Dridi（2005）分析了农户和水管理部门间的信息不对称时水资源分配和节水技术采用的激励机制，表明逆向选择阻碍了节水技术的使用，水权交易激励农户采用节水技术。

二、国内农业技术创新扩散的研究进展

1. 农业技术扩散的研究

国内的研究起步比较晚，直到 20 世纪 80 年代初，关于农业技术扩散的研究才开始受到了学界的关注与重视，起初主要以宏观视角的研究和介绍国外的研究成果为主，例如，农业技术推广体系建设研究、农业技术的供求机制研究，农业技术扩散的国际比较研究等。之后国内学界在借鉴国外理论基础上，对农业技术扩散进行比较系统的研究。

（1）完善了农业技术扩散的理论。沈达尊（1986）指出，农业技术扩散是指一项科技成果从开始为少数生产者少量采用到大多数生产者广泛采用的过程；黄季焜（1994）的《农业技术的采用和扩散》对农业技术采用和扩散的理论、研究方法和模型作了概括；汪三贵（1998）在《技术扩散与缓解贫困》对农业技术扩散的内涵与机制进行了研究，认为农业技术的采用是指个体农户对某项技术选择、接受的行为，而农业技术的扩散或传播是指在较大区域中群体农民对技术应用的行为总和，是总括意义上的技术运动；周衍平等（1998）把农户按采用新技术的先后顺序分为率先采用者、跟进采用者和被迫采用者，在部分农户采用新技术并取得利润后，另一部分农户就会跟进采用，接着后继者也被迫采用以获得新技术的收益，余下不采用新技术的农户则可能面临没有效益的困境。

（2）总结了农业技术扩散机制与模式。朱希刚（1993）指出，应依据农业新技术的不同属性，采用市场扩散与政府推广二元复合驱动机制。对于那些私人产品属性的技术，可以实行市场扩散机制；对于那些公共产品和准公共产品

属性的技术，则应由政府主导推广，并给予财政补贴。刘㷷翔（1999）认为，农业技术扩散模式主要有农户需求主导型和政府供给主导型两种，前者是一种自下而上的体现农户现实需求的技术扩散模式，后者则是一种通过政府推广诱导农户采用新技术的技术扩散模式。

（3）开始应用数学模型实证研究。例如，林毅夫（1994）构造了一个技术采用的有价证券选择模型，对湖南省杂交水稻采用的抽样调查数据进行实证分析，结果显示，农户受教育水平对农户采用杂交水稻的概率和采用密度均有显著的正效应；汪三贵等（1996）利用 Probit 和 Logit 模型对贫困地区农户采用地膜玉米覆盖技术的行为进行分析，指出在信息不完善、面临主观风险的情况下，对技术内容和效果的不了解使贫困地区的许多农户放弃、推迟或减少了新技术的采用；还有陆迁等（1998）对吨粮田模式化栽培技术的扩散实证研究；等等。

（4）农户在技术扩散中的主体地位研究开始受到学界的重视。李季等（1998）认为，农业技术扩散的主体应该是农户，因为农业技术扩散的动力主要来自农户需求；农业技术的研发与推广的目的是为了农户，而采用与否、采用的程度等取决于农户的决策。推广体系的建立也应是围绕以农户为主体的组织体系而非单纯官方的组织，技术推广服务应是基于农户的需要而非政府或专家的意愿。高启杰（2000）则认为，我国农业技术创新扩散的主体已经呈现出农业科研院所、高等院校、推广机构、农户和农业企业的多元化特征，鉴于我国农业的经营规模较小、大的农业企业不多的国情，不宜过分突出农户和农业企业在农业技术扩散过程中的主导地位。

进入 21 世纪至今是我国农民生计改善最快的阶段，国家的农业科技政策目标也从以粮食安全政策为主转变为促进多元化生产、保护生态环境等内容，要求建立多元化农业科技推广体系，增加公益性技术和新型技术的供给；与此对应，这一阶段关于农业技术创新扩散的研究也在逐步深入，研究方法也不断拓新。例如，徐玖平（2001）以旱育秧技术推广扩散为例，通过分析该技术的扩散机制建立相应的数学模型，用控制论的方法对该技术的扩散系统的能控性、能达性、能观测性、稳定点等进行讨论，进而分析其经济意义，揭示技术扩散过程中来自相关方面诸多因素影响技术扩散的复杂机制。并对该技术的推广前景做了短期预测和政策评价，提出相应的意见和建议。常向阳、姚华锋分析了影响我国农业技术有效扩散的宏观与微观层面的因素，并提出相应的对策思路。张岳君（2006）对技术采用行为的不确定性约束和流动性约束进行了理论探讨，提出建立农业技术保险的设想。陶佩君（2006）则从社会化小农户的角度研究农业技术创新扩散，提出农民素质和信息传播方式是影响农业技术创新扩散和采用的两大重要因素。满明俊（2010）从微观角度研究西北传统农区农户技术采用行为，探寻农业技术扩散过程的内在规律，研究表明，农业技术扩散过程中存在"邻近效应"和"规模等级效应"的空间分布规律。

2. 农业技术采用及其影响因素的研究

康云海（1998）认为，农户在决定是否采用一项新技术时表现出理性的特点，他们会考虑该技术可能带来的产量变化及与此相关的成本等因素，从而得出可能带来的收益预期；同时还会将新技术与正在使用的技术进行比较。康涛等（1996）认为，我国农民采用新技术一般具有求稳、从众、现实等心理特点，发达地区还有高需求、高效益、大开放心理，而贫困地区农民则还有安贫、依赖、自卑的心理。高启杰（2000）根据对国外研究农民行为的已有结果，结合我国的实际，提出阻碍力和驱动力是影响农民技术采用行为的主要因素，它们都来自农民本身及其环境两方面。阻碍力是内因，主要包括农户年龄、性别、受教育年限、交际水平、经营能力；驱动力是外因，主要有技术供给、推广服务、信贷条件、政策法规、基础设施等。赵海东（2005）认为，农户技术需求行为是利润最大化的函数，农户会选择边际替代率较高的技术，农业技术需求的均衡点是技术的预期边际收益等于预期边际成本。喻永红等（2006）运用效益—成本边际分析法对可持续农业技术（Sustainable Agricultural Technology, SAT）采用不足进行了分析，认为其原因在于外部性和不确定性。基于外部性的视角，SAT采用不足是农户技术采用的目标与社会的目标之间的差异的表现；基于不确定性的视角，SAT采用不足是农民的风险规避态度的表现和认知不确定性所导致的主观风险的表现；进而提出促进可持续农业技术采用的措施可以从外部性内部化和降低不确定性两个方面进行。彭新宇（2007）对养殖专业户采纳沼气技术防治畜禽污染进行技术经济评价和行为研究，为畜禽养殖污染防治提供一个经济学分析框架，进而提出基于专业户畜禽污染防治的绿色补贴政策，为政府决策提供理论依据和政策建议。吴敬学等（2008）认为，在市场经济条件下，农户采用农业科技的动力主要来源于未来的收益预期，农业弱质性会增大采用农业科技的风险性，信息的有限性又会降低农业科技的预期边际收益，进而形成农户采用农业科技的阻碍力；而农业比较效益低、农业科技高成本性和较强的正外部性更降低了农户采用新技术的积极性；所以加快农业科技成果的转化首先要提高农户采用农业科技的预期收益。

对农户技术采用行为的影响因素研究，既有以农户问卷调查和统计分析为主，结合心理学和行为科学的定性分析，也有利用计量经济模型实证研究各影响因素对农户采用某种技术的影响程度。朱希刚等（1995）运用 Probit 模型对贫困山区农户技术采用行为进行研究，结果表明，采用技术后粮食产量的增加、农户与推广机构的联系、中心离乡镇的距离、政府对采用技术的激励等与农户采用技术呈正相关，而农户非农收入水平、农户民族特征等与采用技术呈负相关。蒋和平（1996）认为，农户是否采用新技术由农户经济行为决定，同时，农户的技术行为反作用于经济行为，也就是说农户采用技术的效果将影响农户经济行为的决策。宋军等（1998）采用 Probit 统计估计法，在分析农民技术选择影响因素的基础上，对农户高产技术行为和节约劳动型技术行为进行了比较研究。张云华等（2004）使用 Logit 模型分析了山西、陕西和山东 25 个县（市）农户采用无公害及绿色农药行为的影响因素，结果表明：农户人口数、耕地特征、农户能力特征、农户对农药的认识、农户与涉农企业和农业专业技术协会的联系等会对农户采用无公害及绿色农药技术行为产生影响。周艳波（2008）从农产品质量安全的角度对农户安全技术的选择行为进行了研究。在探讨农户技术选择行为理论的基础上，通过实地调查得到的数据，利用 Logistic 模型从农户的认知程度、资源禀赋和农户禀赋等方面对农户安全技术选择行为进行了实证研究，并得出了相关结论。

国内对于激励机制促进农业技术采用方面也有研究，韩青（2005）依据利润最大化原则，通过建立未引入激励机制的农户灌溉技术选择的完全信息静态博弈模型和引入激励机制的博弈模型，认为由于现有的农业灌溉水价偏低、政府相关的政策和配套措施不完善、不到位等因素都会影响农户对于灌溉技术的选择。得出结论：有效的激励机制可以增加农户选择先进节水技术的预期，使农户灌溉技术供给行为从违约转向合作，从而增加节水灌溉技术供给。赵学平和陆迁（2006）以委托代理理论研究了农户焚烧秸秆的控制方法，探讨了建立向秸秆回收综合利用企业进行补贴，从而对农户进行转移支付的激励机制的可行性，认为只有向秸秆回收综合利用企业进行补贴、制定合理的补贴标准，才能建立起对农户参与秸秆环保处理方式选择的长效激励机制。

3. 菌草技术扩散与采用研究

国内对菌草技术的扩散研究较少，菌草技术发明者林占熺（2005）在《中国菌草技术的推广与扶贫实践》一文中阐述了菌草技术的研究现状及其在国内外的推广扩散概况，介绍了宁夏的"集中连片、整村推进产业发展"和南非的"菌草旗舰计划"等推广模式。王豫生等（2006）在回顾菌草技术的发明与发展历史进程的基础上，基于社会学的视角，重点剖析了菌草技术的推广扩散在解决贫困问题、生态问题和性别问题等方面的社会学价值。陈少钦、黄国勇介绍了菌草技术在宁夏、新疆等地推广应用实践经验。胡凤巧等介绍了宁夏盐池县通过引进高生物量优质菌草品种来推广菌草技术，选出适宜干旱风沙区食用菌发展的最佳效益生产模式，在降低生产成本的同时，实现经济、生态、社会效益的有机统一。

三、国内外研究的比较和结论

综合国内外农业技术采用与扩散的研究，可以看出，国外的研究在经历百余年的发展过程后，从理论上已经形成了较为完善的体系，在方法上也不断创新并趋于成熟。大体上呈现以下三个特征：①农业技术扩散的研究已涉及多个学科，例如，人类学、社会学、地理学、经济学等，这就为扩散研究的深入扩大了研究视角、丰富了研究内容；②无论是对宏观层面的技术扩散，还是在微观层面的采用行为，都做了比较深入的研究，并逐步从宏观研究向微观研究转变；③国外关于农业技术扩散的实证研究比较多，研究内容针对性强、研究结论可信度高；研究方法从早期应用线性方法、回归分析的基础上，开始运用期限分析、博弈模型、结构方程模型（Statistical Parametric Mapping，SPM）等更为复杂的分析方法。

国内研究者在借鉴国外理论，结合具体国情的基础上，对农业技术采用与扩散进行系统深入的研究，取得了丰硕的研究成果，但与国外相比仍存在一定的差距：从研究视角上来看，国内研究多数仍停留在对农业技术扩散相关主体的静态分析上，针对不同主体间的互动行为研究比较鲜见，更缺乏对工厂化农业企业的技术采用行为进行研究；从研究内容上来看，对国外理论和方法的推介及传统农业技术的扩散研究较多，对农业生态技术、农业环保技术扩散等方面的研究较少，尤其是具有实用性和可操作性的研究成果还比较少；从研究的方法上来看，对于调查对象和方法的选择，国内主要以一次性调研所形成的事后分析为主，较少按国外学者常用的案例式的过程研究方法；从应用数学模型实证研究方面来看，国内的学者也较少运用期限分析、博弈模型、结构方程模型（SPM）等复杂分析方法。

综上所述，国外农业技术采用与扩散研究从 20 世纪初诞生以来已取得了较大进展，国内研究起步晚，发展快，与国际水平间在研究视角、研究内容和研究方法等方面还存在一定的差距，有待进一步的探索研究。现有的研究，对于菌草技术扩散的研究较少，而且缺乏从技术需求方的角度进行探讨，有待通过深入系统的研究来揭示农户（企业）技术采用行为对菌草技术扩散的影响，以期为解决菌草技术有效需求不足的问题，引导、规范与优化农户（企业）行为提供建议，继而为政府有效的政策机制设计和制度安排提供较好的参考依据。

第二节　相关的理论基础

一、技术创新扩散理论

技术创新理论的鼻祖、美籍奥地利经济学家熊彼特（J. A. Schumpeter，1990）认为，技术创新扩散是技术创新的大面积或大规模的"模仿"。斯通曼（P. Stoneman，1993）把技术创新扩散定义为一项新的技术的广泛应用和推广，他认为一项新发明的技术，"除非得到广泛应用和推广，否则它不以任何物质形式影响经济"。我国清华大学傅家骥将技术创新扩散描述为"技术创新扩散是技术创新通过一定的渠道在潜在使用者之间传播、采用的过程"。技术创新扩散理论经过近百年的发展，已形成较为完整的理论体系，主要有传播论、学习论、替代论、博弈论等四种理论。

1. 传播论

传播论是技术创新扩散研究中最有影响的理论，认为技术创新扩散的过程总是伴随着信息的传播，信息传播的主要功能是促使潜在的采用者改变行为，成为现实的采用者。传播论的代表人物是新墨西哥大学埃弗雷特·罗杰斯（E. M. Rogers，1983），其经典之作是1983年发表的《创新的扩散》，他认为技术创新扩散是创新技术在一定时间内，通过某种渠道，在社会系统成员中进行传播的过程。一般来说，信息传播的渠道有两大途径，主要分为大众传播和人际传播两大类，大众传播是通过媒介来实现的，人际传播是人与人之间的信息交流。新技术拥有方（即传播者）组合使用各种传播渠道将新技术信息传播给其他成员；通常信息传播模式分为直接传播模式、间接传播模式和多级传播模式，当一项创新技术最初引入市场时，一般先采用直接传播模式，因认识新技术者较少，所以扩散速度缓慢，随着时间推移，采用者不断递增，并成为创新技术的提供者和传播者，间接传播模式和多级传播模式被采用，加速了创新的扩散。当创新技术扩散到一定时，潜在采用者不断减少，市场趋于饱和，扩散速度不断下降，从而形成了随时间呈"S"形的扩散曲线。

2. 学习论

学习论认为技术创新扩散的采用者不像信息传播过程那样得到了新技术的信息就立即采用，而是存在一个学习的过程。阿罗（Arrow，1962）提出学习效应对扩散过程的影响主要是通过"干中学"（Learning by Doing）实现。曼斯菲尔德（E. Mansfield，1971）指出，技术创新扩散过程主要是个模仿过程，但模仿不是一种被动的学习，更不是简单模仿。模仿创新，即当模仿中含有渐进性创新时，便是一种高层次的学习。戴维（P. David，1979）和戴维斯（S. Davies，1979）把技术创新扩散中采用者采用行为看作是一个"刺激—反应"过程，即当创新技术给潜在采用者的刺激达到某个临界水平时，潜在采用者就被激发而作出采用创新的决策。斯通曼（P. Stoneman，1993）则强调潜在采用者采用创新技术的过程是一个贝叶斯学习过程，认为已采用创新者的经验会影响潜在采用者对采用新技术的效果、不确定性和风险的预期，当潜在采用者对预期采用效果感到满意，同时不确定性和风险又足够低时，潜在采用者就会采用创新技术。

3. 替代论

替代论认为技术创新扩散更多地表现为新技术对老技术的替代，因而技术替代是技术创新扩散的一种重要的表现形式。梅特卡夫（J. C. Metcalfe，1991）指出，"在创新扩散的任何研究中，我们关心的是新技术形式与经济相结合而使经济结构发生变化的过程"；技术创新扩散的替代论可从时间和空间分别加以描述，Fisher Pry（1971）认为，技术替代是两种技术（产品）竞争的结果，老技术逐步被新技术替代，并由此提出了著名的时间替代模型。瑞典隆德大学教授哈格斯特朗（T. Hagerstrand，1953）首创了一个空间替代模型，把空间作为一个重要变量，来研究空间距离如何影响新技术的扩散，运用数学工具描述和预测扩散过程，奠定了空间扩散理论研究的理论基础。

4. 博弈论

博弈论是研究决策主体的行为发生直接相互作用时候的决策以及这种决策的均衡问题，即当一个主体的选择受到其他主体选择影响时的决策问题和均衡问题（张维迎，1996）。将博弈论引入了创新扩散的过程研究是莱茵格朗（Reinganum，1981）的贡献，他指出，垄断博弈均衡会导致潜在采用者不同时期采用新技术，从而可以得到一条关于时间的扩散曲线。博弈论模型的基本假定是当创新技术最初引入市场，采用创新技术的利益随之发生变化，任一时间创新技术的采用程度取决于采用创新技术的利益与采用成本相等的均衡。随着已采用创新技术用户数量的增加，采用创新技术的利益将下降，但创新技术采用越晚，其采用成本越低，所以存在采用创新技术时间的纳什（Nash）均衡。莱茵格朗还从需求的角度分析了市场结构对创新技术采用速度的影响，指出在需求的特性是线性的情况下，随着已采用创新技术用户数量的增加将使潜在采用者推迟采用创新技术。博弈论为技术创新扩散的过程研究提供了新的视角，但总的来说它尚处于理论探索阶段。

二、农户行为理论

农户行为的研究在西方主要分为自给小农学派、理性小农学派、有限理性学派三个学派。

1. 自给小农学派

以俄国经济学家恰亚诺夫（A. V. Chayanov，1921）为代表，认为农户是一种单纯的以满足自家消费为目的的血缘统一体，其决策行为本身形成了一个独特的体系，遵循着自身的逻辑和原则。农户经济发展依靠的是自身劳动力，而不是雇佣劳动力；农户生产的产品主要是为满足家庭自给需求，而不是追求市场利润最大化；他们的行为是非理性的，为了生存他们常常在亏本的情况下继续经营。经济人类学家波兰尼（Karl Polanyi，1944）在《大转型》中批评了资本主义经济学将市场、利润的追求普遍化以及将功利的"理性主义"世界化的分析思路与方式，提出在资本主义市场出现之前的社会中，经济行为根植于社会关系，而不是取决于市场和追求利润的动机，因此，要把经济作为社会制度过程来研究。

斯科特（James C. Scott，1976）在恰亚诺夫和波兰尼分析思路的基础上，提出了风险厌恶理论，他在《农民的道义经济学》中指出，"传统小农就像一个人长久地站立在齐脖深的河水中，只要涌来一阵细浪，就会陷入灭顶之灾"。因此，农户是风险厌恶者，其行为秉承"规避风险，安全第一"的原则，他们宁愿为避免经济灾难选择回报较低但较稳定的策略，而不是冒险去选择那些收入回报较高但同时也有较高风险的策略。从采用新技术的角度来看，除非采用新技术能得到立竿见影的经济效益，否则农户不会轻易改变原有的技术和生产模式。农户的风险厌恶会阻碍新技术的扩散和应用，其厌恶程度随着收入和财富的增长而下降。

2. 理性小农学派

此学派以美国著名经济学家、诺贝尔经济学奖获得者舒尔茨为代表，其主要观点是把传统社会的小农户看作一个资本主义企业或"公司"，他们的行为是经济理性的，经营的主要目的是追求最大利润。主张用分析资本主义企业的经济学原理来解释农户的经济行为。舒尔茨（T. W. Schultz，1964）认为，小农是追求利润最大化的"经济人"，是传统农业技术状态下有进步精神并最大限度地利用了有利可图的生产机会和资源的人，他们的行为是经济理性的。为了获得最大利润，小农在分配资源时总是很好地考虑边际成本与边际收益的关系，

"一个外来的专家，尽管精于农业，但绝找不到小农对生产要素的配置有什么明显的低效之处"。

波普金（Samual Popkin，1979）后来进一步阐述了舒尔茨的观点，在《理性小农》一书中专门探讨了农民理性问题，认为小农的行为并非没有理性。小农的农场最宜于用资本主义的"公司"来比拟描述，而小农无论在市场活动还是在政治活动中都是更理性的投资者；小农从事经营活动时，对利润的追求毫不逊色于任何资本主义企业家，总是力求使总收入与总支出之间的差额达到最大值，即以最小的成本获取最大的收入，是一个为追求利润最大化在权衡了长期利益及风险之后做出合理抉择的人，即"理性的小农"。

3. 有限理性学派

以黄宗智（1985）为代表的有限理性学派指出，小农长期以来都是理性和非理性行为的混合体。小农既是维持生计的生产者，又是一个追求利润者，在小规模经营时表现出维持生计的特征，经营规模较大时则成为追求利润最大化的生产者。而中国的农户因受到市场经济的冲击以及家庭劳动结构的制约，形成以家庭为主导的生产结构，介于维持生计和追求利润最大化两种偏好之间，因此，他们的理性是有限的。弗兰克·艾利斯（Ellis，1998）认为，农民自身的属性和所受外部环境因素决定其是否理性，当信息、投入、产出和消费品多样化等大部分要素条件得到满足时，农民表现出理性的行为，否则就表现出非理性行为。

三、激励理论

自 20 世纪 20 年代以来，来自西方管理学家、心理学家和行为科学家从不同的角度研究了怎样激励人的问题，并提出许多激励理论。目前关于激励理论的研究分为三种类型：

1. 内容型激励理论

内容型激励理论主要研究激励的原因与起激励作用的因素，这种理论着眼于满足人们需要的内容，即人们需要什么就满足什么，从而激起人们的动机。代表理论有马斯洛的需要层次理论、赫兹伯格的双因素理论、麦克利兰的成就动机理论以及阿尔德佛的 ERG 理论：

（1）需要层次理论是美国心理学家马斯洛于 1943 年首次提出的。该理论认为，人的需要由低到高分为五个层次：生理的需要、安全的需要、爱的需要、尊重的需要和自我实现的需要。当一种需要得到满足之后，更高层次的另一种需要就会占据主导地位，不过，越是高层的需要，满足的机会就越少。从激励的视角来看，一种需要得到完全满足是不可能的，但只要其得到部分的满足，个体就会转向别的方面的需要了。人在不同的时期对各种需要的迫切程度是不同的，最迫切的需要才是激励人行动的主要原因和动力。

（2）"激励—保健"双因素理论是美国的行为科学家赫茨伯格（F. Herbzerg，1959）提出来的。该理论认为，企业员工满意或不满意的因素是两类不同性质的因素，即激励因素与保健因素。激励因素的改善可以对员工带来积极态度、满意和激励作用，保健因素的改善可以消除或预防员工的不满情绪，但不能直接起到激励的作用。所以，作为管理者来说，如果要激励员工就必须注重激励因素。

（3）阿尔德佛（C. Alderfer，1969）的 ERG 理论是对马斯洛的需要层次理论的一种延伸和扩展，提出人的核心需要划分为三类：生存需要（Existenee）、交往需要（Relatedness）和成长需要（Growth）。该理论主要观点是：需要更应被视为一个连续的整体而非严格的等级层次，人在同一时间可能有不止一种需要起作用；如果较高层次需要的满足受到抑制的话，那么人对较低层次的需要的渴望会变得更加强烈。该理论表明，激励目标的设定需要根据激励对象的需要和自身素质特点设定。

2. 过程型激励理论

主要研究从动机的产生到采取行动的心理过程，代表理论有弗洛姆的期望理论、亚当斯的公平理论：

（1）弗洛姆（Vroom，1964）的期望理论（Expeetaneyhteory）认为，人们之所以采取某种行为，是因为他觉得这种行为可以有把握地达到某种结果，并且这种结果对他有足够的价值。换言之，人们从事某项工作的动机强度取决于他认为自己能够期望达到的工作绩效的程度，以及人们判断从事这项工作对于满足个人需要是否有意义。

（2）亚当斯（J. S. Adams，1965）的公平理论（Equitytheory）侧重于研究工资报酬分配的合理性、公平性及其对职工生产积极性的影响。认为当一个人做出了成绩并取得了报酬以后，他不仅关心自己所得报酬的绝对量，而且关心自己所得报酬的相对量，会将自己的收入/付出比与相关他人的收入/付出比进行比较，通过比较来确定自己所获报酬是否公平合理，这种公平感和不公平感将直接影响个体工作的积极性，由此影响动力。

3. 矫正型激励理论

代表理论有强化理论、挫折理论。

（1）强化理论（Reinforcement）是由斯金纳（Skinner）于 20 世纪 70 年代提出的。该理论认为人的行为是由外界环境决定的，外界的强化因素可以塑造行为。人们的行为是对其以往所带来的后果进行学习的结果。如果一个人因为他的某种行为而受到了奖励，这将对动机起正强化作用，那么他很可能加强或重复这一行为；如果行为的结果不理想，这就对动机起负强化作用，那么他将削弱或不再重复这一行为。

（2）挫折理论是由美国的亚当斯（J. S. Adams，1965）提出的，是研究个人的目标行为受到阻碍或干扰后，如何解决问题并调动积极性的激励理论。挫折是一种个人主观的感受，对于同样的挫折情境，不同的人会有不同的感受；挫折理论主要揭示人的动机行为受阻而需要无法满足时所产生的情绪状态，并由此而导致的行为表现，力求采取措施消除或减弱挫折心理，将消极性行为转化为积极性行为。

第三章
福建省菌草技术发展背景分析

第一节　福建省食用菌产业发展分析

一、福建省食用菌产业地位

中国是世界上认识和利用食用菌最早的国家之一，早在 2000 多年前，《礼记》中就有食用菌的记载；同时也是人工栽培食用菌最早的国家，公元 600 年中国就已成功栽培木耳，另外，香菇、金针菇、草菇等栽培也起源于中国，但千百年来一直依靠自然飘落的孢子为菌种的"砍花法"栽培，应用科学方法栽培（纯菌丝接种）起步较晚，直到 20 世纪 30 年代才从法国引进菌砖，开始纯菌丝接种方法栽培食用菌。随着纯菌丝接种方法的应用与推广，特别是 20 世纪80 年代普及木屑袋栽食用菌以来，取得了突飞猛进的发展，已成为世界上最大的食用菌生产国。中国食用菌协会统计数据显示，1978 年中国食用菌产量还不足 6 万吨，产值不足 1 亿元，而到 2018 年，全国食用菌总产量达到 3842 万吨，占世界总产量的 70% 以上，其规模在种植业中仅次于粮、棉、油、菜、果而居第六位（见表 3-1）。

表 3-1　1978 年以来中国及世界食用菌产量

年份	世界总产量（万吨）	中国产量（万吨）	中国占有的比例（%）
1978	106.00	6.00	5.70
1983	145.30	17.40	12.00
1986	218.20	58.00	26.60

续表

年份	世界总产量（万吨）	中国产量（万吨）	中国占有的比例（%）
1990	376.30	108.30	28.80
1994	490.93	264.00	53.80
1997	615.84	391.80	63.60
2002	1225.00	865.00	70.60
2006	2000.00	1474.00	73.70
2009	2600.00	2020.00	77.70
2015	4562.00	3476.00	76.40
2018	6095.00	3842.04	75.40

资料来源：福建省食用菌总站。

福建省地处亚热带，具有发展食用菌得天独厚的条件，省内食用菌资源丰富，栽培历史悠久，生产品种齐全，在食用菌领域，目前福建无论在发展水平、技术优势、科研能力和市场占有率等方面都居全国前列。从 20 世纪 80 年代起，福建先后创新了"银耳双菌制种、香菇木屑袋栽、蘑菇规范化栽培、竹荪室外栽培、菌草代料栽培"等多项技术，奠定了福建省食用菌产业地位，对我国及世界食用菌产业发展做出重大贡献。

1. 生产规模

食用菌产业是福建省的优势特色产业，其栽培历史悠久，生产种类齐全，产量质量稳步增长，自 1978 年以来总产量一直位居全国前列（见表 3-2），在福建农业生产中占有重要的地位。2018 年福建省食用菌产量 418 万吨，产值 216 亿元，分别比 2010 年增长 104.9%、109.7%；2018 年福建食用菌产业产值占农业种植业产值的 11.7%，仅次于粮食、蔬菜、水果，位居第四位，出口创汇占福建省农产品出口创汇的 9.52%，2018 年福建食用菌出口创汇占全国的 21.3%（见表 3-3）。食用菌的主要出口市场是欧盟、日本和俄罗斯，近几年，也有部分产品出口到东南亚国家。全省从事食用菌生产及相关行业的人员逾 200 万人[1]，食用菌产业的发展，有力地促进了产区农民增收、农业增效和农村经济的发展。

---

[1] 黄志龙. 福建食用菌产业发展问题与应对措施 [J]. 食用菌，2007（6）：1-2.

表 3-2　1978~2018 年福建省食用菌产量、产值

类别 年份	全国总产量 （万吨）	全国总产值 （亿元）	福建产量 （万吨）	福建产值 （亿元）	占全国总产量 比例（%）	占全国总 产值（%）
1978	6.00	—	4.00	0.80	66.70	—
1985	21.80	—	13.50	4.00	61.90	—
1990	108.30	—	33.70	10.16	31.10	—
1995	300.00	—	85.00	30.00	28.30	—
2000	663.70	227.00	138.00	42.00	20.80	18.50
2005	1334.00	585.00	167.40	64.63	13.36	11.04
2010	2200.00	1500.00	203.60	103.00	9.30	6.87
2014	3170.00	2258.00	232.00	146.00	7.32	6.46
2015	3476.00	2516.00	247.00	155.00	7.02	6.16
2016	3597.00	2742.00	256.00	165.00	7.12	6.02
2017	3712.00	2721.00	408.00	196.00	10.99	7.20
2018	3842.00	2937.00	418.00	216.00	10.88	7.35

资料来源：福建省食用菌总站。

表 3-3　福建省食用菌出口值

类别 年份	全省农产品 出口值 （亿美元）	全省食用菌 出口值 （亿美元）	食用菌占全省 农产品比例 （%）	全国食用菌 出口值 （亿美元）	福建占全国 比例 （%）
2001	12.41	1.66	13.40	5.65	29.40
2002	12.96	1.61	12.40	4.63	34.80
2003	12.87	2.19	17.00	6.22	35.20
2004	17.87	2.72	15.20	9.02	29.90
2005	19.60	2.94	15.00	9.64	30.50
2006	24.10	3.74	15.50	11.20	33.40
2007	27.40	5.24	19.10	14.25	36.80
2008	30.34	5.13	16.90	14.53	35.30

续表

年份 \ 类别	全省农产品出口值（亿美元）	全省食用菌出口值（亿美元）	食用菌占全省农产品比例（％）	全国食用菌出口值（亿美元）	福建占全国比例（％）
2009	34.22	3.63	10.60	13.07	27.80
2010	49.50	5.30	10.70	17.52	30.30
2011	68.50	7.30	10.70	24.07	30.30
2012	75.60	6.30	8.30	17.41	36.20
2013	82.30	6.90	8.40	26.90	25.70
2014	87.70	7.30	8.30	28.30	25.80
2015	87.50	7.80	8.90	30.52	25.60
2016	90.96	7.90	8.70	32.20	24.50
2017	88.90	7.73	8.70	38.40	20.10
2018	100.10	9.50	9.50	44.54	21.30

资料来源：福建省食用菌总站。

2. 品种结构

近年来，福建省成功选育驯化并推广的种类 40 多种，人工栽培食用菌种类不断增加，现有栽培品种 40 多种，规模栽培的有近 20 种，香菇、双孢蘑菇、银耳、白背毛木耳、茶薪菇已成为福建省食用菌的五个拳头品种，年产量均达 20 万吨以上；珍稀品种近 20 个[①]，且珍稀食用菌生产规模有所扩大，一些价值高的珍稀食用菌如竹荪、杏鲍菇、金针菇、秀珍菇、鸡腿菇、真姬菇（海鲜菇）等批量进入市场，而且生产规模逐年增长，灵芝、虫草、猴头菇、茯苓等药用菌的生产发展也势头良好（见表 3-4）。根据《福建省统计年鉴》统计，近 10 多年来福建食用菌产量呈现逐年增长的态势，从 2000 年的 138 万吨，到 2010 年的 203.6 万吨，2018 年食用菌产量更是达到 418 万吨。福建省食用菌产值亿元以上的县市有 21 个，产值 3 亿元以上的县市有 6 个。

---

① 黄志龙. 福建食用菌产业发展问题与应对措施 [J]. 食用菌，2007（6）：1-2.

表 3-4　2001~2018 年福建省食用菌主要品种产量　　　　单位：万吨

类别 \ 年份	2001~2018 年福建省食用菌主要品种产量									
	香菇	蘑菇	毛木耳	银耳	茶树菇	秀珍菇	平菇	杏鲍菇	金针菇	竹荪
2001	60.00	20.00	20.00	11.00	—	—	22.00	2.00	3.50	0.50
2002	43.90	31.70	19.20	12.50	6.30	3.80	2.80	2.10	1.40	0.90
2003	42.90	31.20	23.60	17.60	5.50	3.80	4.40	1.70	2.60	1.70
2004	43.60	33.60	23.10	15.10	7.90	4.30	2.80	1.80	3.30	2.10
2005	38.70	32.20	22.20	16.20	10.90	5.60	3.00	2.00	4.10	2.80
2006	41.20	34.00	26.00	19.60	12.90	5.90	2.80	1.60	3.20	0.80
2007	46.10	37.20	22.60	23.00	13.90	7.20	3.70	2.20	3.20	4.10
2008	42.40	31.10	22.10	27.70	19.20	9.40	3.70	3.90	4.10	4.50
2009	41.60	30.60	21.10	29.00	23.60	8.70	5.50	4.80	4.70	3.10
2010	39.20	30.60	24.80	29.00	24.70	7.50	4.40	5.10	5.10	4.10
2011	41.20	37.40	23.90	31.10	26.20	6.10	4.30	5.30	5.40	4.30
2012	38.60	32.00	23.60	33.90	28.70	10.50	4.40	6.10	4.80	4.80
2013	37.70	32.20	22.80	35.80	32.70	8.10	4.90	6.70	8.10	4.40
2014	36.60	21.90	16.90	37.20	34.10	8.30	5.10	9.10	9.50	4.50
2015	29.40	32.90	15.30	37.80	29.40	3.70	5.40	9.80	10.00	4.20
2016	43.40	28.20	17.20	40.20	30.40	8.90	6.20	15.80	10.80	3.80
2017	112.90	40.90	—	44.60	34.40	—	19.50	23.10	10.20	10.30
2018	116.60	38.30	—	44.30	37.30	—	21.10	25.10	10.70	11.40

资料来源：福建省食用菌推广总站提供。

3. 区域特色

福建省各地充分发挥当地的资源、技术等优势，因地制宜，适地适栽，初步形成了各具特色的食用菌产业带和产业集群。闽东南沿海草腐菌产业带为福建省草生食用菌如蘑菇、草菇、姬松茸等优势种类的主产区，包括漳州、厦门、泉州、莆田、福州、宁德六地市的部分县区；闽西北山区木腐菌产业带包括龙岩、三明、南平三地市和宁德的古田、屏南、周宁、寿宁等高海拔地区，该区域是木腐食（药）用菌传统产区，包括香菇、毛木耳、银耳、茶树菇、金针菇等常规菌类和灵芝、茯苓、灰树花等药用菌类。同时，食用菌栽培正逐步改变过去一家一户的小作坊式栽培模式，开始朝规模化、集约化方向发展，专业化分工、集约化经营的现代生产经营模式已初具雏形，形成了一批区域特色明显的食用菌专业生产基地，例如，古田银耳、寿宁花菇、龙海双孢蘑菇、南靖白背毛木耳、顺昌真姬菇、罗源秀珍菇、将乐大球盖菇等，逐步向"一村一品、一县一品"方向发展，资源配置日趋优化，产业集群初见端倪，规模效应得到显现。福建省各食用菌的产区分布基本稳定，且各地市的主要食用菌品种较为明显。福州地区以金针菇、秀珍菇、双孢蘑菇、银耳为主；莆田地区以双孢蘑菇为主；漳州地区的杏鲍菇、毛木耳、双孢蘑菇产量较大；三明地区以香菇为主；南平地区以真姬菇、竹荪、香菇为主；宁德地区则以银耳、香菇、双孢蘑菇为主。

4. 工厂化生产

近年来，食用菌的工厂化生产，进入了快速发展的阶段。生产技术的不断进步，使食用菌生产的农艺技术与环境调控的工业技术的有机结合，实现了不限于地域、不限于季节的周年化生产。据福建省食用菌技术推广总站统计，2018 年，日产 0.5 吨以上的食用菌工厂已有 274 家，工厂化生产年总产量已达到 20 多万吨，全省各地市工厂化生产企业在不断发展，主要分布在食用菌主产区，例如，宁德、漳州、福州、南平等地区。漳州市发展最快 2018 年达 104 家，占全省工厂化企业数的 38%。经过多年发展，漳州市形成了以双孢蘑菇、白背木耳、杏鲍菇为主体的食用菌种植业和以双孢蘑菇罐头为主体的罐头食品业的完备产业体系，其中，漳州市杏鲍菇日产量为 100 吨左右，占全国杏鲍菇日产量的 1/4，杏鲍菇工厂化生产已经达到世界先进水平。漳州已经成为我国著名的食用菌产业名城，被誉为"中国菇都""中国罐头之都"。随着食用菌工厂化、规模化生产程度的进一步提高，通过食用菌专业合作社、"公司+农户""公司+基地+农户"等产业化经营模式，使产业聚集形成规模化产区，有利于降低生产成本，促进产品信息交流。

二、福建省食用菌产业发展问题

随着国内食用菌生产规模的不断扩大，市场竞争日趋激烈，福建省食用菌产业发展也面临着一些不容忽视的问题。

1. 产业优势不再

自进入 21 世纪以来，全国各地食用菌产业发展势头迅猛，南菇北扩已经成为不可阻挡的发展趋势。据中国食用菌协会统计数据表明，2018 年全国食用菌超过 2000 年五倍多，年均增长 23%，而福建省食用菌产量年均增长仅为 4.7%，虽然福建省食用菌产量、产值、出口创汇也在逐年增长，而北方诸省因具有冷凉气候、丰富原料和低廉的劳动力等后发优势，食用菌生产则是突飞猛进，给福建省食用菌产业的发展带来一定的压力，福建省食用菌产量占全国的份额已呈逐年下降的趋势（见图 3-1、图 3-2）。

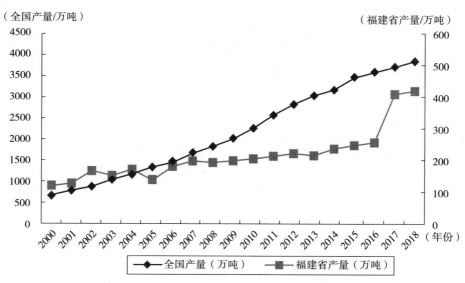

图 3-1　福建省与全国食用菌产量变化对比趋势

资料来源：福建省食用菌推广总站提供。

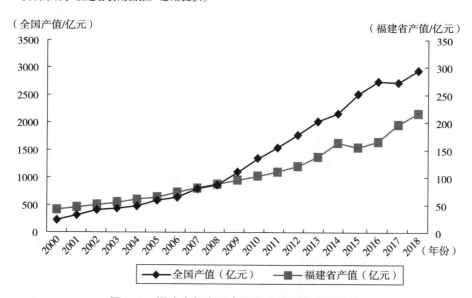

图 3-2　福建省与全国食用菌产值变化对比趋势

资料来源：福建省食用菌推广总站提供。

2. 质量安全隐忧

目前基本上还是千家万户的分散生产方式，栽培粗放，管理落后，在生产过程中对投入品把关不严，农药残留和重金属含量超标的现象时有发生，产品质量安全难以有效保障。虽然福建省作为全国食用菌出口的大省，每年出口额约占全国总额的 1/3，但出口渠道主要依赖日本和欧盟，近年来由于日欧提高了进口农产品的门槛，对我国农产品实施技术性贸易壁垒，因此，也给福建省食用菌出口造成了一定影响。

3. 菌林矛盾加剧

尽管福建省食用菌栽培品种众多，但仍以木腐菌生产为主，草腐菌产量所占比重较小（仅 20% 左右），例如，福建产量最大的 10 种品种中，除双孢蘑菇以外，其余 9 种（香菇、毛木耳、银耳、茶薪菇、秀珍菇、平菇、杏鲍菇、金针菇、竹荪）都属于木腐菌，这些木腐食用菌的生产需要以阔叶林木屑为栽培基质，随着生产规模的扩大，由利用林业废弃物发展到大量砍伐阔叶林。因此，如果未能寻求到替代阔叶林木屑的食用菌栽培新资源，势必要大量消耗珍贵的阔叶林资源，影响食用菌产业可持续发展，并进一步危及森林生态平衡。

4. 科技创新不足

近年来受科技体制改革的影响，食用菌产业科技创新滞后，产业发展的后劲不足。目前，生产上使用的相当多品种、技术还是受益于 20 世纪八九十年代的科研成果；虽然工厂化生产有所发展，但适合种植的品种少，香菇、木耳的当家品种还是一家一户分散生产，生产管理随意性大，导致产品产量不稳定，质量参差不齐，种菇经济效益不高；食用菌加工技术落后，产品档次不高，利用食用菌生产保健食品、药品等精深加工产品少，产品附加值低，产业的升级换代步伐慢。

第二节　食用菌栽培技术变迁与菌草技术

尽管中国是人工栽培食用菌最早的国家，但由于科学技术的原因，菌业长期处在"靠天吃菇"的状态，受自然因素影响大。以香菇的人工栽培为例，总体上它经历了天然野生采摘—砍花自然接种—段木人工接种—木屑压块法—木屑袋栽法（人造菌棒）—菌草代料栽培法—棉籽壳代料栽培法七个阶段。

一、砍花自然接种法

靠自然飘落的香菇孢子为菌种的"砍花法"栽培，已沿用了 800 多年，即用斧子在伐倒的阔叶树原木上砍出裂缝，以便空气中的香菇孢子掉落在缝中，待孢子萌发菌丝在树干中生长直至出菇。这种栽培方式的特点在于：一是受自然条件影响大，产菇量波动悬殊。在孢子的自然繁殖中，体现了自然选择对物种的优势趋向，因为每一个栽培周期中，只有生命力特强的孢子，才能在那种十分严酷的生存环境中（在那个人工砍出的树皮疤痕内）存活，发芽成菌丝，然后吸取那些材质坚实的菇树的营养而长成子实体——香菇；二是技术深奥，过程复杂。砍花自然接种法对菇场、树种、栽培季节乃至伐木方法，砍花深浅、疏密等都有一套十分严密的程序和技术要求；三是生产周期长，质量上乘。砍花栽培之香菇、完全是自然产品，由于从菌丝发生至子实体成熟，历时两年以上，品质非一般木屑产品可比，尤以香味浓郁，极不寻常。

二、段木人工接种法

直到 20 世纪 60 年代，段木人工接种法（纯菌丝接种法）栽培逐步取代了孢子自然接种法。上海食用菌研究所引进源于日本的香菇纯菌种，试验成功并推广段木栽培香菇技术，即把适于香菇生长的树木砍伐后，将枝、干截成段，再进行人工接种，把香菇纯菌种点在用木头段钻出的小眼上，然后在适宜香菇生长的场地，集中进行人工科学管理。此举实现了香菇生产从原木砍花自然接种向人工栽培过渡，解决了千百年来食用菌栽培靠天吃菇的难题。虽然段木人工接种法比用自然播种的方法节约大量的原料，但对树木的消费还是很大的。香菇历来都是被局限在少数地区用段木或原木进行栽培，由于受到树木、地区、季节的限制，发展速度很慢。

三、木屑压块法

木屑压块栽培是 20 世纪 70 年代由上海市农科院食用菌研究所研究成功的一种代料栽培香菇新技术。该技术在我国香菇生产技术史上是一个突破。压块法栽培香菇是用木屑常规培养料，在事先经过母种、原种到大量栽培种生产，然后将长满菌丝的瓶（袋）生产种掏出，再用特制的活络木框压制成块状，待菌丝合后，重新长出新菌丝，再经过菌丝倒伏、转色后管理出菇，一般可以出

3~4 潮菇。木屑香菇的出现，使我国香菇栽培在利用农林有机纤维，室内生产，人工调控温、湿、光、气，乃至使用机械以及改良烘干、加工方法等都出现了新趋向，产量大增，创造了每平方米产鲜香菇 2.5 千克的纪录①。在 20 世纪 70 年代这项新的栽培技术将我国香菇生产由段木进而向木屑代料栽培发展向前推进了一大步，可以综合利用林产品的下脚料（木屑），变废为宝，把林业废弃物转化成为营养丰富的食用菌，当时上海成为我国出口香菇的主产地，香菇也以普通蔬菜走入平常百姓家。

四、木屑袋栽法

20 世纪 80 年代，福建省古田县彭兆旺首创木屑袋栽法（也称代料栽培法或菌棒栽培法），主要办法是用室内发菌、室外栽培，通过上搭荫棚，下设阳畦，满足香菇发育对阳光等自然条件的要求。这种栽培法极大地扩展了中国的香菇栽培产业，使中国大陆的香菇产量在 13 年内扩展 20 倍以上（从 1985 年的 5 万吨到 1997 年的 112.5 万吨）②，并且从 1987 年开始，中国取代了日本成为香菇的主产国，从此主宰了全球市场。木屑袋栽法特点在于：一是简单易学。木屑袋栽法简化了工艺，降低了污染，方便家庭栽培，非常适合于当时中国农村的经济现状，故此技术以星火燎原之势在短短的几年时间内迅速遍及中国的大江南北，长城内外，为扩大食用菌的生产开辟了新的途径。二是投资省、效益高。香菇栽培由压块栽培改为塑料袋栽培后，生物转化率从 40% 提高到 80%~100%，50 千克木屑可产干鲜菇 40 千克，生产周期由原来的 1 年缩短为 8 个月，从产量和效益看，都大大超过段木栽培和木屑压块栽培，许多农民把香菇种植作为脱贫致富的主渠道③。三是适应面广。木屑袋栽技术被迅速普及使用到其他各类食用菌的生产上，为中国成为世界食用菌第一大国奠定了基础。

五、菌草代料栽培法和棉籽壳代料栽培法

在食用菌生产上，无论是古老的原木砍花自然接种法、传统的段木纯菌丝接种法，还是木屑袋栽技术，都是以阔叶树为生产原料。随着食用菌生产的迅猛发展，木屑袋栽食用菌由利用林业废弃物发展到大量砍伐阔叶林，"菌林矛

① 中华人民共和国商务部. 香菇出口标准化手册（2009）[M]. 杭州：浙江科学技术出版社，2009.
② 张树庭. 亚洲香菇生产的过去与现在 [J]. 浙江食用菌，2010（5）：32-35.
③ 福建农林大学菌草研究所。

盾"日趋突出。因此在建设菌用原料林的同时，积极开展食用菌替代原料的技术研究，已经迫在眉睫。20世纪80年代，经过科技人员不懈的努力，取得了令人振奋的成果：一是以菌草（包括野草和人工种植的菌草）代料。福建农业大学林占熺研究员积极探索、大胆创新，研制成功了利用芒萁、类芦、象草等草本植物栽培香菇、木耳等木生食用菌的菌草技术，该成果引起国内外的关注，更重要的是，它为食用菌的可持续发展开辟了一条新的途径；二是以棉籽壳（包括玉米芯等农业废弃物）代料。河南省科技人员刘纯业以棉籽壳为培养基栽培平菇试验成功，使棉籽壳代料生产食用菌在全国迅速发展，同时也推动了玉米芯、甘蔗渣农业废弃物栽培食用菌的发展。随着新一代技术群的兴起，使食用菌生产由单一的林木资源转为木屑、菌草、棉籽壳等农业废弃物共有的格局，朝向多元化、节木化方向发展。

第三节　菌草技术的推广应用

　　1983年，福建农林大学林占熺研究员开展用草本植物替代阔叶树木屑栽培食用菌研究试验，经历三年多攻关，1986年终于试验成功菌草栽培食用菌技术。菌草技术打破了传统的木生菌和草生菌的区分界限，不仅扩大了食（药）用菌的生态来源，实现了菌业的可持续发展，而且可以极大地减少林木的砍伐量，有效地保护了生态环境。此后20多年，他率团队筛选出五节芒、巨菌草、象草等45种野生和人工栽培菌草，形成了栽培香菇、灵芝等55种食药用菌的世界领先的综合配套技术。菌草技术研究获得成功后，受到国际发明界和我国政府有关部门的关注，特别受到广大贫困地区、老区、山区领导和群众的欢迎。据各地的要求，为了把菌草技术迅速转化为生产力，福建农林大学菌草研究所在进行研究的同时，把可在生产上应用的技术，通过科技兴农、星火计划、扶贫计划、西部开发、对口帮扶、智力援疆等计划的实施，采用技术培训、建立基地和抓点示范等方法向国内外各地推广；与此同时，通过商务部、外交部和福建省的援外与国际合作项目的实施，菌草技术还跨出国门，走向世界，传播到日本、巴布亚新几内亚、巴西、南非等80个国家和地区，成为我国开展国际合作和农业外交的重要平台。目前在菌草技术基础上发展起来的新兴学科——菌草学，正以11种文字在世界上传播。菌草技术的扩散前后已有20多年时间，据应用推广的情况可分为四个阶段：

一、福建省内小面积示范推广

1986~1990 年，这一阶段是最初的推广期，由于观念上打破了传统的木生菌和草生菌的区分界限，因此，与旧的生产方式产生了矛盾，农户一时还难以接受。菌草技术在福建连城、宁德、尤溪等地进行小面积的示范生产并取得成功，对改变只有用木材才能栽培香菇、灵芝的传统观念起了一定的作用，为较大面积应用打下基础；1987 年，福建省各地菇农自发开始从福建农学院食用菌试验场引进芒萁、五节芒等野生菌草熬培食用菌技术，示范生产香菇、木耳、金针菇等 30 万筒（袋），获得初步成功。引起福建省领导的关注，当时任福建省省长王兆国同志曾批示 "对宁德县以草代木发展香菇生产的科学方法和经验总结要积极认真推广。这项工作做好了，不仅可以大力发展草种香菇，取得好的经济效益，更重要的是可以保护森林资源，可以取得更大的社会效益和生态效益"；1988 年，福建农学院食用菌试验场和尤溪县科委合作，采用技术承包的方法，在福建省尤溪县尤溪口镇、梅仙乡示范生产香菇 5.23 万筒，37 个示范户全部获得成功，为全国重点林区运用菌草技术发展菌草业提供了成功经验；1987~1989 年，福建省连城、罗源、连江、上杭、南平、屏南、古田、福安、永泰、霞浦、拓荣、龙岩等县市以及广西、浙江等省区先后引进菌草技术开始示范生产，取得不同程度的成功。1989 年，在福建省农委支持下，在尤溪县用菌草示范生产香菇、木耳等 110.7 万筒（袋），均获成功①。

二、福建省内较大规模应用并向省外扩散

1990~1995 年，菌草技术被福建省列入福建科技兴农计划，被国家科委列为 "八五" 星火计划和菌草技术扶贫计划，取得显著的经济、社会和生态效益；1990~1991 年，福建省科委、三明市政府和福建农学院把菌草技术列为三明市科技兴农项目，项目推广经费 8 万元，由福建农学院菌草研究所、福建省尤溪县食用菌办、尤溪县科委联合承担该项目，在尤溪县示范推广。共示范推广菌草栽培香菇、毛木耳等食用菌 2024.4 万筒（袋），增加产值 4426.%万元，降低成本 228.4 万元，节省木材 16118 立方米。国家及省、市有关部门领导和专家到实地考察后一致认为运用菌草技术发展菌草业是一条林菌两旺、千家万户可参与致富的可持续发展的新路，是可以形成支柱产业的好项目；1991 年，

---

① 林占熺，林辉. 菌草学 [M]. 北京：中国农业科学技术出版社，2003：1-15.

菌草技术被福建省科委、国家科委列为"八五"国家星火计划重中之重项目，是国家级星火十二个重中之重的项目之一。通过国家级"八五"星火项目的实施，经国家科委验收，仅福建省菌草栽培食（药）用菌推广至 51 个县（市），规模达 12.39 亿筒（袋），累计增加就业 49 万人，增加产值 22.46 亿元，节约木材 51.26 万立方米①。福建省较大规模的应用了菌草技术，一是为菌草业的发展积累了一定的经验，打下了一定基础。但由于经费有限，所拨资金只够培训和召开必要的会议，因此，难以向产业化发展；二是生产示范点太散，面过广，难以凸显技术的规模效益。

三、向西部开发和产业化、国际化的方向发展

1995 年菌草技术被中国扶贫基金会列为贫困地区科技扶贫首选项目，在老区、山区、贫困地区推广应用，并在福建农大建立了"中国扶贫基金会八七培训基地"。基金会先后举办菌草技术骨干培训班 102 多期，培训骨干 6246 多人，遍布全国 32 个省区 370 个县，使菌草技术在大半个中国深深地扎根，对于农业增效、农民增收、脱贫致富起到了积极的作用，取得显著的经济、生态、社会效益。陕西汉中地区于 1995 年引进菌草技术，在全区 11 个县（区）的 112 个乡镇、331 个村应用，到 1999 年共栽培食药用菌 2038 万筒，鲜菇总产量 2649.48 万千克，新增产值 5248.35 万元，农户纯收入 2414.24 万元，已有 2.5 万户，9.5 万人因此脱了贫②；四川省于 1999 年引进菌草技术，在时任全国政协副主席杨汝岱的关心下在成都建立了四川省菌草开发研究中心，集科研开发、示范、推广于一身，成为西南地区的菌草技术培训开发中心，为农民脱贫致开辟了一条新的路子，并在发展菌草业和农业循环经济有机结合等方面取得了新经验；1997 年菌草技术被福建省政府列为对口帮扶宁夏项目，实施十多年已成为宁夏扶贫的特色产业；先后在永宁县闽宁镇、彭阳县、隆德县、盐池县、海原县等 9 个县（区）推广种植，累计发展标准菇棚 19140 栋，巩固旧菇棚种植 12300 栋，新旧棚累计种植生产为 31440 栋，涉及 1.6 万户农户，实现产值 2.52 亿元，户均增收 6800 多元③。为宁夏中南部地区摆脱贫困探索出了一条产业扶贫的路子，也为自治区发展设施农业打下了良好基础；2001 年菌草技术被

---

① 林占熺，林辉．菌草学 [M]．北京：中国农业科学技术出版社，2003：1—15．

② 福建农林大学菌草研究所。

③ 宁夏：菌草产业发展呈现调整提升新走势 [EB/OL]．中国食品科技网，http：//www. agri. com. cn/doc/2010/5/5/312321. htm．

列为福建省智力支持新疆昌吉州项目。昌吉州党委、州人民政府把菌草业生产作为重点发展的产业和新的经济增长点，把建立天山菌草产业带列入各级干部考核的内容。到 2003 年，生产阿魏菇 2095 万袋，实现产值 5875 万元；双孢蘑菇 372.4 万平方米，实现产值 9232 万元；其他菇类 611 万袋。全州菌草业实现产值 20480.3 万元，全州 75 万人，农牧民通过菌草业人均获得纯收入 116 元[①]。

　　由于菌草技术具有的经济效益高、生态效益好、社会效益显著等诸多优点，所以它在受到国内高度重视的同时，同样受到国际发明界、菌业界和政府的重视。20 世纪 90 年代中期，菌草技术开始了对外合作与援助并行的国际化进程，十多年来，菌草技术在国际合作中成效显著，其在国际间的推广应用为我国开展和平外交和构建和谐世界做出了重要贡献，合作的主要形式有专利技术转让、技术培训、技术援助、与政府合作技术推广扶贫等。1992 年，菌草技术在日本的使用权以 10 万美元转让给日本加贺市一企业；1994 年菌草技术被联合国开发计划署和粮农组织列为"中国和发展中国家优先合作项目"，并被选为"南南合作"项目；1996 年联合国粮食及农业组织（Food and Agriculture Organization of the Clited Nations，FAO）驻华代表库瑞希视察福建农林大学菌草研究所，认为运用菌草技术发展菌草业和联合国粮食及农业组织的"保护环境、解决就业、消除贫困三大目标相吻合"："在新世纪，运用菌草技术发展菌草业将成为发展中国家保护生态环境、增加就业、消除贫困的重要途径"；1998 年，中华人民共和国商务部和福建省政府把菌草技术列为援助巴布亚新几内亚的项目，在巴布亚新几内亚东高地省鲁法区建立了菌草生产示范培训基地；2000 年以来，巴布亚新几内亚隔年召开一次全国会议和国际会议，菌草业发展和应用菇类作为药物方面取得了系列的成果，为南美洲生态菌业菌草业的发展打下了良好基础；2004 年，南非那夸尔省和中国福建农林大学合作、耗资 1800 万兰特，在西德拉建菌草生产示范基地，把技术性较强的菌种制备，菌筒生产等在基地由经过专业培训的技工进行，菌草技术本土化后，通过社区和有关部门合作，采用菌草旗舰计划的方法实施，受到当地政府和群众的欢迎；在"2006 年的中非合作论坛北京峰会"上，时任主席胡锦涛宣布我国要支持建立十个援非农业技术示范，我国商务部已将菌草技术列为援助卢旺达农业技术示范中心项目，同期商务部还将菌草技术列为莱索托项目。得到受援国的高度重视。迄今为止，已在国内外成功举办了 202 期菌草技术国际培训班，累计为 80 个国家培训政府官员和技术人员 7817 名，并在巴布亚新几内亚、斐济、莱索托、卢旺达、南非、马达加斯加、尼日利亚、中非、厄立特里亚、马来西亚、缅甸、泰国、朝

[①] 福建省农业农村厅。

菌草技术扩散及其激励机制研究

鲜 13 个国家建立菌草技术培训示范中心或基地，菌草技术已经传播到了国外六大洲的 106 个国家①。

四、首次列为省立项目在福建省进一步推广

虽然从菌草技术在世界各地的应用情况来看，已取得了比较好的成效，但是该技术在扩散过程中也遇到了许多问题，尤其在菌草技术的发源地福建省，虽然较早推广菌草技术，但进展比较缓慢，许多地方利用阔叶树木材栽培食用菌的传统做法并没有得到根本改观，这主要是福建省林木资源相对比较丰富，菌业生产可选择的原料来源广、渠道多，大多数菇农长期以来习惯采用杂木屑、棉籽壳等原料栽培食用菌；而且由于早期菌草栽培食用菌技术不够成熟，推广过程中曾出现过烂筒等现象，影响了农户对菌草技术的接受度。近年来，随着食用菌产业规模化、工厂化、专业化的快速发展和生态环境保护意识的不断增强，各地陆续出台了保护森林资源的政策，木屑等原料供应日趋紧张，棉籽壳、玉米芯等代料价格也不断上涨，所以推广应用菌草技术的形势尤为迫切。2009年福建省委、省政府审时度势，召开多次专题会议，进行研究部署，首次作为省立项目开展菌草产业发展试点工作，进一步推广菌草技术，重点以工厂化代料栽培为主，兼顾农户代料栽培食用菌、畜牧养殖和生物质燃料的应用，出台了一系列扶持菌草产业发展的政策措施，有力地推动了福建省菌草产业的健康发展。

2009 年确定建宁、将乐、延平、顺昌、新罗、武平、连城、寿宁、古田、福鼎等 10 个县（市、区）列为当年发展菌草产业试点县，培育典型，示范推动。2010 年在上述 10 个县的基础上增加罗源县、闽清县、宁化县、泰宁县、松溪县、漳平市、连城县、长汀县、屏南县共 18 个县（市、区）为菌草产业发展试点县（市、区），开展种植象草、巨菌草等菌草，菌草的应用重点以满足菌草工厂化栽培食用菌的原料供应为主，兼顾菌草作为燃料、青饲料。省里安排菌草技术推广专项资金，重点用于菌草种苗、技术培训、机械购置等生产性补助，并安排一定的专项工作经费。各试点县（市、区）还因地制宜制定配套的扶持政策。省里将以福建农林大学菌草研究中心为主组织菌草产业专家服务团，向每个试点县派一名技术人员包干指导生产中的技术问题。各试点县（市、区）也向菌草种植基地村选派相关专业的科技特派员，配合省菌草生物工程研究中心技术人员开展技术服务。自菌草产业试点工作两年以来，18 个试点县

---

① 福建农林大学菌草研究所。

（市、区）新种植菌草1.7万亩，应用菌草发展食用菌栽培、畜牧养殖，以及灾后恢复生产，取得了较好的社会、经济和生态效益。其中，2009年10个试点县（市、区）共新种植菌草6451.3亩企业与专业合作社2620亩，占41%；农户订单3240亩，占50%；农户自产自销591亩，占9%；2010年18个试点县（市、区）新种植菌草面积1.0536万亩。企业与专业合作社4749亩，占45%；农户订单4832亩，占46%；农户自产自销955亩，占9%①。

经过两年试点工作的推动，各试点县菌草产业逐步呈现规模化、产业化发展趋势，各试点县的菌草专业合作社在优惠政策的引导下迅速发展，全省现有菌草专业合作社15家，菌草产业分工逐渐细化，专业化、规模化经营效益更加突出。顺昌县已初步建立菌草产业化发展模式，如星升菌草专业合作社2010年加工鲜草粉780吨、干草粉280吨，专业为十几家工厂化食用菌生产企业提供菌草粉，形成了一头连接菌草种植户和基地、一头连接食用菌生产企业的产业链，企业应用菌草工厂化栽培海鲜菇、秀珍菇、巴西蘑菇等1800万袋，年产值达4500万元。目前，菌草粉在顺昌县从卖不出去变成了供不应求；据不完全统计，两年来各试点县应用菌草3.9万吨，其中，代料生产香菇、灵芝、金针菇、杏鲍菇等7034万袋，栽培巴西蘑菇、大球盖菇、竹荪等48.72万平方米，应用菌草发展食用菌栽培节本增效作用显著。顺昌县推广菌草代料工厂化栽培食用菌2000万袋，使用草粉3200吨，节约成本320万元。武平县2010年应用菌草栽培鸡腿菇和白玉菇400万袋，直接降低生产成本78万元，同时平均单产提高5%、增加产量75吨，新增产值90万元，农民增加收入168万元②。

菌草产业试点工作的开展有效地缓解了试点县"菌林矛盾"，既保护了林木资源，又确保了食用菌产业的规模化发展。两年来，试点县应用菌草代料栽培食用菌，节约阔叶林1.4万立方米。同时，菌草产业的发展有效地缓解了因木屑、棉籽壳等大宗食用菌原料价格持续大幅度上涨对福建省食用菌产业发展的冲击，降低了生产成本，保障了食用菌产品的市场竞争力。但项目发展中也面临一些困难和问题，例如，政策扶持力度不够、宣传示范不到位、约束机制不完善等。

---

①② 福建省农业农村厅。

第四节　本章小结

福建省地处亚热带，具有发展食用菌得天独厚的条件，省内食用菌资源丰富，栽培历史悠久，生产种类齐全，无论在发展水平、技术优势、科研能力和市场占有率等方面一直都居全国前列。近年来，受资源等因素制约，发展遭遇瓶颈，产业优势不再。

食用菌的人工栽培为例，无论是古老的原木砍花自然接种法、传统的段木纯菌丝接种法，还是木屑袋栽技术，都是以阔叶树为生产原料。随着食用菌生产的迅猛发展，木屑袋栽食用菌由利用林业废弃物发展到大量砍伐阔叶林，"菌林矛盾"日趋突出。福建农业大学的专家经过不懈努力，研制成功了利用芒萁、类芦、象草等菌草栽培香菇、木耳等食用菌的菌草技术，为食用菌的可持续发展开辟了一条新的途径。

菌草技术研究获得成功后，通过星火计划、扶贫计划等的实施，逐步向全国各地推广，并跨出国门传播到巴西、南非等 80 个国家和地区。而在菌草技术的发源地福建省，虽然较早推广菌草技术，但进展比较缓慢。随着食用菌产业规模化、工厂化、专业化的快速发展和生态环境保护意识的不断增强，各地陆续出台了保护森林资源的政策，木屑等原料供应日趋紧张，棉籽壳、玉米芯等代料价格也不断上涨，所以推广应用菌草技术的形势尤为迫切。2009 年福建省委、省政府审时度势，出台了一系列扶持菌草产业发展的政策措施，进一步推广菌草技术，有力地推动了福建省食用菌产业的发展。

第四章
菌草技术采用与扩散机制分析

第一节　菌草技术采用扩散系统结构

　　按照系统论的观点，任何系统都是由若干相互联系又相互作用的子系统组成，农业技术扩散系统也一样，是由农业技术创新源、农业技术接受者和农业技术传输通道三个子系统所组成，这些子系统处于不同层次、具有不同的结构和功能，这些子系统之间、子系统与环境之间形成一个相互联系相互作用的整体（见图4-1）。其中，农业技术创新源（农业技术的提供者）是指能提供接受者所需要的某种农业新技术单位或个人；农业技术接受者（农业技术的采用者）是指接受和应用技术创新源所提供的农业新技术，实现新技术价值的单位或个人；农业技术传输通道，是农业新技术传输的途径，是技术创新源和技术创新接受者之间的中介桥梁。任何系统都存在于一定的环境之中，农业技术扩散必定在一定的环境条件下进行。农业技术创新扩散的客观环境是指技术创新扩散过程所处的外在条件，如时间、地点、政策、法律、法令等。

图4-1　农业技术采用扩散系统结构

　　菌草技术扩散过程是一个复杂的过程，这个过程是由多环节多层次组成，并有多个主体参与的过程，而且各环节、各层次、各主体又通过多种途径影响菌草技术扩散的过程。根据农业技术采用与扩散原理和菌草技术采用与扩散的特点，把菌草技术采用与扩散过程通过图4-2表示。

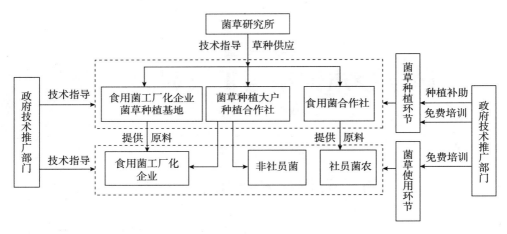

图4-2 菌草技术采用与扩散流程

一、菌草技术的提供者

农业科研机构是我国农业技术的主要供给者。依据其性质如公办或民办以及研究机构所从事研究活动的类别，农业研究机构有市场组织和非市场组织之分。科研活动由政府拨款、资助，即政府行为对农业技术供给的推动属于非市场组织，科研活动由市场需求诱导的属于市场组织。目前，我国大多数农业科研院所和农业大专院校中的研究所和人员，他们属于非市场组织公共农业技术研究机构，其科研活动是由政府拨款、资助，所以他们的工作首先是履行政府的职责，实现政府的目标。他们通过不断努力，破解农业技术难题，登上农业技术高峰，在赢得政府和社会的更多支持的同时，也为自己创造了更多的发展机会，提高了他们在农业研究领域的学术地位和社会地位。

福建菌草技术的提供者主要来自公共农业技术研究机构——福建农林大学菌草研究所。菌草研究机构的专家学者在经过多年的探索、努力下，成功地发明了菌草技术，也就是利用芒萁、类芦、象草等野草或人工种植的菌草栽培食用菌的技术，它为食用菌的可持续发展开辟了一条新的途径。其研究成果引起国内外的关注，奠定了自己在菌草领域的学术地位，为社会做出了贡献，赢得了政府和社会的更多支持。使原来的福建农林大学下属菌草研究所，发展成福建省菌草工程中心，国家级菌草研究中心也获准建立。经过多年的努力，菌草研究机构研发了一系列相关技术，从原来单一的食（药）用菌代料技术发展包括利用菌草生产菌物饲料、菌物肥料技术等配套的综合技术（见图4-3）。

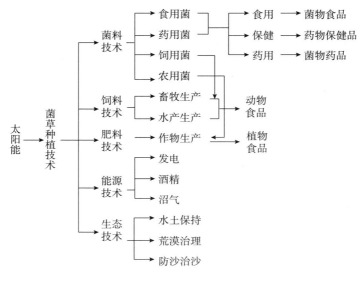

图4-3　菌草技术综合应用

　　本书所涉及的菌草技术是指食（药）用菌生产代料技术，包括菌草的种植技术和以菌草为原料生产食（药）用菌的技术。

二、菌草技术的推广者

　　农业技术的推广或传播的过程，也就是农业生产者了解和掌握一项农业新技术，最终接受并使用技术的过程。这个过程主要通过农业推广人员进行宣传、教育、试验、示范等活动来完成。当技术传播到一个社会系统（如一个村）后，首先采用的是创业型农户，通过创业型农户逐步影响和带动学习仿效型农户，又通过学习仿效型农户带动传统农户。通常一些具有创新意识的农业生产者接触和了解并决定采用一项新技术，当取得较好的效果后，农户之间就会相互模仿、互相学习和交流，农业新技术就会在社区或农村推广开来（见图4-4）。

　　新技术的扩散过程实际上是新技术自身所包含的信息以及已采用技术的农户对技术的评价信息在技术推广人员、技术采用者和潜在技术采用群体中相互交流的过程。日常生活中的媒体（包括广播、电视、报纸、户外广告以及互联网等）和技术推广人员，往往是潜在技术采用者开始知晓一项新技术存在的最

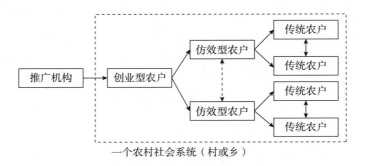

一个农村社会系统（村或乡）

图4-4　农业新技术的传播（扩散）

为快捷和有效的媒介。村庄社区内农户之间的交流渠道是说服农户采用新技术最有效的方式，尤其是有着相同社会经济地位、教育背景或在其他方面相似的农户之间更容易相互影响技术采用决策。

自中华人民共和国成立以来，中国在农业系统已经建成了相对完善的农技推广体系，并取得了较好的发展，对推动我国农业和农村经济的发展起到了极大的促进作用。在农业技术的扩散中，扮演着极其重要角色的农业科技推广机构和推广人员，他们是农业教育、科研与农民以及政府与农民之间联系的桥梁和纽带，在促进农业与农村经济发展中起着非常重要的作用。因此，政府为了推动农业生产率提高和农村经济发展，往往会大力支持农业技术推广活动。

农户往往很难科学计算技术采用的成本和收益并对农业技术做出合理的评价，大多依靠已经采用该技术的农户的经历和评价来主观评价技术创新，并以此为参考作出技术采用决策。技术推广人员在技术扩散中的作用是把技术创新的相关信息告知农户，解决农户关于技术使用方面的疑难问题。这就容易产生一个问题：农业技术推广人员与潜在技术采用者之间就专业技术、社会地位、价值观和教育背景等方面差异甚大以致他们之间不容易形成共同语言，因而不能进行有效的沟通。没有有效的交流与沟通，新技术的信息就难以传达。因此，技术推广人员不仅要具备完备而又精深的专业知识，而且要能尽快地找出与农户之间的共同话题和共同语言，以求在技术推广中能够与农户很好地沟通和交流。

在菌草技术的扩散过程中，技术的传播者在促进农民认识和采纳菌草技术方面起到了十分重要的媒介作用。当前，承担主要作用的菌草技术传播者是各级公共农业技术推广机构——省、市、县食用菌站（办），这些组织受上级农业技术推广部门的领导，由政府提供经费，对本地区的农户提供诸如菌草技术咨询、指导和培训等方面的服务，是菌草技术的主要传播者。

在很多情况下，技术推广机构及其推广活动是一项新技术自研发单位传递到特定区域的主要媒介，技术推广人员把技术带到特定区域以后，为了提高技术的横向扩散速度和农户技术采用速度，往往要预先通过试验、根据特定区域环境条件进行技术调整或二次创新，然后再对农户采用者示范、培训等活动促进农户的技术采用。从这个角度来看，农业技术推广机构既是农业技术的传播者，也是农业技术的创新者。一方面，他们作为公共农业技术推广机构及人员，要履行政府赋予的职责，通过先进适用技术的推广应用，帮助政府实现目标；另一方面，他们作为社会个体成员，也有为自身发展创造更多机会的动机，例如，通过有成效的工作来获得政府和社会的认同以及更多的扶持。所以，政府可以通过法规和政策来影响公共农业技术农业推广机构的行为。又如，福建省寿宁县的食用菌办工作者，为解决当地菌农的原料问题，缓和"菌林"矛盾，促进食用菌可持续发展，2007年就主动从福建农林大学引进菌草技术，并实施了《食用菌代料栽培技术推广》项目，开展菌草种植食用菌及菌草人工种植试点、试种、应用及推广工作，重点培养创业型农户，通过创业型农户逐步影响和带动学习仿效型农户，又通过学习仿效型农户带动传统农户。其做法得到了上级有关部门领导及县委、县政府的肯定和大力支持。县政府出台了一系列相应的扶持政策和措施，进一步促进了菌草生产食用菌技术的应用和推广。同时重视对食用菌实用技术的研发和推广，如他们在长期指导广大菇农花菇栽培生产中实践中总结形成了一套独特的利用寿宁自然条件的生产工艺，它充分利用地理、气候等自然条件，因地制宜创造出寿宁花菇栽培模式、人工调促花菇形成技术、二次套袋法降低污染等技术创新。他们还不断以新的理念指导菌草技术推广工作，推动菌草技术推广与食用菌产前、产中、产后相结合，把食用菌产业链与食用菌生产技术推广链有机结合，促进了食用菌产业的全面发展，为食用菌产业发展做出了极大贡献，得到了社会各界的好评。

三、菌草技术的采用者

在一个社会群体中，一项农业新技术的扩散过程，往往是部分农户会很快地接受并采用新技术，而有部分农户以后将会采用新技术，还有一部分农户始终不会采用新技术，尽管他们或多或少会了解新技术。那些以后将会采用新技术的农户，成为潜在技术采用者。潜在技术采用者采用新技术受到自身风险偏好、家庭资源禀赋以及社会经济系统的影响。Rogers（1962）根据技术采用者创新精神的程度把采用者分为创新者、早期采用者、早期大多数应用者、晚期大多数应用者和落后者五种类型。

　　菌草技术的采用者主要是指食用菌生产者使用菌草为原料生产食用菌，是菌草技术扩散的重要环节。菌草作为食用菌代料之一，食用菌生产者可以选择采用也可以选择不用，如果食用菌生产者不采用菌草，那么菌草技术的推广扩散就无从谈起。菌草技术的采纳者通过获取菌草技术信息、评价菌草技术和菌草技术采纳决策等行为来影响扩散过程，菌草技术扩散的采纳行为是菌草技术扩散过程的主导因素。菌草技术能否成功地扩散与生产者有着直接的关系，生产者不同，采纳行为也会有所不同，菌草技术采纳者包括农户（菌农）和食用菌企业。

　　1. 菌农——农户

　　食用菌产业的形成是改革开放带来的成果，由于其投资低、技术成熟、便于操作，所以成为广大农民脱贫致富的好项目，栽培专业户、重点户大批涌现，食用菌成了农业产业中的一个与种植业、养殖业并列的一个新兴产业，成了农业产业中增长最快的产业。2008 年我国食用菌行业从业人口接近 2500 万，绝大部分分布在广大农村地区，传统农户生产仍然是我国食用菌生产的主要模式。农户是我国食用菌生产最为重要的行为主体，其行为选择直接影响菌草技术扩散进程。

　　从理论和实践两个层面对农户行为加以研究十分必要，有利于正确把握农户行为特征，引导和优化农户菌草技术采用行为，推动菌草技术扩散和菌业的可持续发展。

　　2. 用菌工厂化企业

　　企业作为一个独立的经济核算单位，是市场经济的主体。食用菌工厂化企业是指从事食用菌生产和流通活动的基本经济单位。工厂化企业生产食用菌，是利用工业技术控制光、温、湿、气等环境要素，使之适合食用菌菌丝体和子实体的生长，摆脱自然环境因素的影响，从而实现食用菌生产周年化的生产，通过企业化管理模式来实现经济增长的一种经济组织形式。工厂化企业的生产可以不限于地域、不限于季节，进行全天候的生产；通过采用工业设备调控环境因素，使之满足食用菌生长过程对环境的要求，达到食用菌生产的农艺技术与环境调控的工业技术的有机结合（吴少风，2008）。

　　食用菌工厂化栽培过程必须建菇棚、配设备、保无菌，其特色明显，是农业生产中可控性最强的产业，已经成为现代农业的重要先行产业，发展前景广阔。食用菌生产高度应用生物技术、环境技术、机械技术、信息技术，是农业生产中智能化程度最高的产业和标准化程度最高的产业。食用菌工厂化企业与一般农户相比，显示出了生产规模、技术、产品产量与质量、市场、效益等综合生产优势，对于新技术的需求也较强烈，是较积极的菌草技术采纳者，发展和壮大大多数的工厂化企业对促进菌草技术扩散的作用巨大。

第二节　菌草技术采用与扩散的宏观动力
——社会生态效益需要

一、菌草技术的经济特性

农业技术及其物化产品具有公共产品的特性，公共产品的重要特性就是非排他性与非竞争性。多数农业技术的物化载体产品都会具有非排他性与非竞争性。这是一般公共产品所具有的特性。大多数农业技术物化产品的生产，是生物产品的生产，生物产品本身的自我繁殖的生产特性，决定了它具有非排他性；同时，对一项农业技术的采用又具有非竞争性，因为一项农业技术及其物化产品生产出来后，被生产者（农户）采用，不会因为某个农户的使用而限制其他农民的采用。正是这两个农业特征，依靠市场提供科技投资量，难以达到最优状态。由于市场难以进行资源的有效配置，企业就很难进入农业科技及其物化产品市场，因此，农业科技发展必须主要由政府的公共投资来推动。

菌草技术的研发与创新主要是解决食用菌生产原料问题。在食用菌产业发展中，木腐菌的生产原料是木材，尽管食用菌生产技术不断改进，但从早期的天然野生采摘到原木砍花自然接种再到从段木人工接种、木屑压块法、木屑袋栽法等，都是以阔叶树为生产原料。随着食用菌生产的迅猛发展，木屑栽培食用菌由利用林业废弃物发展到大量砍伐阔叶林，"菌林矛盾"日趋突出，资源破坏、生态环境恶化、食用菌产业面临原料短缺的威胁。福建农林大学菌草研究所的专家在经过多年的探索、努力下，成功地研发了菌草技术，利用芒萁、类芦、象草等野草或人工种植的菌草栽培食用菌的技术，其研究成果引起国内外的关注，更重要的是，它为食用菌的可持续发展开辟了一条新的途径。很显然，菌草技术的创新和推广应用更强调的是其社会生态效益，具有典型的正外部特性。

二、政府的公共职能

戴思锐 （1998） 认为，在农业推广扩散中，政府作为社会经济发展的决策者，代表的是社会公共利益，职能特点要体现公益性、宏观性、长期性。所以政府一般会对影响较大的农业技术优先支持，对容易推广、投资较少，经济、社会和生态效益显著的农业技术重点扶持，以促进农业的可持续发展。政府从宏观全局的角度，发挥其指导性、调控性和决策性的职能，通过组建先进的农业研发队伍来保障农业技术推广项目的来源和储备；通过对公共农业推广机构和推广队伍的组建，以政策、法规、制度来调动创新推广，支持农业推广工作；通过政府的财政政策来激励农业新技术采用者的积极性，促进和保证农业推广事业的发展。总之，政府推广农业技术的最终目标是促进农业发展，繁荣农村经济，增加农民收入，保持社会稳定。

三、政府是推动菌草技术扩散的主要力量

食用菌生产采用菌草技术，主要作用是以草代木节约木材资源，解决"菌林矛盾"促进食用菌产业的可持续发展。从长远发展和宏观的角度来看，一个地区森林资源的过度使用，必将威胁该地区的生态环境，政府需要统筹区域的经济、生态和社会效益，政府的职能和菌草技术的特性决定了菌草技术扩散的主要推动力量必须是政府。菌草技术扩散过程是一个复杂的过程，这个过程是由多环节多层次组成，并有众多相对独立的不同主体参与，例如，菌草技术科研机构——福建农林大学菌草研究所，菌草技术推广机构——各级政府所属的食用菌站（办），菌草技术的采用者——农户、专业合作社和食用菌生产企业，由于不同主体目标动机的差别，他们在行为方向上容易产生歧义、难以进行有效的工作衔接，在工作配合方面也有困难，从而影响菌草技术扩散进程。政府作为强有力的协调者，其功能之一就是通过制定扶持政策，采取激励措施，协调各主体的行为，将他们分散的力量组成推进菌草技术扩散的合力，共同推进菌草技术扩散进程（见图4-5）。

从技术的创新源来看，菌草技术的创新主要来自于公共农业技术研究机构和人员——福建农林大学菌草研究所，他们通过不断努力，破解农业技术难题，赢得政府和社会更多支持的同时，履行政府的职责，实现政府的目标，科研机构技术研发的速度和质量则取决于宏观上农业科技创新水平及政府对农业科研的支持程度。良好的科研激励机制有助于技术的开发与研究。从示范推广来看，

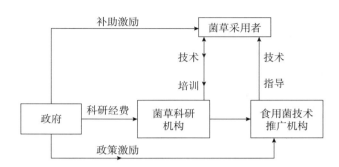

图 4-5 政府对菌草技术采用与扩散各主体的激励

公共农业技术推广机构和人员——各县（市）食用菌站（办）及乡镇农业技术推广组织对本地区的农户提供诸如菌草技术咨询、指导和培训方面的服务，一方面，他们作为公共农业技术推广机构及人员，要履行政府赋予的职责，通过先进适用技术的推广应用，帮助政府实现目标；另一方面，他们作为社会个体成员，也有为自身发展创造更多机会的动机，例如，通过有成效的工作来获得政府和社会的认同以及更多的扶持。所以，政府可以通过法规和政策来影响公共农业技术农业推广机构的行为。从菌草技术采用来看——对生产者来说，农户和食用菌生产企业，是否采用一种新技术，考虑的首要问题是该技术与传统技术相比，是否能有更高的经济效益，从调研情况来看，菌草技术原料与传统食用菌原料相比，有一定的经济效益，但不明显，菌草技术主要体现在生态和社会效益方面，具有典型的外部效应，也就是菌草技术的外部性，这种外部性导致菌草技术采用的非效率性，即对技术采用的不足。政府应该制定相应的扶持政策，以激励生产者采用新技术。

从福建省菌草技术采用与扩散的实践来看，政府从宣传倡导到组织培训，从制定规划到选择试点，从组织推广人员到制定扶持政策，可以说，政府对于菌草技术扩散的影响存在于该技术扩散过程的各个环节。福建省政府在菌草技术的扩散中具体运作有如下三点：一是政策调控。政府组织相关部门及人员，对福建省的闽西北食用菌传统产区进行全面调研，根据资源特点和产业基础，确定菌草技术推广扩散试点县，并明确其发展规模，培育典型，示范推动。二是扶持激励。福建省财政安排资金，对种植菌草每亩 400 元给予补助；以县为单位，每种植 100 亩菌草补助购置一套菌草采收、切割和粉碎设备，在列入农机购置补贴的基础上，每套再补助 1500 元；对菌草生产专业合作社新建菌草加工仓储设施的每家补助 3 万元；对试点县的推广机构安排一定的专项工作经费；

各试点县（市、区）也根据实际制定优惠政策，促进菌草技术的采用与扩散。三是分工协作。福建省菌草生物工程研究中心（福建农林大学菌草研究所）为主组织菌草产业专家服务团，向每个试点县派一名技术人员包干指导生产中的技术问题。各试点县（市、区）向菌草种植基地村选派相关专业的科技特派员，配合省菌草生物工程研究中心技术人员开展技术服务。福建农林大学负责提供菌草种苗，开展技术培训与指导，重点培训龙头企业和专业合作社的技术人员。各有关设区市负责抓好督查落实。各试点县（市、区）政府成立菌草产业发展协调小组，做好种草用地、基地建设、供需对接、政策落实等组织协调工作，合理制订年度菌草产业发展计划。

由于政府的职能和菌草技术的特性，与其他农业技术相比，政府在菌草技术扩散过程中所起的作用要更大。但是值得注意的是，以行政力量为主导的菌草技术扩散有一定的局限性，缺乏持续动力。如果地方政府没有根据当地具体情况，因地制宜地进行推广，潜在采纳者就有可能会产生抵触心理，从而影响菌草技术的推广。菌草技术作为一项资源节约型农业技术，推广前期的发展规范和示范行为需要政府给予必要的资金、技术、人力等方面的支持，然而，政府的行政行为具有较强的两面性，但从根本上来说，菌草技术的发展主要是因为食用菌生产的内部迸发出强大的需求引力。从福建省菌草技术推广扩散的实践来看，在菌草技术的扩散效果较好的地区，都是当地食用菌生产引发的对菌草技术的需求，潜在采纳者需求的方向与行政主体的推动方向相一致的地区。总之，政府对菌草技术扩散的影响作用巨大，是促进菌草技术扩散正向发展不可或缺的主体之一，但政府"是否作为、如何作为"是一个十分值得思考的问题。

第三节　菌草技术采用与扩散的微观动力
——经济效益驱使

农业生产者作为有限理性经济人，在市场经济条件下，获取经济利益是其进行农业生产经营活动的根本目的。作为生产者主要考虑经济利益，在采用一项农业新技术之前，通常要进行一番经济效果评价，根据其评价的结果决定是否采用以及多大程度的采用。农业生产者的目标是追求产量或利润的最大化，他们主要比较新技术采用的成本与收益。也就是说，生产者会在一项新技术的边际成本与边际收益之间进行比较。采用一项新技术会发生许多费用，包括发生的物质费用、人工费用以及学习费用等，生产者会认真核算其采用成本，并和传统技术发生的费用进行比较。同时生产者还要比较新技术采用带来的收益，收益表现为多个方面，既有社会生态效益也有经济效益。例如，一项新技术的采用节约了农业生产成本，提高了农业收入，则该技术采用体现的是经济效益；又如，一项新技术的采用节约了农业资源、保护了生态环境等，该技术采用体现的是生态效益；再如，一项新技术的采用改善了农产品的品质与质量，更好地满足了消费者的需求，使消费者的福利提高，同时又增加了整个社会福利，则该技术采用体现的是社会效益。从农业生产者自身而言更注重的是经济效益（张秀芳，2007）。

如图 4-6 所示，采用边际分析方法来表示食用菌生产者采用菌草技术的情况。曲线 L 是生产函数，$y = f(x)$。对于菌草技术的采用，假设食用菌生产者采用菌草技术每增加一个单位成本为 Δx，效应增加一个单位的效益为 Δy，根据边际分析原理，如果 $\Delta x > \Delta y$，则边际成本大于边际收益，追加成本的边际收益率小于1，说明食用菌生产者采用菌草技术增产不增效，生产者就不愿意采用该技术；如果 $\Delta x = \Delta y$，即边际成本等于边际收益，追加成本的边际收益率等于1，说明此时经济效益最大，是食用菌生产者追加投资的最佳点，这时农食用菌业生产者采用菌草技术最为有利；如果 $\Delta x < \Delta y$，即边际成本小于边际收益，新增生产成本的边际收益率大于1，说明食用菌生产者采用菌草技术有利可图，那么，食用菌生产者就愿意或可能采用菌草技术。

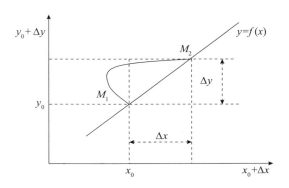

图 4-6　农户菌草技术选择的边际效益分析

追求利益是人类一切社会活动的动因，是社会发展不断向前发展的内在动力。在菌草技术采用与扩散过程中，各主体利益的调整和变化直接关系到菌草技术能否顺利推广扩散。生产者作为一个逐利的理性经济人，在采用菌草技术时必然会比较传统代料的成本和效益，只有当他能从中获取较高收益时，菌草技术才能被采用。食用菌生产中采用菌草原料的不同供应模式、对不同原料的替代、菌草原料的不同采用比例、不同采用主体，都将影响到菌草采用的经济效益。要分析菌草采用的成本效益，必须了解菌草及食用菌生产特点。

一、食用菌生产及菌草种植特点

1. 食用菌生产特点

福建省食用菌中的木腐菌品种的生产技术主要是袋栽技术，即用塑料薄膜筒袋做容器，一般是用 24cm×24cm 的塑料薄膜袋，培养原料由主料和辅料组成，主料以木屑或棉籽壳为主，占 70%，辅料以香菇为例，通常是麦皮、蔗糖、石膏粉等原料，占 30%。当然不同菌种、不同的主料所使用的辅料种类会有所不同，但大体情况都差不多。菌草代料技术是指以菌草粉取代食用菌生产中的木屑、棉籽壳等主料。因为木生菌生长主要分解木材中的纤维素、木质素，吸收其中的有机质作为主要营养来源，菌草为草类植物，虽然营养成分高，但木质素含量较低，草粉装袋后过于结实，透气性不如木屑、棉籽壳为原料好，一旦温度、湿度掌握不好，就容易出现烂筒。所以各地推广部门在推广菌草为原料生产食用菌过程中，为了保证产量和质量，只推荐生产者部分取代，目前大多数地方的生产者采用 30% 的替代比例，菌草技术应用最成功、最成熟的是福建省寿宁县的花菇生产，最高取代 70%。

2. 菌草生产特点

（1）菌草的生物学特性。人工种植的菌草主要是指巨菌草，别名皇竹草。是一种具有适应性广、抗逆性强、产量高、粗蛋白和糖分含量高的植物。巨菌草植株高大，株高一般为 3~5 米，直立丛生，根系发达，在热带、亚热带地区为多年生植物，在温热带地区栽培不抽穗开花，繁殖主要用秆节的腋芽或种子进行无性繁殖。菌草的根量比一般农作物大 3~5 倍，适应性强，在坡地、滩涂、沙漠照样生长；菌草的再生能力强，一次种植可多年多次收割，不用喷药施肥，土壤的防冲能力和吸附雨水的能力比森林都强，因为这些特性，菌草对保持生态也有着重要意义。在福建省闽西北山区种植巨菌草，一年可收获两次，每亩鲜草产量为 4~8 吨不等。菌草收割以后经过晒干或直接加工粉碎以后可作为食用菌生产原料，可栽培香菇、毛木耳、黑木耳、金针菇、平菇、灵芝、珍珠菇、灰树花、玉菇、鸡腿菇、巴西蘑菇、双孢蘑菇、猴头菇等 49种食用菌、药用菌，种菇后的废菌料可制饲料和肥料，此外还可防沙挡风，应用前景广阔。

（2）菌草的种植用地。菌草作为食药用菌的生产原料，在食用菌生产中要采用菌草技术，首先得种植菌草，而种植菌草需要占用土地。由于我国的耕地资源稀缺，政府不允许生产者占用耕地种植菌草，政府推广菌草技术的目的是保护森林资源，解决菌林矛盾，如果占用耕地种植菌草，可能就会解决了"菌林矛盾"，又产生了"菌粮矛盾"，因此，那是不可取的。在生产者方面，菌草只是作为食用菌原料之一，在可供选择的范围内，从经济效益考虑，生产者不会也不愿拿耕地来种植菌草。从福建省的自然资源特点来看，福建省是"八山一水一分田"的省份，宜草坡地、山地面积大，气候条件好，发展菌草业潜力巨大。数据显示，福建省的山地、草地占陆地面积的80%，仅龙岩、三明、南平三个市宜草坡地、山地面积就达2000万亩，只要利用其中5%的面积发展菌草业，年增加产值就达100亿元以上。这也是福建省推广菌草技术的意义所在。考虑以上因素，福建省的菌草技术推广试点县主要选择闽西北山区，例如，南平、三明、龙岩和宁德等山区进行，种植菌草的用地主要是在荒山地、荒坡地及抛荒的山垄田和少数湖边的滩涂等地。

（3）菌草的供应模式。农户方面大多数是自种自用，而菌草种植大户或菌草专业合作社种植的菌草主要提供食用菌工厂化企业，目前在实践上有以下三种：

1）小农户自种自用。这种情况一般是小农户依托食用菌合作社，接受政府的补助，农户根据自己的菌菇生产需要自行种植菌草，合作社免费为其提供粉碎加工、装袋接种，并为本社的社员提供相应的菌草技术服务。例如，连城县新泉镇儒畲村食用菌合作社，由政府扶持购置了2台菌草粉碎机，3台装袋机，10台接种箱，免费提供农户使用，村部还给予加工电费的补助。

2）专业种植大户的订单种植。即采取"龙头企业＋农户"的模式，例如，顺昌鑫品珍菌开发有限公司组织农户发展菌草种植，由企业与农户签下订单，由农户种植、采收、加工，向企业出售新鲜的菌草，以确保企业原料来源和企业产品的质量稳定。

3）菌草专业合作社。是指合作社发动农户种植菌草，由合作社收购，加工粉碎后，供应给食用菌工厂化企业。例如，顺昌星升菌草专业合作社，建设了一座500平方米的大棚原料储藏地，1000平方米的晒场，2010年加工草粉980吨。2011年又新增加了一条机械加工粉碎生产流水线，加工草粉3000吨。随着种草业的规模发展，星升草业合作社实现菌草从草种供应、栽培、管理、机械采收、粉碎、烘干、包装、营销的一体化管理，一条龙服务的新模式。

二、生产者采用菌草技术的成本—效益分析

这部分主要以寿宁县食用菌生产农户采用菌草代料生产花菇为例。企业方面留待后面的章节研究。

寿宁县食用菌从 20 世纪 80 年代初期开始进行规模生产，生产种类以花菇为主发展到目前品种较为齐全，产量质量稳步增长，食用菌总产值达 2.8 亿元，占农业总产值的 29.3%，在农业经济中占有重要地位。在全县 203 个行政村中有 170 个行政村，在 6 万多户农户中有 4 万多户从事食用菌生产或从事与食用菌相关的产业，每年生产规模稳定在 5000 万袋左右，产量在 2.5~3 万吨，食用菌业成为寿宁农村经济中占举足轻重地位的支柱产业。随着食用菌生产的不断发展，木屑价格大幅上涨，"菌林"矛盾凸显。为缓和菌林矛盾，促进食用菌可持续，寿宁县食用菌办于 2007 年就从福建省农林大学引进菌草技术项目，目前种植菌草 2300 多亩用于食用菌生产，并成功探索了 30%、50%、70%的菌草替代比例，成为福建省菌草技术应用先进地区。

资料来源：笔者对寿宁县大熟村和童洋村以菌草为原料进行花菇生产农户的问卷调查整理，调查时间为 2011 年 3 月，涉及的价格按 2010 年的当地市场价格。方法采用成本−效益分析法。

1. 成本计算

（1）计算每亩菌草种植全过程的成本。农户采用菌草技术种植食用菌，要种植菌草，首先，计算菌草全过程所发生的费用，以一亩为准计算。其次，菌草全过程所发生的费用由物质费用和人工费用两部分组成。物质费用包括种苗费用、土地成本、肥料、电费等费用。人工费用包括种植、施肥、除草、收割运输、粉碎等发生的人工费用。菌草是多年生植物，一次种植多年收割，所以第一年发生的成本和第二年以后的各年不同，第二年以后的成本计算除了要扣除物质费用中的种苗费用之外，还要扣除人工费用中的种植人工费用，而且第一年的每亩除草工需要 4 个，以后各年均只需要 2 个（见表 4-1）。

表 4-1　每亩菌草种植全过程的成本　　　　　　　　　　单位：元

项目	第一年成本	第一年以后成本	说明：
菌草种苗	300	0	每亩 2000 株，每株 0.15 元
土地成本	100	100	平均价
肥料	108	108	复合肥

项目		第一年成本	第一年以后成本	说明:
人工费用	种植	270	0	3 工，每工 90 元
	施肥	180	180	2 工
	除草	360	180	第一年 4 工，以后每年 2 工
	收割及运输	1800	1800	12 工，采收难，每工 150 元
	粉碎	270	270	3 工
电费		100	100	估算
合计		3488	2738	

（2）计算每亩菌草可制成的菌袋数量。食用菌生产的成本一般以袋进行计算和比较，所以要计算每亩菌草的产量以及可以制成的菌袋数。对调研地的菌草种植户问卷调查发现，种植菌草的土地主要为抛荒的山垄田、边坡地和山地，不同土地类型的年菌草产量不同，分别计算比较没必要，笔者对不同土地类型的产量进行加权平均，取其平均值。当地菌草采收方式是先切割就地晒到七成干以后，再收起运输到产菇地进行粉碎装袋，以供使用。这样可装袋使用的菌草量=鲜草量×70%，每袋花菇的主料一般是 1.75 千克，这样按 50% 的菌草配料，每袋菌草用量=1.75 千克×50%=0.875 千克，再把可以使用的菌草量除以0.875，是每亩菌草可制成的菌袋数量（见表 4-2）。

表 4-2　每亩菌草可制成的菌袋数　　　　　　　　　　　单位：千克

类型	抛荒山垄田	边坡地	山地
产量（鲜）	15000 千克	10000 千克	7000 千克
平均（鲜）		10667 千克	
70%折干产量		7467 千克	
5%损失以后		7094 千克	
可制成菌袋数（袋）		8107	

（3）计算出每袋菌草成本。由表 4-1 和表 4-2 的数据，就可以计算出每袋的成本，同样第一年的每袋成本和第二年以后的每袋成本不同。2007~2008 年，寿宁县政府为了鼓励菇农采用菌草种植花菇，从使用环节入手为采用菌草为原

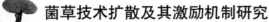

料的试点农户，提供每袋 0.2 元的补助。福建省政府从 2009 年开始在推广试点县对农户种植菌草的第一年每亩补助 400 元。为了方便比较，分别计算各种情况的每袋成本（见表 4-3）。

表 4-3　每袋菌草成本比较　　　　　　　　　　　单位：元/袋

	每袋成本	说明
第一年	0.45	第一年总成本/总袋数
第二年以后	0.34	第二年以后总成本/总袋数
省财政补助 400 元	0.38	（第一年总成本-400）/总袋数
寿宁县政府每袋 0.2 元补助	0.23	第一年总成本-0.2

（4）计算每袋花菇生产成本，并对不同补贴进行比较。花菇生产成本由主料成本和辅料成本以及菌袋、菌种费用和装袋、接种、采摘管理等人工费用组成。不论哪种原料，菌袋、菌种费用和装袋、接种、采摘管理等人工费用都一样，不同的是主料和辅料的成本，主料不同，所采用的辅料会有所不同，从而成本不同，例如，菌草花菇由于菌草的含糖量高，配料中就不需要加糖了，而且麸皮的用量也减少一半，木屑当地价每千克 0.46 元，笔者根据调研地的情况计算比较（见表 4-4）。

表 4-4　不同原料每袋花菇的生产成本　　　　　　　单位：元

种类　类别		主料		麸皮		石膏		糖		菌袋菌种费	装袋、接种、采摘管理费	合计
		用量	成本	用量	成本	用量	成本	用量	成本			
木屑花菇		1.75	0.8	0.15	0.3	0.015	0.02	0.007	0.05	0.4	0.6	2.17
菌草花菇	木屑	0.875	0.4	0.075	0.15	0.0015	0.02	0	0	0.4	0.6	2.02
	菌草	0.875	0.45									
第二年以后菌草为原料的花菇成本												1.91
财政补助 400 元以后的菌草花菇成本												1.95
寿宁县袋补助 0.2 元												1.71

2. 效益比较

花菇一般都是以干菇出售，效益主要由出菇量、花菇率、含水率等因素决定。需要说明的是，花菇实际上就是香菇，是在栽培香菇的过程中，设定特定的环境条件，使香菇的表皮裂开，如花朵一般，故称花菇。它与一般香菇比较，味道更鲜美，营养价值更高，所以市场价值也更高，2010年寿宁当地的价格，一般香菇平均价每斤38元，而花菇的平均价为每斤60元。由于技术条件和环境条件，一般栽培过程只有一部分会成为花菇，另一部分仍然为香菇，所以需要计算花菇率（见表4-5）。

表4-5　菌草与木屑每袋效益比较

项目　　　　　　　种类	菌草花菇	木屑花菇
产量（克/袋）	503	473
花菇率（%）	49	53
折干率（%）	10.2	10.8
总产值（元/袋）	5.01	5.08

以上计算可以看出，2010年寿宁大熟村和童洋村花菇生产者采用50%菌草配料进行花菇生产，与全木屑原料生产比较，尽管每袋成本降低了，但因为花菇率降低，折干率也稍低，虽然总产量增加，但总产值还是略有降低，每袋减少0.07元。这样在没有任何政府补助的情况下以50%菌草代料生产的花菇每袋效益增加0.08元；福建省财政补助400元以后的菌草花菇效益每袋增加0.15元；第二年以后以菌草为原料的花菇效益每袋增加0.19元；寿宁县每袋补助0.2元后每袋效益增加0.28元。

第四节　本章小结

菌草技术扩散过程是一个系统过程，它是由多主体参与，多环节、多层次组成，同时又受多因素影响的复杂过程，而且，各主体又通过多种途径影响菌草技术扩散的过程。菌草技术扩散过程的参与主体主要是菌草技术的提供者、菌草技术的采用者和菌草技术的传播者。菌草技术的采用者包括食用菌生产农户和食用菌工厂化企业。

菌草技术是一种资源节约型的可持续农业技术，其技术以及物化产品具有公共产品的特性，而且菌草技术的创新和推广应用更强调的是其社会生态效益，具有典型的正外部特性。政府的职能和菌草技术的特性决定了菌草技术扩散的主要推动力量必须是政府。

菌草技术只有被生产者采用，才能扩散开来，才能发挥它的效益。食用菌生产者作为一个逐利的理性经济人，在采用菌草技术时必然会比较传统代料的成本和效益，只有当他能从中获取较高收益时，菌草技术才能被采用。通过对食用菌生产农户采用菌草技术生产花菇的成本和效益的计算，发现与农户采用传统木屑相比，生产效益有所提高，但并不明显。菌草技术在种植环节用工成本较高，政府对菌草的种植每亩 400 元的补贴，在一定程度上促进了农户对菌草技术的采用。考虑到食用菌生产农户采用菌草配料栽培食用菌，需要付出学习成本和承担技术风险，一些地方政府在使用环节每袋补助 0.2 元，成本大幅降低，农户乐意采用，菌草技术推广扩散效果好。

第五章
菌草技术扩散中的农户采用行为研究

前面章节对菌草技术扩散的背景和机制进行了分析，使我们了解到菌草技术扩散的概况。本章将对菌草技术扩散中的农户采用行为进行描述分析和计量经济分析。本书研究的菌草技术主要包括菌草种植技术和农户采用菌草栽培食用菌技术。通过对调查数据综合分析，将农户是否采用菌草栽培食用菌技术作为因变量，实证分析影响农户采用菌草栽培食用菌技术行为的因素，并对农户种植菌草技术进行描述性分析，以期更好地把握农户菌草技术采纳行为的影响因素，从而为政府、农业技术推广机构等行为主体进一步促进菌草技术的扩散提供相应对策。

第一节　农户采用菌草技术行为的影响因素理论分析

在农业技术扩散系统中，技术供给者承担着技术研发和前期推广的主要工作，是整个技术扩散系统的源头；而农户是技术传播的对象，作为技术的最终使用者和接受者，关系到一项农业技术的推广应用效果。农户的技术采用行为受到多种因素的影响，因此，国内外学者对农户技术采用行为影响因素做了大量的研究。

学者主要从农户自身特征、家庭经营特征和环境因素三个方面，进行全面深入的研究。其中，农户特征因素主要包括户主年龄、户主性别、户主文化程度、户主从事农业的年限、家庭劳动力人数等；家庭经济特征因素主要包括家庭收入水平、兼业化程度、经营规模等；环境因素则主要指制度、区位、信息等外部因素。Feder 和 Slade（1985）认为，资源分配、市场风险、公共政策、农地制度等影响着农户技术选择行为。Atanu Saha 等（1994）研究发现，一个技术采纳者个人禀赋对技术采用行为有重要影响，特别是采纳者受教育程度的高低，决定着其所获得的信息，从而影响技术采用行为。速水佑次郎、拉坦

（2000）研究发现，影响农户技术采用的主要因素是自然要素禀赋，自然要素禀赋反映在市场上的相对价格的变动，对农户的技术选择行为产生影响。Rogers（1983）研究发现，在农业技术扩散中，农户户主的受教育程度、个人见识等因素与之出现较明显的正相关关系。朱希刚、赵绪福（1995）认为，政府对技术采用的激励政策、粮食产量的增加、农户与农业推广机构的联系、离乡镇距离等因素对农户技术采用行为产生正向影响，而农户的非农收入水平、农户的民族特征等因素对农户技术采纳行为产生负影响。高启杰（2000）在研究中发现，决定农户的技术采纳行为两大主要因素是农民本身特征及其环境因素。环境因素主要是指技术供给状况、推广服务、信贷状况、政策法律、社会组织、产品运销和基础设施等方面。朱明芬、李南田（2001）指出，农户对技术信息的掌握程度、农户本身特征和家庭禀赋特征等对农户新技术的采用有重要影响。孔祥智、方松海、庞晓鹏等（2004）认为，新技术进入门槛的高低，新技术采用机会成本的多少，共同影响着农户对新技术采纳。唐博文、罗小锋、秦军（2008）从不同属性技术角度对农户技术采用行为进行研究发现，农户技术采用行为受农户的家庭特征、农户所处的外部环境特征和技术自身特征三个方面因素的综合影响，其中，参加技术培训、对技术作用认知、信息可获得性对农户不同属性技术的采纳起到关键作用。郭霞（2009）认为，影响农户技术采纳行为的因素较多，例如，农户个体特征、地理条件、技术诱导强度、历史文化传统和成本收益比等；此外，又如，推广者素质、农业技术本身适用性等也有重要影响。满明俊、周民良、李同昇（2010）对农户采用不同属性技术行为进行研究，指出技术属性的差异对农户采用新技术起着显著的影响，农户采用不同属性技术的行为与影响因素具有两种关系："U"形和倒"U"形。

此外，学者还从农户采用新技术的动机、意愿和政策诱导方面对农户采用技术行为进行研究。对于新技术采用的动机，学者持有不同的观点。林毅夫（2008）认为，农户是否采用新技术存在一个临界点，即农户对新技术的预期与新技术的边际风险。汪三贵、刘晓展（1996）指出，由于农户受经济能力和信息约束的影响，农户倾向于回避风险，追求稳定的收入，因此，风险最小化是农户选择技术的动机。庄丽娟、张杰、齐文娥（2010）运用多元 Logistic 模型，依据广东省 11 个县市（区）349 个村队 445 户荔枝种植农户的调查资料，对农户选择技术服务时的需求意愿及影响因素进行实证研究。发现影响农户技术选择因素很多，除了受农户自身特征因素影响之外，还受到如新技术的成本与风险、技术培训、农户组织化程度和农户相互间的交流程度等外部因素的影响。

上述研究从不同侧面揭示了农户采用新技术的动因，也表明影响农户技术采纳行为的因素是多方面的，这些研究为本书提供了一定的理论基础。国内外关于农业技术采用行为的研究已经很多，农户菌草技术采用行为与农户技术采用行为在理论和方法方面的研究有很多类似之处，可以借鉴已有研究的理论和方法。但菌草技术与一般农业技术相比，有其特殊性。基于此，借鉴农户技术采用行为的研究理论和方法，结合菌草技术特点，本书采用大样本调查数据，应用二项 Logistic 回归分析模型对农户菌草技术采用行为进行实证分析。

农户采用菌草技术行为受农户个人及家庭因素、经济因素、心理因素和社会因素的共同影响。农户采用菌草技术的决策是多种因素相互作用的一个动态的、复杂的过程，不仅受农户资源禀赋和经济因素的影响，还受到技术自身因素、环境因素和社会因素的影响。因此，根据前人的研究经验并结合本次调查农户的特点，本书主要从以下五个方面探讨分析农户菌草技术采用行为的影响因素，即农户个人及家庭特征因素、菌草技术自身因素、政策环境因素、技术推广服务因素和信息因素。

一、农户个人及家庭特征因素

农户禀赋主要是指农户本身及家庭禀赋，即农户家庭成员和整个家庭所拥有的包括天然所有及其后天所获得的资源和能力（方松海，2005）。农户是农业生产的决策者，尤其是户主，其自身禀赋的高低对农户技术行为的选择产生直接的影响；农户能否顺利进行菌菇生产与家庭所具备的资源有关，家庭禀赋决定着家庭资源。农户个人及家庭特征因素，例如，受教育程度、种菇年限、风险偏好、家庭收入、家庭人口数、劳动力人数、是否兼业等对菌草技术的选择有直接的影响。因此，本书选取了如下的变量：户主年龄、户主的受教育年限、风险偏好、菌菇种植年限、农户人际关系、菌菇收入、家庭人口数、劳动力人数、是否兼业、菌菇经营规模、食用菌品种。

1. 户主年龄

从理论上来看，农户决策者年龄越大越趋于保守，采纳新技术的意愿会越低，而年龄越小更愿意采用新技术。因此，本书预期，农户决策者年龄越大，越不愿意采用菌草技术。

2. 户主的受教育年限和风险偏好

户主受教育年限对农户采用新技术有着重要的影响。大多数学者认为，农户受教育年限越长，掌握的知识更多，视野更开阔，对技术了解更全面，农户采用新技术的可能性就越大；但也有少数学者认为，受教育年限与技术采纳并不一定呈正相关关系——农户受教育年限越多，选择劳动节约型技术的比例越高，选择高产型技术的比例越低。风险偏好越高的农户，更愿意冒险，尝试新东西；风险偏好越低的农户，不喜欢尝试新东西，更喜欢采用常规技术。本书认为，受教育年限越长的农户更倾向于采用菌草技术；风险偏好越高的农户，采用菌草技术的比例越高。

3. 菌菇种植年限

农户种菇的年限越长，对已有的种菇技术更加熟悉，更容易掌握常规的种菇技术，更不愿意采用新技术；种菇年限较短的农户，对新技术的接受程度更高。本书预期，菌菇种植年限越长的农户对菌草技术的接受程度越低。

4. 农户人际关系

农户人际关系越好，人脉越广，越容易获取信息。农户家人或要好的亲戚朋友中若有（镇）村干部，认识的人更多，获取菌草技术信息更加容易，对菌草技术的了解更全面，更愿意采用菌草技术。

5. 菌菇收入

农户家庭收入越高，承担风险的能力越强，采用新技术的意愿更强烈；菌菇收入越高，农户越重视，对新技术的采用更积极。由于本书主要是针对菌农进行调查，他们主要是以种植食用菌为主，家庭收入的大部分来源于菌菇收入，所以，选择菌菇收入作为变量。本书认为，农户菌菇收入越高，更愿意采用菌草技术。

6. 家庭人口数、劳动力人数和是否兼业

种植菌菇是一项需要较多体力的劳动，从种植前的备料到最后的采收，每个环节都需要劳动力，人口多的家庭一般劳动力较充裕，更容易接受菌草技术。多数学者认为，随着农户兼业程度的提高，农户对采用技术的积极性越低。史清华（2005）对农业节水灌溉技术的采用行为研究发现，农户兼业程度对技术采用有影响，随着农户兼业程度的提高，兼业农户对农业节水灌溉技术的采用积极性下降。本书预期，家庭人口数越多，劳动力越充裕，兼业程度越低的农户，更倾向于采用菌草技术。

7. 菌菇经营规模和食用菌品种

菌菇经营规模越大，采用新技术后产生的规模效应更大；同时在调研中发现，经营规模越大的农户越有危机意识，他们发现每年都需要大量的原材料如木屑、棉籽壳、稻草进行生产，但是近年来木屑受到政府的管制更严格，棉籽壳和稻草的价格不断上涨，为了降低生产成本，菌菇种植大户不断尝试新的代料，因此，菌菇经营规模越大，采用菌草技术的可能性就越大。食用菌品种主要有木腐菌和草腐菌，其中，木腐菌包括香菇、花菇、毛木耳、灵芝，草腐菌包括蘑菇和姬松茸（巴西蘑菇）。木腐菌主要以木屑、棉籽壳为原材料；草腐菌中的蘑菇以稻草为主要原材料，姬松茸一开始种植时以稻草为主原材料，产出量不高，后来用芦苇等菌草代替，其产出量更高，效益更高。本书认为，食用菌品种对菌草技术采用的影响方向不定。

二、菌草技术因素

农户是否采用某项新技术受多种因素的影响，技术自身的因素对其有重要的影响。对农户来说，首先对新技术要有充分的了解，如果不了解，甚至都没听说过，即使该技术具有很大的优越性，农户也不可能采用这项新技术。即使了解了某项技术，农户也不一定采用，农户在农业生产经营决策中，决策动机的前提条件是利益的最大化，即采用新技术的经济效益，同时还考虑新技术的成本和可操作性、新技术的配套设施等。新技术成本越低，配套设施越完善，可操作性越强，即新技术越容易掌握，农户对新技术的兴趣就越高。新技术的收益预期和风险预期也是影响农户技术选择的重要因素，一般来说，农户更容易接受收益较高、风险较低的新技术。菌草技术作为一种生态农业技术，包括菌草的种植技术、运用菌草栽培食用菌、药用菌和生产菌物饲料、菌物肥料的综合技术简称菌草技术，在推广应用过程中除了受到外界因素的影响，还受到菌草技术自身因素的影响。

1. 农户对菌草技术的认知

如果农户不知道菌草技术，对技术的特性都不了解，那么他们采纳菌草技术的可能性很低。农户获取更多菌草技术信息，对技术越了解，更愿意采纳菌草技术。

2. 菌草技术掌握的难易

一项新技术如果越容易掌握，即农户能够较快掌握并用于生产中，那么这项技术的采用率更高。对于种植年限越长的农户来说，早已经习惯了原有的种菇技术，他们对原有种菇技术很熟悉，对新的种菇技术会进行各方面的评估，其技术难易会直接影响其选择。因此，本书预期菌草技术越容易掌握，农户越容易接受菌草技术。

3. 菌草技术成本占总成本的比重

农户在生产过程中也是追求利益的最大化，尽量降低成本，以期获得更大的利润。菌草技术成本越高，农户承担的风险越高，他们越不愿意采用菌草技术，特别是对家庭收入较低的农户来说，他们更不愿意采纳高成本的新技术。

4. 农户对菌草技术的收益预期和风险预期

虽然农户对新技术的收益预期和风险预期比较主观，但当农户认为新技术可以带来较高的收益，而且当出现风险的概率较低时，他们较容易接受该项新技术。所以，本书预期，农户对菌草技术收益预期越高，风险预期越低，采用菌草技术的可能性越大。

5. 菌草技术配套设施是否健全

技术配套设施是否健全会影响农户对技术的选择，技术配套设施越健全，农户使用技术越方便，采用该技术的机会就越大。菌草技术的配套设施主要包括菌草的收割、搬运、粉碎、烘干、储藏等技术设施。在调查中发现，多数农户觉得菌草粉碎设施和草粉烘干、储藏设施不大健全，影响了农户采用菌草栽培食用菌的积极性。因此，本书认为，菌草技术配套设施越健全，农户越愿意采用菌草技术。

三、政策环境因素

政策环境因素对农户的技术选择有着重要的影响。农业生产总是在特定的制度下进行，既定的制度框架影响着农户的技术选择，制度的完善程度对农户技术选择起着决定作用。农业制度主要体现在政府的技术政策，农业技术政策通过调整控制农业产业结构，确定技术目标，构建技术体系等宏观方面对农业技术进行规定和指导，从而影响农户对技术的选择。政府在新技术推广过程中，是否大力宣传、进行补贴、提供免费培训等对新技术的推广应用起着关键的作用。一项新技术在推广应用初期，总会面临着种种困难，特别是如何让农户去接受并采纳该技术，因此，政府必须创造一个较好的政策环境，帮助新技术的推广使用。本书中主要选取三个变量：政府补贴、免费菌草技术培训、木材管制。

1. 政府补贴

菌草技术作为新技术，在推广过程中面临着许多困难，但是菌草技术的优越性很明显，政府在推广过程中对农户进行补贴会提高他们的积极性，会刺激增加农户对新技术的选择意愿，因为他们会拿这些"额外"的钱去买新品种、新机械等。在调查中发现，除了省政府的补贴之外，当地政府也对种植菌草进行补贴，还对机器设备进行补贴，农户很乐意种植菌草。本书预期，政府对采用菌草技术进行补贴，农户更愿意采用菌草技术。

2. 免费菌草技术培训

当地政府每年都会进行免费的培训，还有当地的农户进行现场示范，派专家到农户家里进行技术指导，农户对菌草技术的了解和掌握更全面，接受采用菌草技术的农户越多。本书认为，政府提供的免费菌草技术培训频率越高，进行菌草技术现场指导的次数越多，农户掌握的菌草技术就越多，农户采用菌草技术的可能性越大。

3. 木材管制

在调查中，食用菌品种主要有香菇、灵芝、花菇、毛木耳等木腐菌，木腐菌主要以木屑为代料，随着菌菇规模的不断扩大，对木屑的消耗也越来越多，大片大片的森林被砍伐。大量树木被砍伐直接影响到当地的生态环境，林业部门对木材的管制会更严格。木材管制越严格，农户越难购买到木屑，越容易接受菌草技术。

四、技术推广服务因素

通常情况下项目推广不能缺少示范带动，菌草技术推广也是如此。农户对新技术的选择，虽说是由农户本身做出决策，但在决策过程中，往往受到外界因素的影响。推广服务体系在推广中往往起到"一两拨千斤"的杠杆作用，是影响农户采用菌草技术的重要外因。农户是否选择一种新技术，会考虑许多因素，例如，采用新技术的经济效益如何，技术操作的难易程度，售后服务情况，农资供应情况，以及是否有技术人员进行免费的技术指导，等等。因此，健全的农业技术推广服务体系，例如，农业技术推广人员经常与农户接触，对农户进行免费技术指导和进行现场示范指导，发放技术宣传资料等，对促进农户采用菌草技术将起到重要的作用。本书选取技术推广人员是否进行免费技术指导，是否进行现场示范指导为变量。技术推广人员的免费技术指导和现场示范指导，解决农户在种植栽培过程中遇到的各种问题，使农户对菌草技术更加了解，对菌草技术掌握更加全面，更愿意采用菌草技术。

五、信息因素

农户是否采用某项新技术，除了与农户自身资源的有关之外，还与农户对该技术了解程度密切相关。新技术的信息是否容易获得，信息获取渠道是否广等，都会影响农户对新技术的采用。农户掌握菌草技术信息的多少和渠道是影响农户对待菌草技术态度的关键。农业技术信息传播渠道的多少、信息传播是否通畅、信息传播速度的快慢，农户对技术信息内容了解的充分程度，对农户采用农业新技术有着重要的影响，因为农户只有充分掌握了该技术能够增加利润且风险较低的信息，才能够采纳该项农业技术。值得一提的是，农户通过参加菌菇合作社获取了很多菌草技术的信息，除了这个渠道之外还从报纸杂志、网络、亲朋好友或自己在生产中积累经验等获取菌草技术信息。因此，菌草技术信息获得的难易，是否参加菌菇合作社对农户菌草技术的采用起着重要的影响。本书认为，菌草技术信息越容易获得，参加菌菇合作社的农户采用菌草技术的机会越大。

第二节　农户采用菌草技术行为的描述性统计分析

一、农户的基本情况

1. 性别、年龄

本次调查的农户以男性为主，在 393 份有效问卷中，男性 302 人，占 76.8%；女性 71 人，占 23.2%。而年龄主要集中在 30～49 岁，以中青年为主体，占 94%，其中，年龄最小的是 26 岁，最大的是 56 岁。年龄分布如图 5-1 所示：

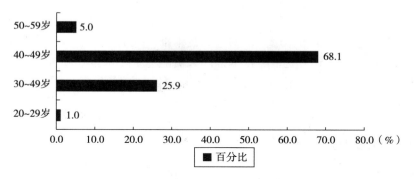

图 5-1　户主年龄分布

2. 受教育年限

户主的平均受教育年限是 9.65 年，最长的是 15 年，最短的是 4 年。如图 5-2 所示，户主的受教育年限主要集中在 7～9 年和 10～12 年，分别占 56.2%、35.1%，表明户主的受教育年限较长，即受教育程度较高，大多数的户主都有初中或高中水平，整体的文化水平较高。其中，受教育年限较长的户主比较有危机意识，在种菇过程中较早开始寻找代料的替代原料，较愿意尝试各种新技术。

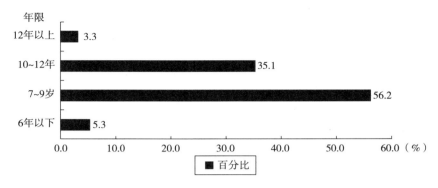

图 5-2　户主受教育年限分布

3. 农户家庭人口数和劳动力人数

农户的家庭人口数最多 9 人，最少 2 人，平均为 4.07 人。其中，2~3 人占 27.2%，4 人占 46.3%，5 人占 19.3%，6 人及以上占 7.2%。农户的劳动力人数最多 5 人，最少 1 人，平均为 2.56 人。主要集中在 2 人和 3 人，分别占 57.3% 和 26.7%，其次是 4 人占 14%。

4. 是否兼业

从表 5-1 可知，55.5% 的菌农没有兼业，专门从事菌菇种植，但有 45.5% 的菌农除了种菇之外，还从事其他的行业。在调查中发现，他们主要是进行菌菇的收购、加工和销售等，还有些菌农在闲暇时会出外打工。

表 5-1　农户兼业情况

是否兼业	户数（户）	比例（%）
是	175	45.5
否	218	55.5

5. 人际关系

农户的家人或要好的亲戚朋友中有（镇）村干部的比例不高，只有 21.6%，其中多数农户本身就是（镇）村干部，少数是自己的要好的亲戚朋友在镇村中有担任职务；农户的家人或要好亲戚朋友中没有担任（镇）村干部的比例为 78.4%。

6. 会不会是村里最先采用新技术的人（风险偏好）

农户的风险偏好通过"您会不会是村里最先采用新技术的人"这个问题来表现，有 51.9% 的人会愿意最先采用新技术，42% 的人表示不愿意冒险，不会

菌草技术扩散及其激励机制研究

最先采用新技术，还有 6.1% 的农户表示会看情况，如果政府有补贴或自身经济条件允许会考虑采用（见表 5-2）。

表 5-2　农户风险偏好情况

您会不会是最先采用新技术的人	户数（户）	比例（%）
会	204	51.9
不会	165	42.0
看情况	24	6.1

7. 菌菇种植年限

农户的菌菇种植的平均年限为 7.01 年，最长的是 15 年，最短的是 1 年以下。从调查情况分析，一半以上的农户有 6~10 年的种菇经历，种植经验较为丰富；有 12% 的农户种菇年限在 10 年以上，他们从年轻的时候就开始种菇，积累了相当丰富的种植经验，并在日常种植过程中把经验传授给其他人。近几年，种菇效益较高，有不少农户开始种菇（见图 5-3）。

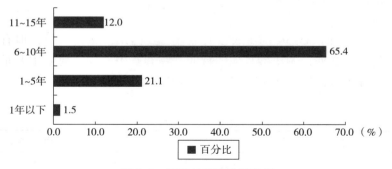

图 5-3　农户的菌菇种植年限

8. 家庭总收入

如图 5-4 所示，在本次调查的农户中，家庭年总收入最多的是 15 万元，最少的是 1.08 万元，其中，家庭总收入在 2 万元以下的占 1.7%，2 万~4 万元的占 18.2%，4 万~6 万元的占 30.5%，6 万~8 万元的占 25.6%，8 万~10 万元的占 16.5%，10 万元以上的占 7.5%，农户人均年收入水平为 9311 元，明显高于福建省 2010 年农民人均收入 7427 元，其主要原因有以下两点：第一，近几年，食用菌的价格不断上涨，如姬松茸的价格为 45 元/斤左右，新鲜香菇的价格大概为 3.5 元/斤，种植食用菌的效益较好，菌农的收入普遍高于普通农户，在调查中，有 56 户的菌农收入超过 10 万元。第二，一大部分的成本还未扣除，特别是农户自身的人工成本。

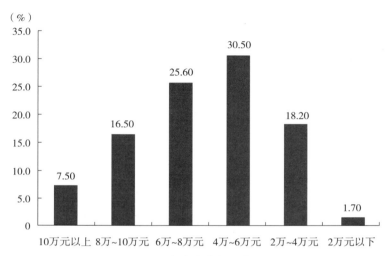

图 5-4　农户家庭年总收入

9. 菌菇收入

近年来，食用菌价格不断上涨，不少农户因为种植食用菌、收购和加工食用菌、销售食用菌而收入大增。菌农的人均菌菇收入是 8473 元，也高于普通农户的平均收入水平。首先是，收入在 4 万~6 万元的农户占 35.1%，比例最高；其次是 6 万~8 万元，占 20.3%；菌菇收入在 8 万元及以上的农户也不少，占了16.3%。种菇专业户的菌菇年收入最多可达 15 万元（见图 5-5）。

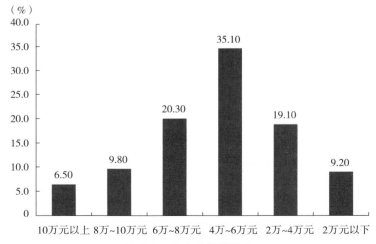

图 5-5　农户的菌菇收入

10. 食用菌品种

食用菌品种主要分为木腐菌和草腐菌两种，木腐菌选取了香菇、花菇、毛木耳、灵芝四个品种，草腐菌选了蘑菇和姬松茸（巴西蘑菇）两个品种。调查中，种植木腐菌的农户有 298 户，占 75.8%；种植草腐菌的农户有 95 户，占 24.2%。

11. 菌菇种植规模

从图 5-6 中可以看出，农户食用菌种植规模大部分在 5 万袋以下，其中，比例最高的是 2 万~3 万袋，占 36.60%，其次是 1 万~2 万袋，占 26.50%，1 万袋及以下的，占 3.1%，而规模在 3 万~4 万袋的，占 19.20%。在调查中发现，大部分农户的种植规模基本上在 5 万袋以下，偶尔会雇工帮忙；而食用菌专业户的种植规模基本上在 5 万袋以上，他们通常要长期雇用工人进行生产，本次调查中规模最大的是 7 万袋（注：由于蘑菇与其他菌种的计量单位不一致，为了方便比较，以木腐菌的计量单位——袋为标准，按单位产值进行折算，1 平方米蘑菇可折算为 25 袋）。

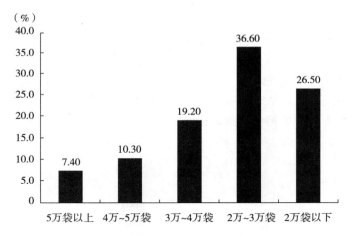

图 5-6　农户菌菇种植规模

二、农户对菌草技术的采用与评价

1. 菌草技术认知

调查发现，100% 的农户都听说过菌草技术，大部分农户已经采用了菌草种菇技术，并在村里帮忙推广菌草技术，但有些农户只是听说过菌草技术，仅仅停留在认知阶段，具体包括哪些技术或如何用于生产就不清楚了。

2. 菌草种植情况

在 393 户被调查农户中，有 269 户，占 68.4% 的农户种植菌草；有 124 户，占 31.6% 的农户没有种植菌草。269 户种植菌草的农户，大多数是作为自己家使用菌生产原料，少部分是种植菌草专业户，专业出售菌草。

农户的菌草种植面积最多的是 25 亩，最少的是 1 亩。种植面积在 5 亩及以下的农户，占 62.9%；种植面积 5~10 亩，占 20.2%；种植面积 10 亩以上，占 16.9%。他们主要把菌草种植在抛荒地、荒山或河滩上。我们在调查中发现，种植菌草除了省政府每年每亩补贴 400 元，有些地方政府也给相应的补贴，农户专业种植菌草每亩有不错的收益。

3. 菌草技术的配套设施是否健全

菌草技术的配套设施包括采收、运输、粉碎、烘干、储藏等技术设施。62.6% 的农户觉得菌草技术的配套设施健全，37.4% 的农户认为配套设施还不够健全，特别是粉碎、草粉烘干和储藏的配套技术还不够完善，出现菌草的粉碎效率低，湿草粉不容易烘干，储藏困难等问题。

4. 菌草的使用情况

采用菌草种植食用菌作为一项新的栽培技术，不同的农户对此会有不同的反应。在调查中，有 311 户，占 79.1% 的农户采用菌草种植食用菌；还有 82 户，占 20.9% 的农户没有采用。在政府与推广人员的共同努力下，菌草技术的推广成绩还是比较可喜的（见表 5-3）。

表 5-3 农户是否采用菌草种植食用菌

是否采用菌草种植食用菌	户数（户）	比例（%）
是	311	79.1
否	82	20.9

在与未采用菌草种菇技术的农户进行交谈中，发现 31.7% 的农户因为觉得自己种草工序太多，很麻烦，干脆就不用了；28.1% 的农户觉得现在菌菇规模不大，木屑比较容易购买，不担心原料来源问题；25.6% 农户听说用草种菇出菇总量低，如果价格不变，出菇量低了，那收入肯定就减少了，他们不愿意冒这个险；还有 14.6% 的农户由于种种原因没有采用（见图 5-7）。

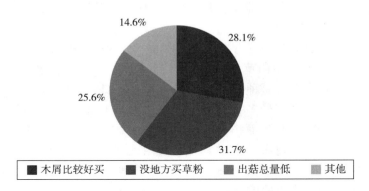

图5-7 没有采用菌草种菇的原因

对于已经采用菌草种植食用菌农户的调查，25.40%的农户担心原来的原材料持续涨价，特别是木屑、棉籽壳、稻草等主要原材料；30.9%的农户觉得菌草比较便宜，尽量控制菌菇的生产成本；3.5%的农户认为用菌草种菇，菇的品质产量更好；40.2%的农户是因为政府有补贴才采用，当地政府对菌草种菇示范户进行补贴。他们主要用菌草代替木屑和稻草等作为食用菌的代料。此外，在调查中还发现，不少农户从2003年就开始用菌草种植食用菌，例如，顺昌的农户用芦苇等菌草种植姬松茸，其产量比用稻草种植更高（见图5-8）。

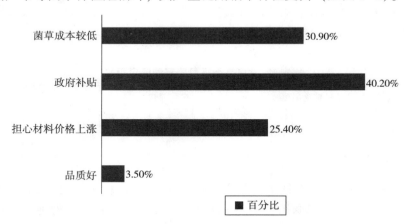

图5-8 采用菌草种植食用菌的原因

5. 菌草技术掌握的难易

菌草技术是否容易掌握影响着农户对该技术的采用，特别是用菌草种植食用菌技术的难易会直接影响菌农的采用行为。我们调查发现，大部分的农户还是觉得菌草技术不好掌握，特别是在用菌草种菇的过程中，菌包走丝这一环节较难控制，还有温度、湿度的控制等。其中，认为菌草技术不容易掌握的农户占到了 71.0%，而认为菌草技术容易掌握的农户占 29.0%，他们大多数是食用菌种植专业户或菌草种植食用菌的示范户，在用菌草种植食用菌的过程中不断地进行摸索，不断地解决出现的各种问题，不断调整菌草与其他原材料的配比，以期达到最佳的效果（见表 5-4）。

表 5-4　菌草技术掌握的难易调查

菌草技术是否容易掌握	户数（户）	比例（%）
是	114	29
否	279	71

6. 菌草种菇成本占总成本的比重

农户采用新技术前对新技术的成本比较关注，当成本过高时，他们不大会采用。据调查，15.3% 的农户认为菌草种菇的成本高，35.6% 的农户认为菌草种菇的成本一般，还有 49.1% 的农户觉得用菌草种菇成本比较低，他们能够承受。

7. 农户对菌草技术的收益预期和风险预期

农户对菌草技术的收益预期和风险预期各不相同，不同的预期对菌草技术采用行为产生不同的影响。如图 5-9 所示，期望采用菌草种菇能够增加收益的农户占 39.7%，其他的农户则认为用菌草种菇不一定能够增加收入。值得一提的是，大部分农户觉得采用菌草种菇出现风险的概率不高，40.2% 的农户觉得采用菌草种菇出现风险的概率低，对于不愿意冒险的农户来说，低风险的技术对他们更有吸引力。

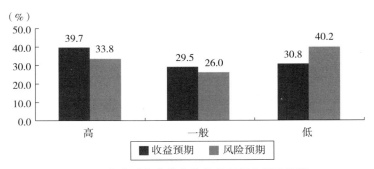

图 5-9　农户对菌草技术的收益预期和风险预期

三、政府与菌草技术的推广

1. 政府补贴情况

政府是否对采用菌草技术进行补贴，对哪一个环节的技术进行补贴，对农户的采用行为起着重要的作用（见图 5-10）。调查显示，62.3%的农户知道政府有进行补贴，主要是对种植菌草，加工菌草的机械进行补贴；有 37.7%的农户不知道政府有进行补贴，如果政府对采用菌草技术进行补贴，他们愿意采用。进一步调查发现，有些农户对政府的补贴方式不是很满意，他们更希望政府应对用菌草种菇技术进行补贴，以降低农户的种植风险，比例占 52.9%；也有农户希望政府对种植菌草和（收割、粉碎）机械进行补贴；还有少数的农户希望政府对菌草合作社仓储等进行补贴。

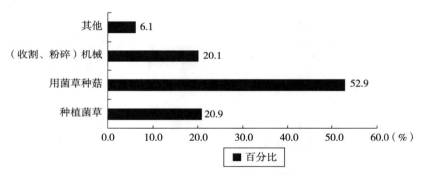

图 5-10　农户更希望政府进行补贴的技术环节

2. 政府培训情况

在被调查农户中，少数的农户不知道政府有提供免费的菌草技术培训，他们没有参加过菌草技术培训，比例占 15.5%；大多数农户知道政府每年有提供免费的菌草技术培训，比例为 84.5%。据了解，福建省政府和当地政府每年都有提供免费的菌草技术培训，每年平均 2.5 次，主要是在村里和乡里进行培训，少数时候在县里进行培训，而且培训开始前，会以在村里集体广播、贴大字报、群发短信等方式通知农户。

3. 政府部门对木材管制是否严格

近几年，为了保护生态环境，政府出台一些文件来控制对森林的砍伐，如此以木屑为主要原材料的食用菌种植规模会受到限制，农户为了发展食用菌，必须寻找替代的原材料。据调查，高达 94.7%的农户认为，当地政府对木材管制很严格，有些地方不允许木屑随便上路，必须要有相关部门的许可，只有少数的农户觉得当地政府对木材管制不严格，比较容易获得木屑（见表5-5）。

表5-5 政府部门对木材管制情况

木材管制是否严格	户数（户）	比例（%）
是	372	94.7
否	21	5.3

四、菌草技术推广服务

据调查了解，大部分农户觉得菌草技术推广服务体系还是比较健全的，在技术运用过程中，会有菌草技术人员进行免费的技术指导或现场示范，帮忙解决技术上遇到的难题。如图5-11所示，分别有67.9%和74.6%的农户回答菌草技术人员有进行免费的菌草技术指导和现场示范指导，大家对这样的推广服务方式比较满意，因为在他们遇到技术问题时，都有地方可以询问，能够帮助他们较快速的解决问题。

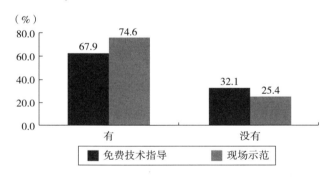

图5-11 菌草技术推广人员有没有进行免费指导和现场示范

五、农户菌草技术获取

1. 菌草技术信息获取的难易及渠道

菌草技术信息获取的难易会影响到农户对菌草技术的认知，进而影响他们的采用行为。一般而言，信息获取渠道较多的农户，比较容易获得菌草技术信息，也较容易采用。在本次调查中，71.2%的农户认为菌草技术信息比较容易获得，28.8%的农户觉得获取菌草技术信息比较困难，获取渠道不多。从图5-12可以看出，农户获取菌草技术信息的渠道还是比较多的，35.9%的农户获取菌草技术信息的渠道比较单一，大概有菌菇专业合作社、亲朋好友、菌草技术推广人员，但是有超过一半的农户获取信息的渠道比较广，很多农户可以同时从网络、书刊杂志、广播电视、菌菇专业合作社等渠道获取菌草技术信息，因此，他们对菌草技术的掌握更加全面。

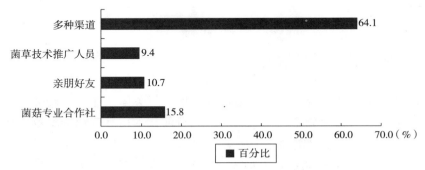

图5-12　农户菌草技术获取的渠道

2. 是否参加菌菇专业合作社

菌菇专业合作社的宗旨是为社员提供食用菌生产、销售、技术和信息服务，统一购买原材料等，进一步降低了农户生产风险，减少生产投入，增加生产效益。有将近80%的农户参加了菌菇专业合作社，他们参加的合作社会统一购买原材料、统一销售菌菇、提供菌草技术信息等。有个别地区的菌菇专业合作社会为社员提供小额贷款担保，帮助解决资金短缺问题；还有些地区的菌菇专业合作社会统一调控菌草种苗和菌草的收购、加工及销售，为社员提供便利，这些合作社深受当地农户的喜欢。但有20%左右的农户没有参加，他们认为菌菇专业合作社只是搞形式，实际作用不大（见图5-13）。

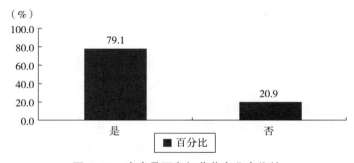

图5-13　农户是否参加菌菇专业合作社

第三节　农户采用菌草栽培食用菌技术行为的影响因素实证分析

一、变量选择与模型构建

1. 变量选择与定义

农户是否采用菌草栽培食用菌技术受多种因素的影响，大致包括农户个人及家庭特征因素、菌草技术自身因素、政策环境因素、技术推广服务和信息因素，因此，根据前面的分析，本书选取如表 5-6 所示的变量，并对这些变量进行定义以及预测变量的影响方向。

表 5-6　初步的变量选择和定义

变量	变量名称	变量定义	预期影响方向
$X1$	户主年龄	按户主的实际年龄计算（岁）	−
$X2$	户主受教育年限	按户主实际的受教育年限计算（年）	+
$X3$	家庭人口数	按家庭的实际人口数计算（人）	+
$X4$	劳动力人数	按实际劳动力人数计算（人）	+
$X5$	是否兼业	农户是否兼业：1＝是，0＝否	−
$X6$	农户人际关系	农户家人及要好的亲戚朋友是否是（镇）村干部：1＝是，0＝否	+
$X7$	风险偏好	农户会不会最先采用新技术：1＝会，2＝不会，3＝看情况	+
$X8$	菌菇种植年限	按实际的种植年限计算（年）	−
$X9$	菌菇收入	菌菇收入（元）	+
$X10$	食用菌品种	农户种植的食用菌品种：1＝草腐菌，0＝木腐菌	+/−
$X11$	菌菇种植规模	按实际种植的数量计算（袋）	+
$X12$	菌草技术配套设施	菌草技术配套设施是否健全：1＝是，0＝否	+

续表

变量	变量名称	变量定义	预期影响方向
$X13$	菌草技术难易	菌草技术是否容易掌握：1＝是，0＝否	−
$X14$	菌草技术成本占总成本的比重	菌草技术成本占总成本的比重：1＝高，2＝一般，3＝低	−
$X15$	菌草技术收益预期	农户对采用菌草种菇增加收入的期望：1＝高，2＝一般，3＝低	+
$X16$	菌草技术风险预期	农户觉得采用菌草种菇出现风险的概率：1＝高，2＝一般，3＝低	−
$X17$	政府补贴	政府对采用菌草技术是否补贴：1＝是，0＝否	+
$X18$	政府菌草技术培训	政府是否提供免费的菌草技术培训：1＝是，0＝否	+
$X19$	参加菌菇专业合作社	农户是否参加菌菇专业合作社：1＝是，0＝否	+
$X20$	木材管制	政府对木材管制是否严格：1＝是，0＝否	+
$X21$	技术推广人员免费菌草技术指导或现场示范	技术推广人员是否进行现场示范：1＝是，0＝否	+
$X22$	菌草技术信息获取的难易	菌草技术信息是否容易获得：1＝是，0＝否	+

2. 模型构建

农户对于菌草栽培食用菌技术只有已经采用与没有采用两种结果，属于二元选择问题。由于变量具有非连续性的特点，常规的回归模型无法运用，因此，本书选择效果较为理想的二元 Logistic 方法构建模型，这种模型能较好地反映农户选择菌草栽培食用菌技术的概率。

假设 y 表示农户是否采用菌草栽培食用菌技术，当 $y = 1$ 时，表示农户采用菌草栽培食用菌技术；当 $y = 0$ 时，表示农户没有采用；P 表示农户采用菌草栽培食用菌技术的概率，其取值介于 0 和 1 之间，$1 - P$ 则为农户没有采用菌草栽培食用菌技术的概率。对 P 进行 Log 转换，即定义 $\text{Log}(P) = \ln\left[\dfrac{P}{1-P}\right]$，以 $\text{Log} P$ 为被解释变量建立线性回归方程：

$$\text{Log}(P) = \ln\left[\frac{P}{1-P}\right] = b_0 + b_1 x_1 + b_2 x_2 + \cdots + b_n x_n \tag{5-1}$$

其中，P 表示因变量 $y=1$ 的概率，参数 $B=(b_0，b_1，b_2，\cdots，b_n)$ 为回归系数，$n=22$，变量定义见表 5-7，在 393 个有效样本中，有 311 户，占 79.1% 的农户采用菌草栽培食用菌技术；还有 82 户，占 20.9% 的农户没有采用。

二、模型估计

根据调查数据，本书运用 SPSS17.0 软件进行二元 Logistic 回归估计，并采用向前条件逐步回归的方法进行回归。并将风险偏好、菌草技术成本占总成本的比重、菌草技术收益预期、菌草技术风险预期等自变量采用哑变量处理，经过 13 步的回归，最终得到了最优模型。

从表 5-7 可以看出，所得到的最优模型的卡方检验值为 319.563，显著度 0.000，显著水平较高，模型通过检验。通过表 5-8，我们可以发现，所得到的最优模型对因变量的预测正确率达到 95.9%，其中，对采用的预测正确率为 97.7%，对没有采用的预测正确率为 89.0%，略低于采用的正确率。

表 5-7　模型系数的综合检验

步骤	卡方检验 Chi-square	自由度 df	显著度 Sig.
Step 1	105.989	1	0.000
Step 2	173.017	2	0.000
Step 3	212.440	3	0.000
Step 4	230.497	4	0.000
Step 5	244.094	5	0.000
Step 6	267.454	6	0.000
Step 7	281.132	7	0.000
Step 8	286.857	8	0.000
Step 9	294.954	9	0.000
Step 10	302.271	10	0.000
Step 11	309.349	11	0.000
Step 12	315.307	12	0.000
Step 13	319.563	13	0.000

表 5-8 最终模型预测正确率

预测对象		预测			
			是否采用		预测正确率（%）
Step 13	是否采用		0	1	
		0	73	9	89.0
		1	7	304	97.7
因变量（总百分比）					95.9

从表 5-9 可以看出，模型中有 13 个变量在 5% 的统计检验水平上显著，对因变量产生的显著的影响，主要包括家庭人口数、是否兼业、农户人际关系、种植年限、菌菇收入、菌草技术配套设施、菌草技术难易、政府补贴、政府菌草技术培训、参加菌菇专业合作社、木材管制、技术推广人员免费菌草技术培训或现场示范、菌草技术信息获取的难易。大多数的变量对因变量的影响方向与预期一致，种植年限的影响方向与预期相反。

表 5-9 菌农菌草栽培食用菌技术采用行为的模型估计结果

变量	变量编号	回归系数 B	标准误差 S. E.	统计量 Wald	自由度 df	显著度 Sig.	幂值 Exp（B）
家庭人口数	$X3$	1.217	0.471	6.688	1	0.010	3.377
是否兼业	$X5$	−2.494	0.777	10.299	1	0.001	0.083
农户人际关系	$X6$	2.331	0.933	6.243	1	0.012	10.292
菌菇种植年限	$X8$	0.688	0.175	15.375	1	0.000	1.989
菌菇收入	$X9$	0.004	0.000	8.458	1	0.004	1.000
菌草技术配套设施	$X12$	2.582	0.766	11.379	1	0.001	13.229
菌草技术难易	$X13$	−1.945	0.676	8.282	1	0.004	0.143
政府补贴	$X17$	1.978	0.834	13.523	1	0.000	0.047
政府菌草技术培训	$X18$	4.424	1.279	11.967	1	0.001	83.430
参加菌菇专业合作社	$X19$	3.261	1.056	9.531	1	0.002	26.083
木材管制	$X20$	2.462	1.228	3.895	1	0.048	0.089
技术推广人员免费菌草技术指导或现场示范	$X21$	3.810	0.940	16.429	1	0.000	45.131

续表

变量	变量编号	回归系数 B	标准误差 S. E.	统计量 Wald	自由度 df	显著度 Sig.	幂值 Exp（B）
菌草技术信息获取的难易	X22	3.911	0.931	17.634	1	0.000	49.962
Constant	b_0	-14.609	2.838	26.498	1	0.000	0.000

三、结果与分析

经过模型的估计，得出对因变量有显著作用的变量，根据上文建立的模型，把各变量的回归系数带入模型，可以得到影响农户对菌草栽培食用菌技术采用的 Logistic 模型，具体模型如下：

$$\text{logit}(p) = -14.61 + 1.22x_3 - 2.49x_5 + 2.33x_6 + 0.69x_8 + 0.004x_9 + 2.58x_{12}$$
$$- 1.95x_{13} + 1.98x_{17} + 4.42x_{18} + 3.26x_{19} + 2.46x_{20} + 3.81x_{21} + 3.91x_{22}$$

（5-2）

根据模型估计结果，将影响农户采用菌草栽培食用菌技术的因素进行分析，具体分析如下：

（1）农户家庭人口数越多，采用菌草栽培食用菌技术的概率越高。当家庭人口数增加 1 人时，农户采用菌草栽培食用菌技术的发生比增加 1.22 个单位。家庭人口数越多，相对来说劳动力也比较充裕，我们在调查中发现，大多数家里只有一个小孩子。由于种植食用菌需要较多的劳动力，不管是准备原材料阶段、中间的管理阶段或采收阶段，都需要较多的人手。菌草栽培食用菌技术对农户而言是新技术，需要花更多的时间和精力去学习、摸索。家庭人口数对农户采用菌草栽培食用菌技术有显著的正向影响。

（2）从模型估计结果的回归系数（-2.49）可以看到，农户是否兼业对菌草栽培食用菌技术的采用有显著负向影响。我们在上文也提到了种植食用菌需要较多的时间和精力，一个家庭的劳动力是有限的，如果农户兼业，他们放在学习研究新技术的时间和精力就相对减少了，此时他们会喜欢采用自己已经熟悉掌握的种植技术，对新种植技术的采用积极性就下降了。反之，种植食用菌的专业户他们采用的积极性就更高。

（3）当农户家人或要好的亲戚朋友中每增加 1 个（镇）村干部，农户采用菌草栽培食用菌技术的发生比增加 2.33 个单位，说明农户家人或要好亲戚朋友中（镇）村干部越多，农户人际关系越广，获得的信息越多，越容易采用菌草栽培食用菌技术。

（4）农户的食用菌种植年限对菌草栽培食用菌技术的影响是正向的，与预期方向相反。其实，农户种植食用菌年限越长，种菇的经验越丰富，在采用新技术过程中碰到问题更有经验去解决；而种菇年限较短的农户，由于经验不足，对新技术的掌握较慢。我们在调查中还发现，种菇年限较长的农户更容易掌握新技术，他们将一些经验传授给其他的农户。

（5）菌菇收入对采用菌草栽培食用菌技术的影响与预期一致，但是从模型回归结果可以看到，菌菇收入这个变量的回归系数最小，只有 0.004，表示菌菇收入每增加 1 万元，农户采用菌草栽培食用菌技术的发生比只增加 0.004。根据上文的描述统计可知道，菌菇收入在 6 万元以下的农户采用菌草种菇技术的比例超过 50%，这说明农户菌菇收入相对较低的时候也会采用菌草种菇技术，菌菇收入较高的农户不一定会采用菌草种菇技术，所以菌菇收入对采用菌草种菇技术的影响程度较轻。

（6）从表 5-11 可以看到，菌草技术配套设施的模型回归系数是正的，表明菌草技术配套设施越健全，农户越愿意采用菌草栽培食用菌技术。菌草技术配套设施越健全，农户在采用技术的过程更加便利，大家采用的积极性更高。

（7）菌草技术的难易对采用菌草种菇技术的影响是负向的，表明菌草技术越难，农户越不容易接受菌草种菇技术。对于大多数农户来说，技术越简单越容易掌握，他们不用耗费大量的时间和精力去学习就能掌握，从另一个层面来说，这样可以降低他们的成本。

（8）政府补贴的影响方向与预期的一致，对采用菌草栽培食用菌技术的影响是正向的。政府的补贴越多，农户采用菌草技术的积极性就越高，政府的补贴对农户采用菌草技术起着重要的促进作用。但是如果政府补贴方式不适合，对菌草技术补贴的环节不同，所产生的效果有可能是不明显的。我们在调查中了解到，政府只对种植菌草和菌草机器进行补贴，很少对用菌草种菇进行补贴，很多农户如果用菌草种菇出现问题，菇的产量大大减少，有可能出现收益减少，甚至是亏本，但是出现这种情况时，菌农只能自己承担损失。很多农户希望政府对用菌草种菇进行补贴，这样可以减轻他们所承担的风险。农户觉得如果政府对采用菌草种菇进行补贴，他们会采用菌草种菇技术。

（9）政府是否提供免费的菌草技术培训对农户采用菌草栽培食用菌技术有着重要的影响。与预期结果一致，"政府菌草技术培训"的统计显著性呈现为"非常显著"（Sig. <0.05）。政府作为菌草技术推广的其中一方，每年进行免费的菌草技术培训，可以增加农户对菌草技术的了解、认识和学习，农户采用的积极性更高。

（10）参加菌菇专业合作社对采用菌草栽培食用菌技术的影响是显著的、正向的。参加菌菇专业合作社的农户可以享受更多的服务，例如，统一购买原材料、统一销售食用菌、提供菌草技术信息等。农户可以从菌菇专业合作社获得更多的信息和服务，他们更愿意采用菌草种菇技术。

（11）木材管制的影响方向与预期方向是一致的，对农户采用菌草种菇技术的影响是显著的、正向的。政府对木材管制越严格，农户购买木屑的难度就越大，但是为了进行食用菌生产，他们必须寻找替代的原材料，因此，农户越愿意采用菌草种菇技术。

（12）技术推广人员是否进行免费菌草技术指导或现场示范指导，对菌草种菇技术的采用影响很显著。菌草技术推广人员作为菌草技术推广的另一方，对菌草技术非常了解，他们到乡里或村里对农户进行现场指导和技术培训，农户更容易接受。

（13）菌草技术信息获取的难易对农户选择新技术的高低具有十分重要的影响。与预期结果一致，"菌草技术信息获取的难易"的统计显著性也呈现为"非常显著"（Sig<0.01）。信息来源渠道越多、越通畅，越可以增强农户对新技术的了解和学习，农户对采用新技术的收益有更明确的心理预期。在调查中，超过50%的农户可以通过多渠道获取菌草技术信息，他们可以同时从菌菇专业合作社、网络、书籍杂志、亲戚朋友等获得菌草技术信息。

根据该统计分析结果（见表5-10），还可发现，户主年龄、户主受教育年限、劳动力人口数、风险偏好、菌菇种植规模、菌草技术成本占总成本的比重、菌草技术收益预期、菌草技术风险预期、木材管制9个变量的检验结果显著度都大于0.1，表示这些变量对农户采用菌草栽培食用菌技术的影响不显著。其他13个变量对农户采用菌草种菇技术的影响是显著，但由于各个影响因素的衡量单位各不同，没办法直接比较它们对因变量的影响程度。

为了判定各个影响因素对因变量的影响程度，要将自变量进行系数的标准化，标准化的计算公式（郭志刚，2001）为：$\beta_i = \dfrac{b_i \times s_i}{\pi/\sqrt{3}} \approx \dfrac{b_i \times s_i}{1.8138}$，这里的 b_i 为第 i 个自变量的非标准化回归系数，s_i 为第 i 个自变量的标准差，$i = 1, 2, \cdots, 22$。

表5-10　标准化系数

变量	变量编号	回归系数 B	标准差 (Std. Deviation)	标准化系数 (β_i)
X3	家庭人口数	1.22	0.9095	0.61

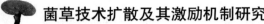

续表

变量	变量编号	回归系数 B	标准差 (Std. Deviation)	标准化系数 (β_i)
$X5$	是否兼业	−2.49	0.4976	−0.68
$X6$	农户人际关系	2.33	0.4122	0.53
$X8$	种植年限	0.69	2.813	1.07
$X9$	菌菇收入	0.004	21.8378	0.05
$X12$	菌草技术配套设施	2.58	0.4845	0.69
$X13$	菌草技术难易	−1.95	0.4544	−0.49
$X17$	政府补贴	1.98	0.4951	0.54
$X18$	政府菌草技术培训	4.42	0.3626	0.88
$X19$	参加菌菇专业合作社	3.26	0.3935	0.71
$X20$	木材管制	2.46	0.4887	0.66
$X21$	技术推广人员免费菌草技术指导或现场示范	3.81	0.4361	0.92
$X22$	菌草技术信息获取的难易	3.91	0.4532	0.98

根据标准化回归系数

$|\beta_8| > |\beta_{22}| > |\beta_{21}| > |\beta_{18}| > |\beta_{19}| > |\beta_{12}| > |\beta_5| > |\beta_3| > |\beta_{10}| > |\beta_{17}| > |\beta_6| > |\beta_{13}| > |\beta_9|$，可以得出如下结果：对农户是否采用菌草栽培食用菌技术的影响程度按大小排列，依次是种植年限、菌草技术信息获取的难易、技术推广人员免费菌草技术指导或现场示范、政府菌草技术培训、参加菌菇专业合作社、菌草技术配套设施、是否兼业、木材管制、家庭人口数、政府补贴、农户人际关系、菌草技术难易、菌菇收入。其中，影响最大的是农户的食用菌种植年限，影响最小的是菌菇收入。该结果基本符合本书所提出的假说。

第四节　本章小结

利用福建省菌草技术推广示范县农户 393 份有效调查问卷，应用描述性统计分析影响农户种植菌草的相关因素，应用 Logistic 回归模型分析影响农户采用菌草栽培食用菌技术的因素。具体分析结果如下：

（1）通过对调查数据的描述性分析，发现大多数农户种植菌草用于自家食用菌栽培原料，还有少数菌草种植专业户种植菌草，供应给工厂化企业。农户种植菌草的重要原因是食用菌办（站）技术人员的推广和政府的补助。

（2）农户采用菌草种植食用菌技术受各种因素的影响，本书应用 Logistic 回归模型对影响因素进行实证分析，得出种植年限、菌草技术信息获取的难易、技术推广人员免费菌草技术指导或现场示范、政府菌草技术培训、参加菌菇专业合作社、菌草技术配套设施、是否兼业、木材管制、家庭人口数、政府补贴、农户人际关系、菌草技术难易、菌菇收入 13 个因素对农户采用菌草种植食用菌技术有显著影响。其中，农户的食用菌种植年限影响最大，菌菇收入的影响最小。在 13 个影响因素中有 11 个因素是正面影响，2 个因素包括是否兼业、菌草技术难易等是负面影响，另外，种植年限的影响方向与预期相反。结果表明，农户的食用菌种植年限越长，农户积累的经验越丰富，学习和掌握新技术的速度越快，越容易接受菌草种菇技术。农户获取的菌草技术信息越多，对菌草技术越了解，越愿意采用。政府菌草技术培训和技术推广人员为农户提供免费的菌草技术培训和现场示范次数越多，农户对菌草技术更了解，采用积极性越高。合理的政府补贴有利于加快菌草栽培食用菌技术的推广，农户参加菌菇专业合作社、菌草技术配套设施越健全，农户采用菌草种菇技术的可能性更大。食用菌种植专业户、家庭人口数越多、农户人际关系越广、菌草技术越容易的农户更乐意采用。木材管制越严格，农户越愿意采用菌草种植技术。

第六章
食用菌工厂化企业菌草技术采用行为研究

企业是社会经济的细胞，是经济运行的重要微观主体之一，其行为的转变对于整个经济发展方式的转变具有重要的意义。在菌草技术扩散方面，食用菌工厂化企业是一条非常重要的渠道，研究菌草技术采用与扩散主体行为，不得忽视工厂化企业行为与菌草技术扩散的相互关系，食用菌工厂化企业对于菌草技术的采用具有独特作用和现实意义。

第一节　企业技术创新采用的理论分析

一、企业采用新技术的条件

企业是指具有一定内部结构的组织，企业从事生产经营活动，以获取最大利润为目的。企业技术采用行为是指在一项新技术的扩散过程中，企业从获知技术创新信息，经过分析和判断、反复评价，到最后决定采用新技术的过程。不同企业采用新技术的行为不同，企业采用新技术的行为与新技术本身的复杂性和企业决策过程的复杂性有关（奚丽娟，2006）。

微观经济学理论从不确定性、风险和信息等三个方面对新技术的潜在采用企业是否采用某项新技术进行探讨。企业决策者在做决策时面临结果不确定性的风险，包括外生不确定性风险和内生不确定性风险。通常企业要对不确定性风险进行处理，风险转移是其处理的基本手段之一，然而不是所有的风险都能够转移，有些风险是完全不能转移的。谢康（1995）认为，风险的完全转移和风险的完全不能转移都不是最优的，部分风险的转移才是最优的。所以采用风险转移的手段是一种消极的手段。获取信息是潜在采用企业处理风险不确定性的另外一个重要手段。潜在采用企业通过获取新技术的相关信息，以减少采用的不确定性，从而获得一定的经济价值，与转移风险比较是一个更积极的手段。但是企业获取技术信息，需要相应的搜寻成本。潜在采用企业为了节约搜寻成本，企业会根据决策活动可能发生的行为和发展空间，确定自己是否搜寻信息以及搜寻多少信息。企业决策行为的核心内容是体现企业对接收的信息做出何种形式的反应。决策者的决策结果是在一定的信息源和信息系统基础上做出的，不同的决策者在相同的信息源和信息系统基础上，将有不同的决策结果；然而，不同的决策者在不同的信息源和信息系统条件下，可能产生相同的决策结果。效用函数是一个与决策行为密切相关的重要概念，是由时间、信息和决策准则构成。前人在这方面已经做了大量的研究，影响较大且出现较早的企业采用决策模型是戴维的"概率单位模型"（Probability Model，P. A. David，1969）。

　　一个代表人物戴维斯又提出了一个新概率模型（S. Davies，1979），该模型与戴维的"概率单位模型"基本原理类似，但考虑了更多的因素。无论是戴维还是戴维斯，他们研究的方法都是把企业采用行为看作一个"刺激—反应"的过程，企业面对一项新技术会产生某种"刺激"，当"刺激"达到某个"临界反应水平"时，企业就会做出反应，即决定采用该新技术，否则它会继续等待。这种技术采用过程不是策略地选择最佳采用时机的过程，而是被当作被动适应的过程。

　　另一代表人物是斯通曼，他从效用最大化决策出发，提出了一个扩散模型。他指出，一项技术刚刚开始扩散时，大多数企业因为不太了解新技术，技术采用的不确定性和风险较大，所以对技术采用会持谨慎态度，企业在采用之前会等待观察一段时间，即使采用，也是先采用一小部分，然后再逐步加大采用的比例。在新技术的扩散过程中，也是企业不断学习的过程，学习那些已经采用企业的经验，也总结本企业的经验，以其来提高企业采用新技术的收益水平，减少技术采用的不确定性以及可能的风险。随着时间的推移和经验的逐渐积累，企业采用技术的不确定性将逐步降低，对收益水平的估计越来越接近真实情况。由于新技术和传统的旧技术相比，通常具有一定的比较优势，企业为了追求收益，一般不会等到完全消除不确定性后才采用或扩大采用的比例，因为采用时间越晚或比例越低，有可能机会损失越大。斯通曼构造了一个"效用函数"的分析框架，该函数与企业采用新技术的收益水平、不确定性水平以及调整费用等因素有关，同时函数随时间动态变化而变化，随企业不同而不同。斯通曼认为，当企业达到5%的采用比例时，意味着企业从潜在采用者成为已采用者。基于以上认识，在新技术扩散过程中，客观上任何一个时点上都存在一个从0～100%的最佳采用时机和最佳采用比例，把全部潜在采用者的最佳采用时间的分布点连成一条曲线，该曲线即为总体扩散曲线。莱茵格朗（J. F. Reinganum）认为，在新技术的扩散中，各个企业的技术采用决策是个博弈对策问题。随着新技术的不断扩散，市场上同行业的竞争者，即已采用和未采用新技术的相对比例也在不断变化，采用创新所需的投资会有所减少，采用创新的利润率必然会有所下降。莱茵格朗认为，无论是什么样的企业，即便信息完备充分，他们在选取采用时机时，也会策略地选取认为最有利的采用时机。因为，如果企业过于超前采用新技术，可能要多支付一些费用，如果企业采用新技术的时间过于落后，获得利润就有可能会少一些。从搜寻信息理论的角度来看，搜寻信息也存在一个最佳值，当超过这个值时，就可能产生边际效用递减的问题，即每次搜寻的边际效用增加值会随着搜寻次数的增加而相应地减少，因此，任何搜寻活动，过多的搜寻就是不经济的。在现实中，企业作为理性的采用者，一般都会选择一个它认为最有利的时机来采用新技术。

潜在的采用企业采用新技术的临界条件 $f(t)$ 可由式（6-1）表示：

$$f(t) = ER_2(t) - ER_1(t) - P_s(t) \geq 0 \qquad (6-1)$$

其中，$ER_2(t)$ 表示采用创新后的预期收入水平，它取决于市场容量、企业规模、企业的垄断力量（或市场的竞争程度）、技术的经济效益等；$ER_1(t)$ 表示实施等待策略下的预期收入水平；它取决于现实的企业生产能力和现实的市场状况；$P_s(t)$ 表示采用创新的成本，一般包括从技术引进或技术开发到新产品形成所花的费用。假设 P_1，P_2；x_1，x_2，分别表示等待与采用情况下的预期价格和产量，则有：$ER_1(t) = P_1 x_1$，$ER_2(t) = P_2 x_2$

则上式可以表示为：

$$f(t) = P_2 x_2 - P_1 x_1 - P_s(t) \geq 0 \qquad (6-2)$$

当临界条件成立时，时间 t 就是企业开始采用创新的最佳时刻。

二、企业采用新技术的影响因素分析

企业采用新技术的行为是一个复杂的过程，影响企业采用新技术的因素众多。从潜在采用企业的角度来看，主要有新技术本身的特性、信息的传播渠道、企业的外部环境和采用企业的自身条件等方面的因素。

1. 新技术的特性

新技术本身的特性对企业是否采用产生很大的影响，新技术本身特性一般包括相对优越性、复杂性、协调性、可实验性和可观察性。对企业来说，一项新技术是否具有相对优越性，首先要看是否能够为企业带来较高的经济效益。而新技术的优越性通常表现为能够为企业带来更多的产量而不增加原有的生产投入，或者是降低企业的生产成本而不减少原有的生产量。在市场经济中，企业总是会偏向于选择具有相对优势的新技术；每一项技术都有其不同的功能和性能，它的复杂程度会影响企业对新技术的采用，因为这样企业就需要较长的时间去认识和学习；协调性指一项新技术必须符合采用者的价值观念和文化心态，并与采用者的适应能力相匹配；一项新技术是否具有可试验性，也会影响采用者的选择，企业为了尽可能减少技术的不确定性，采用之前常常会对新技术进行试验，并对每一次的试验进行总结，为以后的全面推广提供经验。同时，每一项新技术的推广，潜在采用者都希望尽可能多地了解新技术的相关信息，以减少采用的不确定性，这样易于被观察和识别的新技术（技术的可观察性），就容易被潜在采用者了解，从而加速对新技术的采用。

2. 信息的传播渠道

新技术扩散能否成功取决于是否有强有力的信息系统，信息是进行新技术扩散的重要条件，包括技术信息和市场信息。在市场经济中，企业之间的竞争日趋激烈，竞争的实质集中表现为企业获取与利用先进技术与市场需求信息的能力，一个企业是否采用某项新技术以及采用成功与否与企业对重要信息的获得与否、获得的早与晚密切相关。企业通过对市场需求的满足，由此获得所需要的信息，并对新技术采用的技术手段进行综合。农业技术扩散过程伴随着信息的传递过程，对于农业新技术信息的了解和掌握，采用者和供给者之间存在很大的差别，所以，新技术扩散的首要障碍表现为信息传递的障碍。通常，需要借助一定的中介渠道，例如，大众传播媒介、人际交流网络、中介扩散机构等渠道来对新技术进行传播，让采用者尽可能地了解新技术的相关信息。

3. 企业的外部环境

企业采用新技术与企业所处的外部环境有很大的关系，企业的外部环境包括企业所处的区域经济环境、政策环境和社会环境等因素。

对企业采用新技术而言经济环境主要体现在市场结构方面。企业采用新技术的行为在不同的市场结构下其表现是不同的。根据竞争和垄断的不同程度，市场结构一般可分为完全竞争、完全垄断、垄断竞争和寡头垄断竞争四种类型。在完全竞争条件下，企业表现为比较积极主动地采用新技术行为。对企业来说，虽然采用新技术存在着不确定的风险，但只要企业有一定承受债务风险的能力，它就会采用新技术，通过采用新技术的成功来获取利益。因为，在完全竞争条件下，企业的竞争表现为新技术的竞争，你不主动采用新技术，别的企业会采用，而当其他企业采用新技术成功时，会威胁到本企业的生存。一种情况是与完全竞争相反的完全垄断，在这种情况下，企业是否采用新技术，不但取决于企业的主观行为，还取决于企业的垄断性质，不同的垄断性质，企业采用新技术的行为表现也不同。一般来说，对于行业垄断、资源垄断或政府特许垄断的企业采用新技术的积极性较差，而对于技术性垄断或经济性垄断的企业采用新技术的积极性相对要高一些。另一种情况是介于完全竞争和完全垄断之间，即垄断竞争的条件下，竞争和垄断同时存在，企业采用新技术的积极性一般较高，因为企业为了获得市场的竞争优势，会通过采用新技术以降低产品的成本和价格以及保持自身的独有性。最后一种市场结构是寡头垄断，在这种条件下，寡头企业为了巩固自己的垄断地位，不断扩大自己的市场份额，也会积极主动地采用新技术，一方面是为了增加外面企业进入该市场的入门费，另一方面是为了扩大自己的实力，巩固自己的垄断地位。所以，那些试图进入者以及寡头企业采用新技术的积极性都比较高。

目前，关于市场结构对新技术采用与扩散的影响基本上达到了以下共识：过多的竞争或过于垄断都不利于企业采用新技术，而介于完全竞争与完全垄断之间的市场结构条件下，企业采用新技术最为活跃。

企业采用新技术的政策环境是指政府在政策方面，为采用新技术的企业提供有利条件，对新技术采用者给予积极的支持。为了企业有能力采用新技术，政府通过风险分担投资、贷款或财政拨款等形式把政府资金直接转移到企业，即直接的经济支持；另外，政府还通过税收刺激、折旧制度等间接的经济支持来促进企业采用新技术。政府也通过制定一系列法律规范，从法规方面来调节新技术采用扩散过程中的各个环节，理顺扩散的渠道。技术采用与扩散是在一定的社会系统中进行的，社会环境因素对企业的技术采用行为产生很大的影响，这里社会环境条件包括投资条件和基础设施建设等方面的因素。

4. 企业的自身条件

企业是否采用新技术，既受外在环境的影响，又受自身条件的影响。主要有企业规模大小、企业资源结构、企业经营状况和企业家素质等因素。

企业生产或经营的规模称为企业规模，企业规模的大小综合反映了企业生产力中的劳动力、资本、科技等诸要素的集中程度。企业规模大，再生产投资多，经济实力强，而采用新技术需大量投资，所以在采用新技术过程中，企业规模这一变量似乎存在一个阈值，只有达到这一阈值以上者，才会采用创新。同时，企业规模大，其技术基础较强，能较快地吸收创新技术，则新技术扩散就快。熊彼特在研究技术创新与市场结构的关系时发现，创新活动在垄断企业中比在竞争企业中更加兴旺；通常，大企业和小企业相比，更具有创新精神。一方面，大企业从规模方面更具有优势；另一方面，由于企业实力强大、资金雄厚、技术人员充裕，因此，有能力也有条件进行技术创新。而小企业由于规模小，实力较弱、资金缺乏、技术人员稀少，难以承担技术创新的重任。

影响企业采用新技术的因素很多，有现实的各种因素，也有潜在的各种因素，这些总称为企业资源。企业通过其所拥有的资源对企业的内部和外部环境进行调节，创造出适宜的条件来促进企业采用新技术。企业所拥有的资源包括财力、物力、人力、技术、信息等，这些资源构成的状况即企业的资源结构，它对企业采用新技术有重要影响。首先，企业要掌握新技术的各种相关信息，了解该项新技术能够为本企业取得的预期盈利；新技术的采用要求企业有足够的资金支持、例如，技术开发资金支持、生产设备投资的资金支持等，如果缺乏这种资金支持，新技术采用会受到很大制约；企业采用新技术必须有技术支持，有将新技术化为自己所需的技术人员。企业拥有这些资源，是促进企业采用一项新技术、加速新技术扩散的重要条件。

企业经营状况是指与企业生产经营有关的一系列经济活动，例如，企业的采购情况、生产能力、销售状况等。企业寻求、采用新技术的主要动力是由于企业经营状况、市场竞争等方面因素所带来的危机感，换个角度说，也正是这种危机感是推动新技术扩散的原动力。企业经营危机压力一般来说分为两类：一类是居危思危；另一类是居安思危。前一种是指企业只是迫不得已才使自己通过采用新技术的手段来摆脱危机和困境，它仅仅是企业对危机的直觉被动的反应。而后一种则是企业有预见性的采用新技术，通过这种行为来预防或消除危机发生的可能，它是一种对于潜在危机的超前主动反应。无论是哪种情况，都可以看出，企业寻求与采用新技术的契机都来源于企业经营危机的感受压力。

在急剧变化的市场和技术环境中，企业家素质对企业新技术的采用有重要影响。除非有一个企业家型的企业负责人，否则任何企业都很难实现创新。在技术创新扩散中潜在采用企业主必须具有洞察和把握外部技术机会和市场机会的强烈意识和丰富经验，具有在技术进步上大胆投资的远见卓识以及不惜一切代价采用新技术的勇气与魄力，即必须是一个企业家。如果企业主缺乏企业家创新的巨大热情和经营的丰富经验，仅依靠按部就班的管理方法和经营方式，那就不可能去采用新技术。企业是技术创新扩散的主体，而企业家则是新技术采用与扩散主体的核心，是创新扩散的倡导者与实施者。企业家自身素质是企业决策采用创新的关键。

第二节　食用菌工厂化生产的原理及其特点

一、食用菌栽培发展趋势

食用菌是一种优质食品，它的蛋白质含量高，脂肪含量低，味美可口，被人们誉为健康型食品。食用菌的食品，对于人们改善膳食结构、提高健康水平有着重要意义。近年来，我国食用菌生产一直在快速发展，食用菌的总产量迅猛增长。从相关资料可以看出，我国的食用菌总产量，由最初1978年的6万吨上升至2018年的3842万吨，占世界总产量的份额也由最初的5.7%上升到77%以上。2018年我国食用菌生产产值2937亿元，出口创汇44.54亿美元，一跃成为真正的世界食用菌生产大国。我国的食用菌出口也在大幅增长，已经成为我国打入国际市场的主要农产品之一①。

但是，目前我国的食用菌生产还是比较落后，大多数农户还是在自然环境下采用简易方法进行生产。一方面，农户的这种生产方式规模小、水平低，缺乏标准，规格参差不齐、质量安全无法保证，许多有害指标也大大超过了国际上所规定的要求，外销屡遭绿色壁垒，内销也卖不上好价格；另一方面，在自然环境下，由于受温度、湿度、空气等自然因素的影响，食用菌的生产期短，农户一家一户小规模生产，没有统一的生产标准，而且上市时间又比较集中，食用菌鲜品的价格也相对比较低。

20世纪90年代末，中国台湾许多企业家到大陆投资建厂，他们沿用日韩模式进行食用菌的生产。在台商食用菌企业的影响下，国内企业纷纷效仿，他们吸收借鉴国外企业的经验，引进先进的生产设备，进行自主的技术创新，生产的品种主要是金针菇、真姬菇等，生产获得了巨大的成功，国内的食用菌工厂化迅速发展，食用菌鲜品开始打入国内外高端市场，为我国食用菌产业的发展提供了方向。

---

① 福建省食用菌推广总站提供。

二、食用菌工厂化生产的基本原理

据有关资料和文献介绍，20世纪40年代，荷兰成功实现了工厂化栽培双孢蘑菇，开创了食用菌工厂化生产的先例。之后在欧洲的其他国家如德国、意大利、法国以及美国等也相继实现了双孢蘑菇的工厂化生产，早期工厂化栽培的品种单一，主要是双孢蘑菇。到了20世纪60年代，日本以工厂化生产方式成功栽培了金针菇，从而发展了工厂化栽培食用菌的品种。

食用菌工厂生产的基本原理就是利用相关的设备和装置来人为地调节食用菌生产所需的环境条件。首先，要建设食用菌生长"房"，有点类似于冷库房的样子。其次，在食用菌生长"房"内安装空调类设备及有关温湿度和光照等自动测控装置，通过相关设备和自动测控装置，根据食用菌生长的适宜环境要求，对食用菌生长"房"内的温度、湿度和空气、光照等主要环境因素进行调节。在工厂化栽培基本上实现机械化作业，近年来，通过逐步的发展和不断完善，食用菌工厂化生产逐步形成了一套完整的生产体系，实现了食用菌生产的现代化。20世纪60年代末，金针菇等食用菌人工栽培品种和生产技术首先在我国台湾引进试种成功，随后引进到大陆，许多工厂化企业在日本的食用菌工厂化生产技术的基础上，根据我国的实践进行了改进和创新，从而进一步推进了金针菇等食用菌的工厂化、全年性生产技术的发展[①]。

食用菌工厂化生产是食用菌生产的一种模式，它利用工业自动控制技术，调节光度、温度、湿度、空气等环境要素，使食用菌菌丝体和子实体生长于人工环境，从而实现食用菌生产周年化的食用菌生产模式。这种生产模式不受地域和季节的限制和影响，实现了食用菌的全年度与全天候的生产。其关键是通过工业设备调控环境因素，把环境调控的工业技术与食用菌生产的农艺技术有机结合起来，使之满足食用菌生长过程对环境条件的要求。

食用菌的工厂化栽培是食用菌产业发展的重要方向，食用菌生产过程中通过建菇棚、配设备、保无菌，成为农业生产中可控性最强的特色产业，食用菌工厂化生产高度应用现代技术如生物技术、环境技术、机械技术、信息技术等，不仅是农业生产中智能化程度最高的产业，也是标准化程度最高的产业，已经成为现代农业的重要先行产业。通过食用菌产业的发展，食用菌专业合作组织也随之发展，目前食用菌生产是农业生产中组织化程度最高的产业。所以食用菌产业的发展，对发展农民合作组织、带动农民致富也起着积极作用。

---

① 武耘. 现代农业发展中的食用菌工厂化无公害生产刍议 [J]. 现代农业科技，2008 (9)：56-57.

三、食用菌工厂化生产的特点

1. 特点

随着人们生活水平的提高及健康意识的增强，市场上对绿色食品和无公害高档食用菌鲜品需求强烈，且这种需求是常年性的，而食用菌的工厂化生产，利用现代化设施和技术，在这方面具有独特的优越性。

（1）可周年、规模化生产由于工厂化生产在环境可控的设施内进行，不受温、湿、气候的影响，改变了传统生产靠天吃饭的局面，因此，工厂化生产可以实现周年化，能够常年稳定地供应市场，产品容易受到消费者青睐，便于建立良好的专业品牌，有利于公司销售和客户的稳定；理论上在适宜的温度和湿度条件下生物菌种具备无限繁殖的能力，不受地域限制，所以，企业只要具备厂房、设备、资金等条件，就可以在较短时间内实现规模扩张。

（2）可实现高产、高效。实践中的食用菌工厂化生产，基本都是采用立体式栽培，占用的土地面积少、产量高，与传统生产方式比，节约了大量的土地，更符合我国现代农业发展的方向。工厂化生产的金针菇每亩（1 亩 = 667 平方米）产量达 10 万千克，是传统生产方式的 30 倍；在工厂化生产过程中，生长环境由控制系统自动调节，生产过程大多实现机械化、半机械化，与传统生产方式比可节约大量的劳动力，作业人员的实物劳动年生产量人均达到 2 万千克，是普通农户手工种植的 17 倍。

（3）质量更稳定、更安全。由于先进工业技术的应用，使工厂化生产中的菌丝体和子实体控制在基本一致环境中，并能够定量化满足食用菌生长需要的光、温、湿、气、营养因素，因此，工厂化生产出的食用菌的产品质量稳定可控；同时食用菌工厂化生产有利于形成企业化管理和标准化生产，便于对原辅材料进行检测和对生产环境的监控，在产品安全卫生品质方面具有明显优势。

2. 存在的问题

食用菌工厂化研究和推广，对于我国来说尚处于初始阶段，必定有一个逐步借鉴创新、消化吸收、循序渐进的过程。

（1）生产种类少。由于工厂化生产投资大，企业主都愿意选择见效快的品种，而对于那些大宗品种如香菇、木耳等食用菌品种，由于出菇周期长，占用空间大，目前还没有采用工厂化生产模式。从全球范围内来看，目前只有 10 余个品种实现了工厂化生产，由于种种原因，工厂化生产食用菌的种类受到限制。

（2）生物效率低。常规食用菌生产，通常是一次种植，分潮收获，一般采收三四潮以获得全部产量。第一潮菇的产量是最重要的，一般占总产量的 70%，以后各潮产量低，且出菇时间长，工厂化企业为了节约生产成本，一般只采收一潮菇。因此，食用菌工厂化生产的生物学效率普遍较低。例如，常规生产的白色金针菇，生物学效率可达 80%~90%，而大多数工厂化生产的白色金针菇其生物效率仅有 40%~50%[①]。

（3）能源消耗大。不同的食用菌品种，需要不同的温、湿、光等条件，工厂化生产要根据食用菌品种的不同特性，创造适合的人工环境，这就需要工业设备的不停运转，所以，需要消耗的能源量较大。例如，生产金针菇每月需要电费 50 元/平方米，占运行成本的一半。

第三节　食用菌工厂化企业菌草技术
采用行为的案例分析

本章在第一节中重点研究了企业采用新技术的影响因素，本节以福建省顺昌县工厂化企业菌草技术采用为例，对食用菌工厂化企业采用行为的影响进行实例分析。

一、案例地区工厂化企业菌草技术采用情况调查

1. 工厂化生产的总体情况

福建省顺昌县食用菌产业主要以竹荪、姬松茸、工厂化栽培真姬菇为主，该县食用菌产值占农业产值的比重由 2002 年的 8.47% 提高 2010 年的 35%。工厂化食用菌企业由 2008 年的 5 家发展到 2010 年的 31 家；2009 年新增投资达到 6000 多万元，目前总投资超过 8000 万元；生产规模已由 2008 年的 800 万袋增加到 5400 万袋，年总产量从 230 吨发展到 13500 吨，产值从 3000 万元上升到的 1.89 亿元，占食用菌总产值的 50%；生产的主要品种是真姬菇，还有部分秀珍菇、杏鲍菇，真姬菇系列的白雪、白玉产品具有外形美观、风味独特、营养丰富的特点，是中高档珍稀食用菌产品。2010 年该县工厂化栽培真姬菇 4000 万袋，栽培规模全省第一，所生产的白雪、白玉已占同类产品国内市场的 90% 以上，并且以神农菇业有限公司注册的“神农”品牌商标在上海、北京、杭州等大城市影响最大。

---

① 吴少风. 食用菌工厂化生产几个问题的探讨 [J]. 中国食用菌，2008，27（1）：52-54.

2. 工厂化企业同业工会成立

随着顺昌县工厂化生产的不断发展，顺昌县于 2010 年 10 月 13 日成立了 31 家工厂化食用菌同业公会。该同业公会的成立，有利于解决全县工厂化栽培食用菌企业在发展过程中存在的技术管理不规范，产量质量存在水准不一致的安全隐患，市场不正当竞争等问题，进一步提升了全县工厂化栽培食用菌技术水平，制定了统一农产品标准，提高了食用菌食品安全，协调了统一价格，维护了公平竞争的市场经济秩序，充分发挥了政府协调和行业之间及时沟通的桥梁和纽带作用，不断打造顺昌地方品牌，促进全县工厂化生产海鲜菇行业科学推进，快速发展。

3. 菌草供应情况

全县以种植皇竹草（巨菌草）为主的示范基地，2009 年 426 亩，2010 年 590 亩，2011 年 860 亩，总面积达到 1870 亩。基本上形成村、户和企业自觉积极扩大种植的局面。主要有两种种植模式：

（1）企业自建菌草基地。采取"龙头企业+农户"的模式，即以顺昌鑫品珍菌开发有限公司组织农户发展菌草种植，由企业与农户签下订单，由农户种植、采收、加工，向企业出售新鲜的菌草，以确保企业原料来源和企业产品的质量稳定。

（2）菌草专业合作社专业生产，与珍稀菇工厂化生产企业实行供需对接。例如，星升草业农民专业合作社为骨干的草粉加工厂，年供应量从 2009 年的几十吨，到 2010 年的 980 吨。2011 年春季，新增加了一条机械加工粉碎生产流水线，当年供给达 3000 吨。随着种草业的规模发展，星升草业合作社也新建了一座 500 平方米的大棚原料储藏地，还新架设了 380V 的加工用电新线路；计划年生产干草粉（屑）1500 吨的仓储厂房和 1000 平方米的晒场，实现菌草（以皇竹草为主）从草种供应、栽培、管理、机械采收、粉碎、烘干、包装、营销的一体化管理，一条龙服务的产业化模式。

4. 工厂化企业菌草采用情况

在菌草技术推广之前，工厂化企业主要以木屑、棉籽壳为主要原料进行生产。2009 年，顺昌县被确定为首批全省十个"开展菌草产业发展"试点县之一，随着菌草技术在该县的推广，使用企业由过去 2 家增加到 25 家，推广菌草代料工厂化栽培食用菌 2000 万袋，主要用于真姬菇、部分秀珍菇、杏鲍菇的生产，使用草粉 3200 吨，菌草粉的使用配比不断更新比例，逐步扩大了使用量，由原来 10% 提高到 20%~30%。

二、案例地区工厂化企业采用菌草技术行为分析

1. 追求经济效益是工厂化企业采用菌草技术的决定因素

企业生存的根本是实现利益最大化，是否采纳某项技术创新关键在于此技术是否能和其他要素合理配置、市场对新产品的需求如何、技术潜在风险的大小等，企业更偏向于选择时间短见效快的农业技术。

食用菌工厂化栽培实行企业化经营方式，在利润最大化的规律驱使下，对现代生产要素的引入和投资愿望会比较强烈，特别是对节本增效新技术的采纳表现出浓厚的兴趣。以金针菇、杏鲍菇等为代表的现代工厂化生产，近年来进入了快速发展阶段，据福建省食用菌技术推广总站统计，日产 0.5 吨以上的食用菌工厂化企业已有 210 家，工厂化生产年总产量已达到 20 多万吨，生产品种由双孢蘑菇、金针菇增加到真姬菇、杏鲍菇、秀珍菇等。生产的品种大多是珍稀品种，采用的主料大多为木屑和棉籽壳。近年来各地禁止砍伐阔叶林、严格监管措施不断推出，木屑供应紧张，棉籽壳市场价格也在大幅飙升，从 2007 年每吨 800 元提高到 2010 年的每吨 2600 元，厂商纷纷寻找新的代料，菌草作为可替代原料，从各厂家试验应用的情况来看，出菇产量不减（配方得当，产量还略有提高），品质更好，生产周期缩短，成本降低。

在我们对顺昌县 31 家食用菌工厂化企业的访谈中，25 家已经采用菌草配料生产的厂家，无一例外地认为，木屑供应紧张，棉籽壳市场价格一直在大幅飙升，菌草配料的成本较低。在我们调研第一家菌草技术采用的企业——顺昌县康农食品有限公司。身为工厂化生产厂家的康农食品老总廖九金，他兴高采烈地介绍"我们要多生产出食品安全的海鲜菇（真姬菇），形势要求我们要大胆地向前闯，要勇于摸索使用以菌草粉为主的、碳氮比好的效益配方。虽然配方和碳氮比是我们企业的商业机密，但是从目前的收益情况来看，我们厂家针对原来以棉籽壳为主的原配方内，以 20% 的草粉替换下 20% 的棉籽壳，鲜菇产量不减，鲜菇品质更好，反而可以节约成本开支 40 万元（每筒菇筒可节约0.10 元，年生产量为 400 万筒）。更可喜的是，使用原配方生产的海鲜菇，从接种到出菇，需要 130 多天；而掺入草粉的配方，可以提早 10~15 天出菇，缩短了海鲜菇的整个生育期，大大提升了我们企业主的信心。有这样的经济效益何乐而不为呢？"这一利好消息，很快在顺昌食用菌工厂化企业间传播，在最初尝试菌草代料配方的企业的带动下，许多厂家纷纷采用了菌草代料配方技术。

2. 新技术信息传播与工厂化企业菌草技术采用行为

顺昌县是福建省闽北山区的一个小县，小小一个县除了集中 30 多家食用菌

工厂化企业之外，还又建立了食用菌的同业公会，食用菌产业的方方面面信息，都能依托同业公会进行及时交流，食用菌同业公会为企业主们搭起了一个很好的信息交流平台，在应对剧烈的市场变化中起到了重要的作用。同时，在顺昌县域内，工厂化企业主依托食用菌同业公会，定期聚会，进行信息的交流、讨论相关的问题，快捷便利的信息交流，使顺昌的食用菌生产技术形成了高度的扩散机制。顺昌县食用菌工厂化企业集中在县域范围内，他们许多是亲戚、朋友、同乡和同学等，企业主和他们的技术人员之间往往有着亲密的关系，起初他们互相带动着建起了工厂，之后在日常生活中，自然而然的互相交流，一个企业采用了什么新技术，取得了什么样的成果和效果，很快就会传播到其他企业，正是因为技术信息的高度流通，为那些未采用技术创新的企业，可以在较短的时间内，以比较低的成本掌握新技术的相关知识，为食用菌行业环境下企业技术采用行为提供了便利。例如，食用菌生产中采用菌草技术，在顺昌当地几乎都是全公开或半公开的。这其中最关键的技术有两个：一个是菌草替代配比的技术；另一个是使用菌草配比以后的其他辅料的配方技术。那些技术力量较为雄厚的食用菌工厂化企业先行先试，在生产中率先试验应用，潜在采用企业对菌草技术有了初步的感性认识，随着先行企业实践中有关菌草技术采用的隐性知识的积累与整理，在快捷的信息传播中，降低了潜在采用企业的采用成本以及技术采用的不确定性，极大地提高了企业的效用函数以及新技术的采用倾向度。

3. 菌草技术特性与工厂化企业菌草技术采用行为

企业是否采纳某项技术创新关键在于此技术是否能和其他要素合理配置，就是前面提到的技术协调性或是相容性。我们知道在食用菌工厂化企业生产特点的介绍中，企业从生产成本考虑，工厂化生产一般只采收第一潮菇。而从专家和食用菌生产者方面了解到，以菌草为培养基栽培食用菌，由于其培养基的物理性状与结构的特点，在技术充分掌握的情况下，一般第一潮出菇产量比较高（与其他代料比较），而后面几潮的产量相对较低。所以食用菌工厂化企业采用菌草技术比较有利。

从工厂化企业生产条件来看，食用菌栽培对自然环境要求较高，需要适合的光、温度、湿度、气等要素。传统的农户栽培都是在自然条件下栽培，往往自然的气温较难调节，所以农户栽培受其自然条件影响很大。而菌草培养基的使用又与农户掌握的传统（木屑）培养基在光、温度、湿度的方面要求更严格，如果农户技术掌握不当，就有很大的技术风险。食用菌工厂化生产利用工业技术控制光、温、湿、气等环境要素，使食用菌菌丝体和子实体生长于可控的人工环境中。随着工厂化栽培食用菌形势的看好，食用菌生产企业不断增加投资，通过大规模的技改扩建，厂房质量、设施设备、生产工艺得到较大改进，许多企业都建设了标准厂房，配备了自动化生产流水线和空气处理设备，能够根据食用菌生产需要准确控制光、温、湿、气等环境要素，克服了自然栽培的缺点，有利于采用菌草技术。

4. 市场竞争压力与工厂化企业菌草技术采用行为

顺昌县的食用菌工厂化企业，基本上处于水平的关系，即同一产业链的相同位置的企业，同时由于生产的产品基本无差异，所以企业与企业之间主要以竞争为主，较少有合作关系。在我们调研的31家企业中，有26家生产的是海鲜菇，这样，企业之间必然存在着激烈的竞争，当竞争对手采用了菌草技术时，降低了食用菌生产成本，提高了经济效益，拥有了技术优势并获取了较高的超额利润，如果此时，生产同一产品的其他企业保持不动，就可能面临被市场淘汰的危险。食用菌工厂化企业之间存在着激烈的市场竞争，促使他们转向采用成本较低的菌草技术。

5. 工厂化企业自身资源与菌草技术采用行为

目前，我国食用菌工厂化企业的基础薄弱，自身从事农业技术科研难度系数比较大，大部分技术创新源于专门的农业技术科研单位，而科研单位提供的大都是实验成果，技术成熟度不够。工厂化企业可以和科研单位有机联合，利用自己基地、资金优势等参与新技术的试点试种，加速新技术的成熟度，提高新技术的扩散效果和效率。食用菌工厂化生产企业都由地方经济能人或科研、技术推广专家投资经营，企业拥有较雄厚的技术人才和管理人才，能够积极主动的参与农业技术的科研、中试等环节，形成较强的创新开发能力。对于菌草配料的使用，由于不同菌种、不同配方对其技术的要求都不同。工厂化企业在应用之前，都要认真试验，不断创新，才能取得较好的经济效益。据我们在顺昌县的调研，20%的菌草配料在食用菌工厂化生产中已经广泛使用，许多创新开发能力较强的食用菌企业正在开展30%、40%甚至50%以上的菌草生产配方试验。菌草技术在该地区推广使用，既节约了工厂化食用菌生产成本，又减少了案例区的阔叶林砍伐，保护了生态环境，实现食用菌产业的可持续发展。

由上述分析，食用菌工厂化企业采用菌草技术，有利于企业节本增效，提高经济效益。食用菌工厂化企业之间的互动，促使菌草技术的信息更快更有效率的传播，工厂化企业自身较强的技术创新能力，以及同行企业之间的竞争压力等因素有利于促进企业采用菌草技术。

第四节 本章小结

食用菌工厂化栽培是食用菌产业发展的重要方向，随着食用菌工厂化企业的快速推进，食用菌工厂化企业对于菌草技术的采用具有独特作用和现实意义，研究菌草技术采用与扩散主体行为，不能忽视工厂化企业行为与菌草技术扩散的相互关系。

食用菌工厂化企业，具备规模化、标准化、周年化等综合优势，与传统农户相比，采用菌草技术有一定的优势。工厂化企业有其生产经营的特点以及较强的信息处理和技术试验创新能力，当传统原料供应紧张、价格大幅上涨时，在经济利益的驱动下，对采用菌草技术的意愿比较强，是较积极的菌草技术采纳者。

食用菌工厂化企业，由于处于同一行业内，单个企业的采用行为对行业环境中的其他企业乃至整个产业都将产生影响，特别是已采用技术创新的企业对未采用企业采用决策行为的影响较大，食用菌工厂化企业之间的信息交流、竞争压力是重要影响因素。

第七章
菌草技术采用与扩散中的政府激励机制研究

政府推广菌草技术的目的是为了节约木材资源，解决"菌林"矛盾，而食用菌生产者采纳菌草技术的首要因素是考虑其成本效益，因此，菌草技术的推广有赖于政府的政策激励。作为一种基于技术采纳行为的激励政策，通过对技术采纳成本的分摊机制，激励生产者主动采纳菌草技术，从而达到保护本地区生态环境目的。所以，合适的激励机制，对于制约生产者采用传统木材原料，达到保护森林资源具有积极作用。

第一节　技术采用与扩散激励机制的理论基础

一、激励内涵

激励是管理学上的一个概念，是指一个心理需求被激发并得到满足的过程。在任何时候，人们总是有很多得不到满足的需要，当人们的需要得不到满足时，就会处于一种紧张不安的状态中，此时，如果受到外界环境条件的刺激，就会引起寻求满足需要的驱动力，从而产生导致某种目标的行为选择，当实现目标后，需要得到满足，紧张的压力减缓，激励消失。这时，又会产生新的需要，同时需要新的激励。第一位研究系统管理激励理论的是巴纳德（Barnard，1938），他强调用激励手段诱导组织成员努力工作的必要性，以及在组织中建立权威以处置激励契约的不完全性所带来的问题。因此，在管理工作中，无论其组织类型怎样，恰当的激励是实现工作成效的重要手段；同时由于不同个体的需要各不相同，所以需要选择不同的激励方案，采取不同的激励手段。之后激励理论在此基础上不断发展，激励理论已日臻丰富和完善，其中，以主要包括马斯洛的需要层次理论、赫茨伯格的激励—保健理论、阿尔德佛的 EGR 理论、弗洛姆的期望理论和斯金纳的强化理论等。

而从经济学的角度考察的激励，与管理学上的激励有所不同，经济学的激励更适合于系统方面，管理学上的激励更适合个体层面，同时两者又存在互补。经济学认为，虽然激励对象存在很多需要，但最主要的需求就是经济利益，它凌驾于其他任何需要之上，只要满足激励对象足够多的经济利益，就可以替代他们的其他需要。经济利益是人们行为的根源，所以是激励的最主要内容。经济学激励抓住了激励的关键，忽略了经济因素以外的其他因素的影响，从而在激励的策略选择上避免了系统失误。按照经济学的观点，决定个体行为根本的是经济利益，而经济利益又取决于一定的成本—收益结构。换句话说，就是人们选择能够给自己带来最大利益的行动是在一定的行为成本—收益结构下做出的，所以，我们可以从行为的成本—收益结构方面诱导人们的行为，使之向有利于组织的转变。而任何组织都是在一定的制度下运行的，不同的组织制度产生不同的行为成本—收益结构，从激励的角度来看，组织制度的重要内容就是激励机制的建设，所以，通过建立正确的制度，可以激励人们的行为（冯铁龙，2007）。

二、激励理论的委托—代理模式

委托—代理模式是经济学激励的常用分析框架。委托—代理最早是法律上的用语，指代理人依据被代理人的委托，以被代理人的名义实施的民事法律行为。后来这一术语被经济学借用，常用于经济学的分析。委托—代理理论主要研究信息不对称条件下市场参加者的委托—代理关系以及由此产生的激励机制问题；其理论核心是在委托—代理框架下，寻求最优化的激励方案，或设计最优的激励机制，给代理人提供各种激励和动力，促使代理人投入足够努力实现委托人的预期目标。

在委托—代理关系中，由于委托人与代理人的利益目标函数不一致，而且双方拥有的信息也不对称，委托人有时难以观察到代理人的行动，无法以契约控制代理人的行为，所以双方经常存在激励冲突问题，激励问题就成为影响代理效率的一个核心因素。委托—代理关系的实质是委托人不得不对代理人的行为后果承担风险，而这源于信息的不对称和契约的不完备，代理人可能出现因追求自身效用最大化而与委托人利益相冲突的道德风险和逆向选择行为；当代理人的信息不完备时，委托人将某项任务授权给具有和自己不同目标函数的代理人就会带来很多问题，这就是激励问题的缘起。现实中绝大多数的经济组织活动都是信息不对称的，因此，都存在激励问题，而这一问题的根本解决就是需要构建一套既能激励代理人按委托人的目标努力工作，又能有效地约束代理人的不良行为，实现委托人与代理人互利双赢的激励约束机制。

三、政府激励机制

在委托—代理模式中，构建适宜的激励机制就是通过诱导和驱使代理人，在满足他们追求自己个人利益的基础上，投入足够努力来实现委托人所要达到的目标。在技术采用与扩散中，可以把新技术采用者和政府之间的关系看作是委托—代理的契约关系。政府作为宏观的管理者，是委托方；而微观技术采用者即是代理方。这种委托—代理关系，在市场经济条件下，存在着明显的激励冲突问题。首先，政府作为宏观的管理者的委托方，追求的是宏观利益的最大化，政府为从事经济活动的生产者（技术采用者）提供所需要的各种资源，为他们营造良好的经济环境，同时政府又从生产者的经济活动中获取宏观利益，达到宏观目标。而作为微观生产者的代理方，他们依托政府营造的经济环境，其目标是追求自身经济利益的最大化，显然双方追求的经济目标函数不一致，政府与新技术采用者之间存在着激励冲突。其次，在市场经济条件下，生产者是独立的市场主体，在生产经营中，由于生产者和生产总值的数量不断增大，同时因为生产经营技术的复杂性，政府无法清楚地掌握微观生产者的各种生产经营信息，所以，生产者和政府之间存在着信息不对称的激励问题。另外，生产者依托政府营造经济环境，对经济环境的要求总是不断提高，而现实中，经济环境发展的相对滞后，两者之间形成矛盾（赵维双，2005）。

在技术采用与扩散中，为了解决以上的激励冲突，政府主要从政策激励和市场激励两方面构建激励机制。由于农业产业的特殊性，在农业方面政府主要采用政策激励，政府通常运用一系列的政策组合来实现对新技术采用与扩散的激励。在农业新技术的采用与扩散方面，政府的激励主要表现为对新技术采用者持积极支持的态度，为新技术的采用提供有利条件，包括直接的经济支持，通过拨款、风险分担投资以及贷款等形式把政府资金转移到生产者，使生产者有能力采用新技术；间接的经济支持，主要是税收刺激，例如，新产品减免税等，诱导生产者把更多的资源用于采用新技术上。在法规方面，通过制定一系列法律规范来调节新技术采用扩散过程中的各个环节，理顺扩散的渠道。

第二节　菌草技术采用与扩散政府激励的必要性

一、菌草技术的外部性

所谓外部性，是指某种经济活动能使他人得到附带的利益或使他人受到损害，而受益人或受害人无须付出相应的报酬或无法得到赔偿的现象。从农业对生态环境的外部性来看，包括形成的农业景观、生物多样性保持、二氧化碳吸收等正外部性，也包括资源耗竭、水土流失、野生动植物栖息地丧失、农业化学品污染等负外部性。菌草技术的外部性表现在以下两个方面：

1. 传统模式下主体行为对生态环境造成负外部性

传统模式下栽培香菇、木耳等食用菌的都是以林木中的阔叶树为主要栽培基质，随着食用菌生产的迅猛发展，食用菌栽培由利用林业废弃物发展到大量砍伐阔叶林，从长远来看，必将造成森林资源的低效使用甚至危及该地区的生态环境。而导致低效使用森林资源和低估森林资源价值的重要原因则是因为市场定价忽视了生态环境外部负效应的因素，基于经济学的角度，因过度砍伐行为而产生的生态环境外部负效应导致的市场失灵，必须通过政府干预来解决，将经济行为的生态环境外部负效应内部化。所以，政府要想保护生态环境改善和促进菌业可持续发展，必然要利用其拥有的强制力约束盗砍滥伐行为，纠正毁林种菇带来的环境外部负效应。

2. 菌草技术采用结果的正外部性

菌草技术的优势在于能保护和改善生态，克服传统的用林木资源生产菌物以造成破坏森林生态的弊端，利用野草和人工种植的各种草本植物如象草、巨菌草、串叶草等，以草本植物代替林木栽培食用菌，不仅扩大了食用菌的生态来源，而且可以极大地减少林木的砍伐量，有效地保护森林资源；菌草技术对自然资源进行了最充分和节约的利用，对生态环境没有造成损害，而且还有益于保护与优化自然生态；菌草技术采用结果具有很强的正外部性，但农户（企业）在采用菌草技术初期会提高成本、增加风险，在市场机制单独发生作用时，农户（企业）从自身利益角度出发将不会自觉采用，菌草技术很难自发地扩散。所以在技术应用的前期，依靠市场化运作的机制尚未建立前，必须依靠政府推动和财政扶持，以及政府推广部门前期先导性的示范推广，引导和带领农户和企业采用菌草技术。

二、菌草技术的公共物品属性

从经济学的角度来看，社会物品根据其在消费上是否存在竞争性、受益上是否存在排他性，以及这种物品是否具有外部效益等特征可分为私人产品和公共产品。农业技术及其物化产品具有公共产品的特性，公共产品的重要特性就是非排他性与非竞争性。大多数农业技术物化产品的生产，是生物产品的生产，生物产品本身的自我繁殖的生产特性，决定了它具有非排他性；同时，对一项农业技术的采用又具有非竞争性，因为一项农业技术及其物化产品生产出来后，被生产者（农户）采用，不会因为某个农户的使用而限制其他农民的采用。正是这两个农业特征，所以大多数农业技术的采用与扩散，必须主要由政府来推动。

菌草技术是利用全球最丰富的尚未开发及利用的草本资源栽培食（药）用菌，生产优质高蛋白饲料和利用废菌料生产有机肥料的综合配套技术。它打破了传统的木腐菌和草腐菌的界线，突破了菌、草、牧等学科的界限，使资源节约和生态环境保护相互促进，在发展菌业生产的同时，改善了生态环境，实现了人与自然的和谐发展，体现了坚持科学发展观、构建和谐社会的根本要求。作为一项集经济效益、生态效益、社会效益于一体的生态农业技术，其准公共物品属性较为突出。菌草技术的准公共物品属性决定了其对潜在采用者的吸引力有限，而菌草技术的生态效益显著决定了其对政府的吸引力很大，这就决定了必须依靠政府发挥主导作用，通过构建合适的激励机制促进菌草技术的采用。

第三节　福建菌草技术采用与扩散激励机制评价

通过前面几章农户和工厂化企业菌草技术采用行为的分析，同时结合政府激励理论，对菌草技术采用行为的激励机制现状主要归结为以下三点：

一、激励时机的选择

食用菌产业的迅猛发展，大量的阔叶林被砍伐，据统计，我国每年至少有400多万立方米的木材成为食用菌原料被消耗掉，而福建省每年消耗的木材达

100 多万立方米以上（王豫生，2006）。由于阔叶树资源有限，培植周期长，且不易人工栽培，从而造成菌业生产与林业生态平衡之间的"菌林矛盾"，已成为福建食用菌产业发展的主要瓶颈。菌草技术的发明，实现了"以草代木"栽培食用菌，经过 20 多年的研发推广，在实践应用中日趋完善与成熟。随着福建省食用菌产业规模化、工厂化、专业化发展和生态环境保护意识的不断增强，加快菌草技术的扩散已刻不容缓。2009 年福建省委、省政府审时度势，出台了一系列扶持菌草产业发展激励政策，在 18 个试点县进一步推广菌草技术，试点工作的开展有效地缓解了试点县"菌林矛盾"，既保护了林木资源，又促进了食用菌产业的可持续发展。

二、激励方式的采用

1. 财政补贴激励

福建省财政安排菌草技术推广专项资金，着重从三个方面扶持试点县（市、区）菌草产业发展：一是对新种植菌草给予补助。按照"谁种补谁"的原则，2010 年新种植的菌草按每亩 400 元的标准给予补助；二是对设备购置给予补助。以 18 个试点县（市、区）为单位，每新种植 100 亩菌草配置一套菌草采收、切割和粉碎设备，每套补助 1 万元；三是对菌草生产专业合作社新建加工仓储设施给予补助。鼓励专业化生产菌草粉，促进菌草产业成长，对菌草生产专业合作社新建菌草加工仓储设施的每家补助 3 万元。各试点县（市、区）还因地制宜制定配套的扶持政策。

2. 培训服务激励

一是技术指导。福建省以福建农林大学菌草研究所（省菌草生物工程研究中心）为主组织菌草产业专家服务团，向每个试点县派一名技术责任专家具体负责技术指导与服务，帮助解决生产中遇到的技术问题。各试点县（市、区）也向菌草种植基地村选派相关专业的科技特派员，配合省菌草生物工程研究中心技术人员开展技术服务；二是开展技术培训。每年 5 月和 9 月组织各试点县（市、区）牵头部门、有关企业（专业合作社）负责人，以及基层科技人员参加福建省农办与福建农林大学联合举办的菌草产业发展技术骨干培训班，促进菌草种植管理和加工应用技术的推广，提高基层技术人员利用菌草栽培食用菌的实用技术水平。各试点县（市、区）也要组织种植大户和有关企业（专业合作社）人员积极开展技术培训，普及菌草技术。

3. 监管约束的负激励

针对食用菌产区盗伐滥伐、无证运输天然阔叶林现象，省政府要求各地强化监管，严禁一切非法盗砍滥伐、非法运输和非法收购天然阔叶树的行为，一经发现，由林业主管部门依照《中华人民共和国森林法》《中华人民共和国森林法实施条例》《福建省森林条例》予以处罚。各公安派出所要协助当地林业工作站查处辖区内无证运输阔叶树木材违法违章行为；福建省政府、福建省林业厅还于 2010 年颁布禁令，禁止安排阔叶林的砍伐，禁止无证杂木屑上路运输。

三、激励政策效应评价

自菌草产业试点工作实施以来，18 个试点县（市、区）新种植菌草 1.7 万亩，应用菌草发展食用菌栽培、畜牧养殖以及灾后恢复生产，取得了较好的社会效益、经济效益和生态效益。2009 年 10 个试点县（市、区）共新种植菌草 6451.3 亩，2010 年 18 个试点县（市、区）新种植菌草面积 1.0536 万亩。经过两年试点工作的推动，各试点县菌草产业逐步呈现规模化、产业化发展趋势，各试点县的菌草专业合作社在优惠政策的引导下迅速发展，全省现有菌草专业合作社 15 家，菌草产业分工逐渐细化，专业化、规模化经营效益更加突出。据不完全统计，两年来各试点县应用菌草 3.9 万吨，其中，代料生产香菇、灵芝、金针菇、杏鲍菇等 7034 万袋，栽培巴西蘑菇、大球盖菇、竹荪等 48.72 万平方米，应用菌草发展食用菌栽培节本增效作用显著。菌草产业试点工作的开展有效地缓解了试点县"菌林矛盾"，既保护了林木资源，又确保了食用菌产业的规模化发展。两年来，试点县应用菌草代料栽培食用菌，节约阔叶林 1.4 万立方米。同时，菌草产业的发展有效地缓解了因木屑、棉籽壳等大宗食用菌原料价格持续大幅度上涨对福建省食用菌产业发展的冲击，降低了生产成本，保障了食用菌产品的市场竞争力。当然，在政策执行过程中也存在一些问题，主要表现在三个方面：一是政策扶持力度不够。现行的补贴政策主要在种草环节，按新种植的菌草每亩 400 元的标准给予补助，只够种苗费用，对再生草场没有给予补贴；在农户采用菌草环节也没有相应的补贴激励，难以调动菇农采用菌草（包括野草）种植食用菌的积极性。二是宣传、示范不到位。长期以来，菌草技术只是作为一般农业技术推广，政府推广部门向菇农发放材料、免费培训，缺乏面对面的操作示范指导，许多菇农对菌草技术还心存疑虑；不同菌草栽培不同菌菇需要不同的配方，不同地域因气候等原因也有不同的管理技术，受推广经费的制约，尚未熟化总结出一套完整的技术规范，影响了菌草技术的扩散等。三是约束机制不完善。尽管各地也分别出台了一些管制措施，严禁非法盗砍滥伐、非法运输和非法收购天然阔叶树的行为，但约束力度不一，直接影响了菌草技术的采用；尤其在偏远山区，因禁伐制度执行成本高，地方政府又没有精力和财力认真落实，所以仍存在砍伐幼林粉碎加工木屑种菇（或作薪柴）的现象。

第四节　菌草技术采用与扩散政府激励机制的优化

一、正激励与反激励并重

激励的实质是通过影响人的需求或动机以达到引导人的行为的目的。正激励是从正方向予以鼓励，它通过对激励对象进行正面鼓励的方式来引导其积极的行为方式，包括财政补助、奖励、支持等手段；负激励是从反方向予以刺激，它主要是通过惩罚、批评等负面手段对激励对象进行刺激，以达到既定的激励效果。作为相辅相成的两种激励类型，是激励中不可缺少的两个方面，各自从不同的方面对人的行为起强化作用。

在菌草技术扩散的过程中，正激励是对采用菌草技术的行为的一种肯定，通过补助、奖赏鼓励其行为继续进行下去；负激励则主要是对盗砍滥伐、毁林种菇的行为的一种否定，实则是为了约束其行为的继续，这两种激励方式同等重要。单纯的正激励或是负激励的作用效果是很有限的，要构建合理的激励机制，只有坚持正激励与负激励相结合的方针，才会对农户（企业）的行为形成一种激励合力，真正发挥出激励的作用。因此，在构建激励机制时，不仅要注意发挥正激励的作用，也要适当地运用负激励的手段，从激励和约束两个方面来保证农户（企业）的微观行为与政府的宏观目标相一致。

二、农户菌草技术采用的激励政策选择

1. 加大激励力度，种草和用草同时激励

农户作为一个微观生产者，在市场经济条件下，从事经济活动的根本目的是获取经济利益，农户在采用菌草技术之前，通常要对菌草技术的经济效果进行评价，然后决定是否采用或多大程度上采用。食用菌生产者作为一个逐利的理性经济人，在采用菌草技术时必然会比较传统代料的成本和效益，只有当他能从中获取较高收益时，菌草技术才能被采用。

在第四章中，我们通过对食用菌生产农户采用菌草技术生产花菇的成本和效益的计算，发现与农户采用传统木屑相比，生产效益有所提高，但并不明显，例如，案例区农户采用菌草技术栽培食用菌，每袋效益增加 0.08 元，种植 1 万袋增效 800 元。而前文的农户调查描述性分析可以看出，除了少数食用菌专业户以外，农户种植规模都不大，大多集中在 3 万袋以下，占 67.1%。对小规模农户来说，由于菌草技术的采用，增效并不显著，而且还需要自己种植菌草，采收菌草和加工粉碎比较麻烦，因此，在没有政府补助激励的情况下，小规模农户菌草技术采用意愿不高。福建省政府在推广菌草技术时，对菌草的种植每亩给予 400 元的补贴，一定程度上促进农户对菌草技术的采用。在第五章中，实证研究的结果表明，政府补贴对农户菌草技术的采用有显著影响，但是和其他因素比，不很突出，这主要是因为大多数试点县只是执行省政府的种植菌草的补贴政策，虽然对推广菌草技术起到一定的作用，但农户更多希望政府对采用菌草种菇技术进行补贴，以降低农户的种植风险。考虑到食用菌生产农户采用菌草配料栽培食用菌，需要付出学习成本和承担技术风险，一些地方政府（如寿宁和漳平）在使用环节每袋补助 0.2 元，成本大幅降低，农户乐意采用，菌草技术推广扩散效果好。所以，建议政府除了在种草环节补助激励之外，还应该从菌草采用环节给予合适的补助激励。

2. 加大培训服务激励，减少农户技术风险

由于小农户受到自身条件如年龄、经历、知识、能力以及所处的社会环境、经济制度等多种因素的制约，在采用技术时，由于风险的存在和无法克服，必以规避风险为原则。这是农民对收益预期不确定性的自然心理反应。小农户承受风险能力较弱，加之农业的弱质产业特性，决定了农户面对诸多不确定性因素时不愿冒风险的生存理性。同时我们也要认识到在市场经济的推动下，脱贫致富成为农民普遍的心愿和要求，农民开始懂得追求新知识、新科技，敢于创新。事实证明，农民通过在生产实践中不断学习、完善，受家庭、邻里、社会的教育和影响，可以改变自己的生产方式、适应日益发展的现代化社会经济要求。我们在第五章对农户菌草技术采用影响因素的实证研究从另一侧面说明了小农户的这些特点。

第五章实证结果表明，食用菌种植年限、菌草技术信息获取的难易、技术推广人员免费指导或现场示范、政府菌草技术培训等因素对农户菌草技术采用有较为显著的影响。农户的食用菌种植年限越长，农户积累的经验越丰富，学习和掌握新技术的速度越快，越容易接受菌草种菇技术。农户获取的菌草技术信息越多，对菌草技术越了解，越愿意采用。政府菌草技术培训和技术推广人员为农户提供免费的菌草技术培训和现场示范次数越多，农户对菌草技术更了

解，采用积极性越高。

以上分析表明，在菌草技术的扩散过程中，技术的推广者在促进农民认识和采纳菌草技术方面起到了十分重要的媒介作用。由于菌草技术的复杂性，因此，推广人员要从当地的气候条件、资源条件情况出发，进行适应性的试验。做到菌草技术的"简便化、标准化、本地化、系统化"。即将复杂的菌草技术简单化，便于当地农户的掌握和技术传播；将菌草栽培食用菌的各个环节进行量化，农户只需按专家提供的标准进行操作；将各种技术环节和影响生产的各因素进行组合集成，在基地进行示范生产和培训农户；使菌草技术适应当地的气候和适应当地群众掌握，这样才有利于菌草技术的采用与扩散。

当前，承担主要作用的菌草技术传播者是基层公共农业技术推广机构——各县（市）食用菌站（办）。这些推广组织对本地区的农户提供诸如菌草技术咨询、指导和培训等方面的服务，是菌草技术的主要传播者。政府要设立专项资金，用于菌草技术的适应性试验和培训示范，对进行菌草技术的二次创新和培训指导取得较好成效的推广机构和推广者给予适当的经济激励。

3. 加大对专业合作社的激励

食用菌专业合作社为社员提供食用菌生产、销售、技术和信息服务，统一购买原材料等，进一步降低了农户生产风险，减少生产投入，增加生产效益。在调研中有将近80%的农户参加了菌菇专业合作社，合作社为社员统一购买原材料、统一销售菌菇、提供菌草技术信息、调控菌草种苗和菌草的收购、加工及销售，为菌草技术的推广起到了巨大的作用。更有出现了如顺昌星升草业农民专业合作社为骨干的草粉加工厂，从草种供应、栽培、管理、机械采收、粉碎、烘干、包装、营销的一体化管理，一条龙服务的产业化模式。

现有的激励政策，对设备购置和菌草生产专业合作社新建加工仓储设施给予补助激励，起到良好的政策效应，继续原激励政策的同时，建议加大补助金额。

三、工厂化企业的菌草技术采用的激励政策选择

我们在对食用菌工厂化企业菌草技术采用行为研究表明，食用菌工厂化企业，具备规模化、标准化、周年化等综合优势，与传统农户相比，采用菌草技术有一定的优势。工厂化企业其生产经营的特点以及较强的信息处理和技术试验创新能力，在经济利益的驱动下，对采用菌草技术的意愿比较强。

我们从福建省食用菌总站和顺昌的工厂化企业调研中发现，工厂化企业主要从事专业化菌菇生产，很少有基地种植菌草。政府对菌草种植环节的补助激

励，企业没有直接获得，只是间接地从市场方面获得较低价格的草粉供应，也能对企业采用菌草技术有一点的推进作用。但是菌草配料的使用，由于不同菌种、不同配方对其技术的要求都不同。工厂化企业在应用之前，都要认真试验，不断创新，才能取得较好的经济效益。据我们在顺昌县的调研，大多数企业主都希望在他们创新实验阶段，政府能给他们一定的资金激励，并在食用菌工厂化电、用地方面给予政策优惠。

另外，食用菌工厂化企业，由于处于同一行业内，单个企业的采用行为对行业环境中的其他企业乃至整个产业都将产生影响，特别是已采用技术创新的企业对未采用企业采用决策行为的影响较大，食用菌工厂化企业之间的信息交流、从众心理、竞争压力是重要影响因素。另外，顺昌的食用菌行业公会，对推广菌草技术起到了巨大的作用，政府对行业公会应给予适当的资金激励。

四、"工厂化企业+农户"的菌草技术采用的激励政策选择

前文研究知道，我国的食用菌生产总体上仍以分散的个体菇农生产为主，个体生产者都要进行菌种选择、菌包生产、蒸汽灭菌、菌体培养和出菇管理等一系列工作，一方面，这种传统的食用菌生产方式依靠手工操作，劳动效率低，食用菌的产量和质量普遍较低；另一方面，在自然环境下生产食用菌，由于受到气候温度变化的影响和限制，不仅生产期短，而且大都处于集中时间上市，再加上生产标准不统一，因此，食用菌鲜品的价格也相对比较低。在菌草配料的使用上，个体农户也由于受技术和规模的制约，采用效果不理想。食用菌工厂化企业，具备规模化、标准化、周年化等综合优势，与传统农户相比，采用菌草技术有一定的优势。但是在实践中工厂化企业和农户处于平行的生产领域。近年来，有些地方出现了"工厂式菌包专业化生产+农户出菇管理"的生产模式，为菌草技术的推广提供了一个全新的思路。

"工厂式菌包专业化生产+农户出菇管理"是指工厂化企业购置食用菌生产原料经配料、拌料、装袋、灭菌、接种等工序制成菌包，在适当培养后，将菌包成品发送到订购菌包的农户，农户利用自家场地摆放菌包，进行出菇管理，采收出售。这样工厂化企业可以充分利用现代技术和装备，把食用菌生产前期烦琐复杂、高风险的菌袋生产过程规范标准，并进行专业化和规模化生产，然后分散到农户进行后期出菇管理，为缺食用菌生产设备、缺技术的农户从事食用菌生产成为可能，降低了菇农生产投资成本、技术风险和不良气候造成的风险，农户可以根据自有场地大小确定培养菌包数量。这种模式使企业和农户发挥各自优势，细化社会分工，形成"公司+农户"的产业化经营的模式。是切

实可行的、适合中国国情的，对促进食用菌标准化生产、产业升级和农民增收有积极意义。

借助"工厂式菌包专业化生产+农户出菇管理"这种新模式，通过建立更加容易操作的激励约束机制（如可以设立风险基金，对第一批采用菌草技术的菌包工厂化企业进行风险补助，由政府和企业共同分担市场风险、技术风险）来推广菌草技术，就能把食用菌工厂化企业，采用菌草技术的优势充分发挥，克服个体农户的技术和规模制约，采用效果不理想问题，为菌草技术的推广提供一个全新的思路，实现食用菌工厂化企业和农户的优势互补、政府与采用者互利共赢的目标。

菌草技术推广在一定意义上来讲是一种政府行为，但政府行为只是一种手段，它的目的是要借此催化出一种生产者的自觉行为。因此，需要逐步由以政府行为政策激励为主逐步向政府行为的市场激励过渡，随着政府推广行为逐步向市场化运作的转变，市场上出现多元化菌草技术采用模式，财政干预可以退出示范推广，政府以宏观管理为主，食用菌生产回归其本身的市场运行在市场化运作阶段，政府从主导推广的角色中淡出，它遵循市场运作的规律，转而负责宏观的调控与指导，分别服务于食用菌工厂化企业，菌草专业合作社，广大采用该技术的农户，协调他们之间的利益关系，一方面，保障市场的有序竞争；另一方面，保障广大农户的切身利益，实现菌草技术的长期应用和发展。

第五节　本章小结

菌草技术的优势在于能保护和改善生态，克服传统的用林木资源生产菌物以造成破坏森林生态的弊端，菌草技术采用结果具有很强的正外部性，但农户（企业）在采用菌草技术初期会提高成本、增加风险，在市场机制单独发生作用时，企业和农户会从自身利益角度出发将不会自觉采用，菌草技术很难自发地扩散。所以在技术应用的前期，必须依靠政府推动和财政扶持，以及政府推广部门前期先导性的示范推广，引导和带领农户和企业采用菌草技术。

实践中"工厂式菌包专业化生产+农户出菇管理"的生产模式，为菌草技术的推广提供了一个全新的思路。通过这种方式推广菌草技术，就能把食用菌工厂化企业，采用菌草技术的优势充分发挥，克服个体农户的技术和规模制约，采用效果不理想问题，达到工厂化企业和农户双赢的目标。

菌草技术推广在一定意义上来讲是一种政府行为，但政府行为只是一种手段，它的目的是要借此催化出一种生产者的自觉行为。当市场上菌草技术的供给和需求形成合力，需要逐步由以政府行为政策激励为主逐步向政府行为的市场激励过渡。政府行为的市场激励在于形成一种良好的市场环境，保障市场的有序竞争，协调多方参与菌草技术扩散的主体利益，实现菌草技术的长期应用和发展。

第八章
研究结论与政策建议

第一节　研究结论

（1）食用菌（木腐菌）的人工栽培，无论是古老的原木砍花自然接种法、传统的段木纯菌丝接种法，还是目前最为普遍的木屑袋栽技术，都是以阔叶树为生产原料。随着食用菌生产的迅猛发展，木屑袋栽食用菌由利用林业废弃物发展到大量砍伐阔叶林，"菌林矛盾"日趋突出。福建农业大学的专家经过不懈努力，研制成功了利用芒萁、类芦、象草等菌草栽培香菇、木耳等食用菌的菌草技术，为食用菌的可持续发展开辟了一条新的途径。随着福建省食用菌产业规模化、工厂化、专业化的快速发展和生态环境保护意识的不断增强，各地陆续出台了保护森林资源的政策，木屑等原料供应日趋紧张，棉籽壳、玉米芯等代料价格也不断上涨，所以推广应用菌草技术尤为迫切。

（2）菌草技术扩散过程是一个系统过程，它是由多主体参与，多环节、多层次组成，同时又受多因素影响的复杂过程，而且，各主体又通过多种途径影响菌草技术扩散的过程。政府农业技术扩散着眼于整个国家或社会的生存和发展，因而，在其技术扩散的宏观取向中考虑的是边际社会收益和边际社会成本。菌草技术是一种资源节约型的可持续农业技术，其技术以及物化产品具有公共产品的特性，而且菌草技术的创新和推广应用更强调的是其社会生态效益，具有典型的正外部特性。政府的职能和菌草技术的特性决定了菌草技术扩散的主要推动力量必须是政府；生产者（食用菌生产农户和工厂化企业）作为一个逐利的理性经济人，从自身利益出发追求收益最大化，较多考虑的是边际私人收益和边际私人成本，在采用菌草技术时必然会比较传统代料的成本和效益，只有当他能从中获取较高收益时，菌草技术才能被采用；本书通过对食用菌生产农户采用菌草技术生产花菇的成本和效益的计算，发现与农户采用传统木屑相比，生产效益有所提高，但并不明显。菌草技术在种植环节用工成本较高，政府对菌草的种植每亩 400 元的补贴，在一定程度上促进农户对菌草技术的采用。考虑到食用菌生产农户采用菌草配料栽培食用菌，需要付出学习成本和承担技术风险，一些地方政府在使用环节每袋补助 0.2 元，成本大幅降低，农户乐意采用，菌草技术推广扩散效果好。

（3）农户采用菌草种植食用菌技术受各种因素的影响，本书应用 Logistic 回归模型对影响因素进行实证分析，得出种植年限、菌草技术信息获取的难易、技术推广人员免费菌草技术指导或现场示范、政府菌草技术培训、参加菌菇专业合作社、菌草技术配套设施、是否兼业、木材管制、家庭人口数、政府补贴、农户人际关系、菌草技术难易、菌菇收入 13 个因素对农户采用菌草种植食用菌技术有显著影响。其中，农户的食用菌种植年限影响最大，菌菇收入的影响最小。在 13 个影响因素中有 11 个因素是正面影响，2 个因素包括是否兼业、菌草技术难易等是负面影响，其中种植年限的影响方向与预期相反。结果表明，农户的食用菌种植年限越长，农户积累的经验越丰富，学习和掌握新技术的速度越快，越容易接受菌草种菇技术。农户获取的菌草技术信息越多，对菌草技术越了解，越愿意采用。政府菌草技术培训和技术推广人员为农户提供免费的菌草技术培训和现场示范次数越多，农户对菌草技术更了解，采用积极性越高。合理的政府补贴方式更有利于加快菌草栽培食用菌技术的推广，农户参加菌菇专业合作社、菌草技术配套设施越健全，农户采用菌草种菇技术的可能性更大。食用菌种植专业户、家庭人口数越多、农户人际关系越广、菌草技术越容易的农户更乐意采用。木材管制越严格，农户越愿意采用菌草种植技术。

（4）食用菌工厂化栽培是食用菌产业发展的重要方向，随着食用菌工厂化企业的快速推进，食用菌工厂化企业对于菌草技术的采用具有独特作用和现实意义，研究菌草技术采用与扩散主体行为，不得忽视工厂化企业行为与菌草技术扩散的相互关系；食用菌工厂化企业，具备规模化、标准化、周年化等综合优势，与传统农户相比，采用菌草技术有一定的优势；工厂化企业其生产经营的特点以及较强的信息处理和技术试验创新能力，当传统原料供应紧张、价格大幅飙升时，在经济利益的驱动下，对采用菌草技术的意愿比较强，是较积极的菌草技术采纳者；食用菌工厂化企业，由于处于同一行业内，单个企业的采用行为对行业环境中的其他企业乃至整个产业都将产生影响，特别是已采用技术创新的企业对未采用企业采用决策行为的影响较大，食用菌工厂化企业之间的信息交流、从众心理、竞争压力是重要影响因素。

（5）菌草技术的优势在于能保护和改善生态，克服传统的用林木资源生产菌物以造成破坏森林生态的弊端，菌草技术采用结果具有很强的正外部性，但农户（企业）在采用菌草技术初期会提高成本、增加风险，在市场机制单独发生作用时，企业和农户会从自身利益角度出发将不会自觉采用，菌草技术很难自发地扩散。所以在技术应用的前期，必须依靠政府推动和财政扶持，以及政府推广部门前期先导性的示范推广，激励诱导农户和企业采用菌草技术。本书分别就传统农户模式、工厂化企业模式提出针对性的菌草技术采用激励政策，并首次提出借助"工厂式菌包专业化生产+农户出菇管理"这种新模式，通过建立更加容易操作的激励约束机制来推广菌草技术，为菌草技术的推广提供了一个全新的思路，实现食用菌工厂化企业和农户的优势互补、政府与采用者互利共赢的目标。文章最后指出，政府激励只是一种手段，它的目的是要借此催化出一种生产者的自觉行为。当市场上菌草技术的供给和需求形成合力，需要逐步由以政府行为政策激励为主逐步向政府行为的市场激励过渡，实现菌草技术的长期应用和发展。

第二节　政策建议

一、制订科学的补贴方案，调动农户（企业）采用菌草技术的积极性

一是加大补贴力度，扩大受益对象范围。现行的种植菌草补贴政策，对菌草技术扩散尤其是工厂化企业采用菌草技术起到很大的促进作用，在巩固已有成果的基础上，应加大补贴力度，扩大试点范围，鼓励更多的农户和企业采用菌草技术。二是优化补贴路径，种草和用草同时激励。由于现行的种植菌草补贴政策对小规模农户来说节本增效并不显著，因此，政府应对采用菌草种菇进行直接补贴，把政府的补贴转变为刺激菇农采用菌草技术的动力。三是实施典型奖励，发挥示范效应作用。政府应该对菌草技术采用的成功案例进行奖励，发挥他们的模范带头作用，激发其他农户（企业）采用菌草技术的积极性。

二、加大培训服务激励，减少农户（企业）菌草技术采用的风险

一是强化技术培训。继续办好菌草技术骨干培训班，通过骨干培训班让基层农技推广人员、工厂化企业技术人员、菌菇合作社带头人熟练掌握技术的基

本原理和方法，不断提高解决技术采用中的问题的能力；通过技术骨干深入田间地头为农户采用菌草技术排忧解难，通过现场示范使农户掌握菌草技术的操作流程，并通过实实在在的效果，激发农户采用菌草技术的热情。二是加强技术服务。政府可以定期组织一批专家赴各乡村开展多种形式的技术服务方式，讲解传授符合当地实际情况的专业知识，指导农户解决实践中存在的问题。三是加快菌草技术"简便化、标准化、本地化、系统化"。即将复杂的菌草技术简单化，便于当地农户的掌握和技术传播；将菌草栽培食用菌的各个环节进行量化，农户只需按专家提供的标准进行操作；将各种技术环节和影响生产的各因素进行组合集成，在基地进行示范生产和培训农户；使菌草技术适应当地的气候和适合当地群众掌握，这样才有利于菌草技术的采用与扩散，减少菌草技术采用的风险。

三、扶持菌草专业合作社，实现草粉供应的产业化、规模化

以草代木种植食用菌，一个较大的难题就是菌草干燥、加工、储存难，草粉保管不当容易变质，给菌草技术扩散带来不便。现行的激励政策，对菌草生产专业合作社的加工设备购置和新建仓储设施给予补助激励，起到良好的政策效应，实现常年为工厂化企业供应菌草粉，形成一头连接菌草种植户和基地、另一头连接食用菌工厂化企业的产业链。建议继续现行激励政策的同时，加大扶持力度，进一步培育菌草生产专业合作社，扩大覆盖面，实现草粉供应的产业化规模化。

四、鼓励菌包生产企业采用菌草技术，实现企业与农户的优势互补

"菌包专业化生产+农户出菇管理"的模式把前期烦琐复杂、高风险的菌包生产过程变为轻松简单规范标准，然后分散到农户进行后期出菇管理，使企业和农户发挥各自优势，细化社会分工，是切实可行的、适合中国国情的，形成"公司+农户"的食用菌栽培模式。通过"菌包专业化生产+农户出菇管理"这种模式，鼓励菌包专业化生产企业采用菌草技术，为菌草技术扩散提供了一个全新的思路，既能降低成本、提高生产效率，又能提高菌包成活率、降低技术风险，同时也能解决在菌草种菇补贴时一家一户难以界定的问题，实现食用菌工厂化企业和农户的优势互补、政府与采用者互利共赢的目标。

菌草技术扩散及其激励机制研究

五、强化约束机制，引导农户（企业）树立良好的生态环境保护观念

天然阔叶林是森林中最核心的部分，具有最完备的涵养水源、保持水土、净化空气、防洪减灾等生态功能。所以一要提高全社会对保护天然阔叶林重要性和紧迫性的认识，组织乡村干部进村入户大力宣传，引导农户（企业）树立良好的生态环境保护观念；二要通过运用批评、罚款等负激励手段辅助配合正激励措施，奖惩制度相结合，引导农户（企业）改变传统菌菇栽培模式、采用生态菌草技术，纠正群众毁林种菇行为；三要加大政策的执行力度，对天然阔叶树切实做到"山上禁伐、路上禁运、企业禁收"，切实加强对盗伐滥伐天然阔叶林行为的查处力度，并通过反面案例开展生态警示教育，加强生态保护的政策引导。

第二部分

菌草技术助力全球减贫

第九章
全球减贫事业的中国实践

第一节 贫困理论的发展

一、贫困理论概述

英国人口学家、政治经济学家马尔萨斯（Thomas Robert Malthus，1979）是世界上第一个研究贫困问题的人，他从人口增长与劳动生产率关系、人口数量与现实资源条件关系的视角，提出贫困问题难以避免，是一个现实的经济问题、社会问题和政治问题。马克思（Karl Heinrich Marx，1867）在其《资本论》中认为贫困的内涵是指生产资料贫困、生活条件贫困及精神贫困，而又可以进一步概括为物质贫困和精神贫困。布思·朗特里（Booth Rowntree，1901）通过大量的调查数据，从物质匮乏即"生存"角度，提出了家庭总收入水平不能维持纯粹体能所需的最低生活必需品的"绝对贫困"概念并进行深入研究。1943年，发展经济学先驱之一罗森斯坦·罗丹（P. N. Rosenstein Rodan，1943）在考察了东欧和东南欧国家的工业化进程之后，写了《东欧和东南欧国家工业化的若干问题》一文，提出了大推动理论。该理论的核心是在发展中国家或地区利用国内外资本，对国民经济中相互补充的部门同时进行大规模投资，以促进这些部门的平均增长，从而推动整个国民经济的高速增长和全面发展。同时，他还指出投资应集中于基础工业和公共设施上，并强调了政府在大推动过程中的作用。第二次世界大战后，世界殖民体系开始土崩瓦解，亚非拉地区的殖民地和附属国陆续成为独立国家，寻求自身的发展，在各自的工业化进程中，经历了日益严重的贫困现象。发达国家的一些经济学家也开始关注和探讨发展中国家的经济问题，各种发展理论相继问世，到 20 世纪 50 年代，形成了一个新的独立学科——发展经济学。真正对贫困问题的大规模研究也开始于此。1950

年，法国经济学家郎索瓦·佩鲁（Francois Perroux，1950）基于经济规律和不发达地区资源稀缺状况首次提出了增长极理论。该理论认为经济增长并非同时出现在所有地方，而是以不同的强度出现一些增长点或增长极，然后通过不同渠道向外扩散，并对整个经济产生不同的最终影响。

美国经济学家纳克斯（Nurkse，1953）在他于1953年发表的著作《不发达国家资本的形成》中探讨了贫困的根源。他指出不发达国家人均收入低，储蓄水平低，从而形成资本不足，生产规模难以扩大，劳动生产率难以提高而形成低产出，进而造成低收入，即"低收入—低资本形成—低收入"的恶性循环。他的这一理论被称为贫困恶性循环理论。随后，纳尔逊（R. R. Nelson，1956）提出了低水平均衡陷阱理论，从人口增长率与人均国民收入的角度探讨不发达国家的收入提高问题，认为发展中国家人口的过快增长是阻碍人均收入迅速提高的"陷阱"，必须进行大规模投资，使投资和产出超过人口增长，实现人均收入的大幅度提高和经济增长。在他们的基础上，莱宾斯坦提出了临界最小努力理论。这一理论认为发展中国家要打破低收入与贫困之间的恶性循环，必须首先保证足够高的投资率，以使国民收入的增长超过人口的增长，从而使人均收入水平得到明显提高，这个投资率水平即"临界最小努力"，没有这个最小努力就难以使发展中国家的国民经济摆脱贫困落后的困境。上述三人都强调资本在贫困产生过程中的作用，他们的反贫困对策都强调资本形成。

循环积累因果关系理论由瑞典经济学家缪尔达尔（Karl Gunnar Myrdal，1957）提出，他认为资源环境优越、交通条件便利、文化教育良好的地区通过已有比较优势能够获得更多发展机遇，实现更快发展，并不断扩大与落后地区的发展差距，造成"富者愈富、贫者愈贫"的发展失衡局面，更加加剧贫困问题的产生和恶化。对此，缪尔达尔认为有关国家特别是发展中国家必须进行针对性改革，加大贫困地区的社会公共服务投入，完善贫困地区的基本设施条件，有效提高贫困人口收入，缩小贫困地区与非贫困地区的发展差距，解决贫困地区和贫困人口发展问题。

自20世纪60年代以来，人力资本理论在西方得到迅速发展，对贫困的研究也越来越多地集中于人力资本视角。1960年，美国经济学家、人力资本理论创始人舒尔茨（Thodore W. Schults，1960）在其《论人力资本投资》一书中指出，传统的西方经济学中资本仅指物质资本的概念过于狭窄，不符合实际，认为资本还应该包括人力资本。人力资本包括质和量两个方面，质是指劳动者的受教育程度、技能、健康、劳动熟练程度等，量是指劳动力的数量。他认为在影响经济发展的诸因素中，人的因素最关键。经济发展主要取决于人的质量的提高而不是自然资源的丰瘠或资本存量的多寡。

自 20 世纪 90 年代以来，以印度学者阿玛蒂亚·森（Amartya Sen，1999）为代表的经济学家们构建了能力贫困理论。在森看来，贫困意味着贫困人口缺少获取和享有正常生活的能力，贫困的真正含义是贫困人口创造收入能力和机会的贫困。低收入是导致贫困人口收入能力丧失的一个重要因素，但并不是全部因素，疾病、人力资本不足、社会保障系统的软弱无力、社会歧视等都是造成人们收入能力丧失的不可忽视的因素。阿玛蒂亚·森的能力贫困理论给出的反贫困对策在于重构和提高个人能力，他认为更好的基础教育和卫生保健能够直接提高生活的质量，而且还可以提高一个人获得收入的能力，使其免于收入贫困。在此后的研究中，森逐渐地将社会排斥概念引入贫困分析中，这极大地扩展了贫困分析的视野。

普雷维什（Raul Prebisch，1962）和萨米尔·阿明（Samir Amin，1973）提出的依附论与以上理论截然不同。第二次世界大战后，虽然广大亚非拉国家摆脱了西方发达国家的殖民统治，先后拥有独立主权，但是它们在经济上依然依附于西方发达国家。依附论为了解释这种现象，将不发达国家的社会和经济发展看成是由外部力量制约的，是其他较强大的国家在统治着不发达国家。事实上，贫困的成因是多方面的，因此，消除贫困的对策也应该是多样的，各国的扶贫实践也证实了这一点。

国内学者的相关研究重点是农村贫困问题。从 20 世纪 80 年代中后期，中国政府开始实施全面的大规模扶贫计划，研究着重对贫困形成的原因、机理、贫困地区的类型、贫困与经济增长、贫困与收入分配、扶贫政策、科技扶贫、扶贫的治理结构等进行了探讨。董辅礽（1996）认为，贫困是生理方面、精神方面、社会方面的需要不能满足的情况。童星、林闽钢（1993）对贫困本质的认定从物质缺乏和机会缺乏两方面来定义。王国良（2005）所主编的《中国扶贫政策：趋势与挑战》一书对当时我国的贫困问题做出了详细、准确的描述，阐述了扶贫问题的多种影响因素，对未来中国扶贫实践的政策导向及制度框架设计进行了构建；黄承伟（2019）回顾中华人民共和国成立 70 年来中国农村扶贫开发的战略政策演进及其伟大成就，凝练中国特色扶贫开发的基本经验、最新发展，展望中国扶贫未来发展趋向，有助于全面系统展现中国特色扶贫开发道路，讲好中国扶贫脱贫故事，为全球减贫提供中国方案。

二、农业技术扩散与减少贫困

Herman 等认为，提高持续职业培训的参与度有助于劳动力质的转变，使劳动力能适应新的需求。政府应完善职业培训和规划的相关信息的传播机制。

Boukhatem 的研究表明，金融发展对于消减贫困有直接的作用。金融的发展为穷人获得各种资金来源拓宽途径，使交易更便利，为积累资产和平缓消费提供可能。

舒尔茨在《改造传统农业》一书中也认为，农业部门中自然资源禀赋、自然灾害、农民的生育行为、文化特征和制度安排等不是决定农业状况的基本因素。而导致传统农业停滞落后的根本原因在于资本收益率低下。在这种情况下，就不可能增加储蓄和投资，也无法打破长期停滞的均衡状态。由此，改造传统农业的出路在于寻找一种新的生产要素作为廉价的经济增长源泉。现代农业生产要素是打破农业长期形成的经济平衡的最强有力的手段，引进生产要素实际上就是技术进步。

汪三贵（1994）指出，中国的贫困主要是农村贫困，中国政府的大规模减贫计划也是针对农村贫困地区的。从总体上来看，中国农村在 20 世纪 80 年代中期已经摆脱绝对贫困进入温饱阶段。然而，由于区域发展的不平衡，贫困人口在一部分地区至今依然存在，并成为影响这些地区社会经济持续发展的重要因素；分析了中国农村的贫困状况、贫困分布特点以及形成的原因，并就技术扩散与缓解贫困进行深入的研究。科技扶贫是我国农村减贫战略的重要组成部分。新技术在贫困地区的推广和应用所导致的技术进步在推动贫困地区农业发展和解决贫困人口基本需求问题方面起到了重要的作用。汪三贵（1994）从发挥贫困地区比较优势的视角，把科技扶贫模式归结为三类，即资源依托型、资产积累型和技术驱动型。吴强（1998）对大别山地区科技扶贫中科技网络模式、乡村主导产品模式、能人带动模式、支柱产业开发模式进行了分析。卢淑华（1999）从社会支持系统的视角通过对救济式、科技扶贫和"公司+农户"三种扶贫模式的比较研究，说明了社会支持系统对农民脱贫致富的重要性。陆立银（2002）则把甘肃省科技扶贫实践中的模式总结为科技扶贫模式、多元化种植模式、粮牧互促模式、三位一体模式等。张峭（2007）从科技供需角度出发，把科技扶贫模式划分为科技需求型和科技供给型两类，科技需求型如专业技术协会扶贫、龙头企业扶贫和小额信贷扶贫等，科技供给型模式如产业开发带动模式、异地科技开发模式、科技网络推广模式等。张露（2009）分析了江苏省科技扶贫实践中形成的五种模式，包括科技帮扶合作社农户、科技帮扶基地农户、科技帮扶中介农户、科技帮扶农业园区农户和科技帮扶公司农户。

第二节　我国农村扶贫实践的历史演变

一、救济式扶贫阶段（1985 年以前）

自中华人民共和国成立以来，党和国家一直把扶贫，改善民生，提高人民群众生活水平当作头等大事来抓。每年的中央一号文件，都事关三农问题，农业、农民、农村一直被摆在社会发展的重要位置，特别是改革开放以后，对于经济体制的改革，使我国的经济发展步入了快车道，我国的扶贫工作也取得了巨大成就。贫困人口、贫困发生率都逐年显著下降。但限于国家整体经济实力和内外部发展环境，这个阶段的扶贫制度和政策的目标瞄准聚焦于具有普遍性贫困特征的农村地区，以及极端贫困集中的连片贫困区，具有明显的区域性色彩。根据贫困地区贫困人口数量，采用的是直接转移资金的"输血式"的扶贫方式，立足于解决贫困地区、贫困村、贫困人口最基本温饱问题，基本上以向贫困地区、贫困村、贫困人口提供衣物钱粮等基本生活需求物资为主，具有救济性特征。救济和补助在一定程度上有效地防止了更大规模的绝对贫困人口的出现，但是也在一定程度上造成了"等、靠、要"的依赖性贫困。

二、开发式扶贫阶段（1986~2013 年）

单靠传统单向性"输血式"扶贫，只能解决贫困地区贫困群众生产生活的"燃眉之急"，并非长久之计，难以从根本上解决贫困问题，必须增强贫困地区、贫困人口的自身发展能力，才能真正实现生产自救、稳定脱贫。因此，1984 年 9 月 29 日，中共中央、国务院发布《关于帮助贫困地区尽快改变面貌的通知》要求贫困地区、贫困人口根据当地资源环境、生产生活条件，立足自身，因地制宜，发展商品生产，增强自我脱贫能力，拉开了"开发式扶贫"序幕。1986 年出台的《中华人民共和国国民经济和社会发展第七个五年计划（1986~1990）》，将老、少、边、穷地区作为扶贫开发工作重点区域，把 18 个集中贫困区列为扶贫开发连片区域，把全国贫困县划分为国家重点扶持贫困县与省区扶持贫困县两类，为我国实施区域开发式扶贫提供了前提条件。1994 年2 月国务院决定实施《国家八七扶贫攻坚计划》，力争在 20 世纪最后的 6 年内基本解决全国 8000 万贫困人口的温饱问题。《国家八七扶贫攻坚计划》的实施极大地推动了扶贫开发的进程，使中国农村贫困人口迅速下降，1995 年底为 6500 万人，2000 年底则下降为 3000 万人，国家八七扶贫攻坚目标基本实现。

开发式扶贫是政府资助贫困地区开展生产性基础设施建设，包括农电建设、乡村公路、农田建设、水利工程建设等，促进与贫困人口关联度较高的产业发展。将区域开发放在优先位置，依托资源优势，按照市场需求，开发有竞争力的名特稀优产品。通过贫困地区的经济发展，增强自我发展能力，从总体上解决贫困问题，解决了贫困地区的实际问题和发展方向，农村贫困状况得以极大缓解，贫困问题从普遍性、连片性、绝对贫困向点状贫困和相对贫困转变。贫困问题不再是区域经济发展不足的问题，而是群体性贫困的问题。此后，贫困的主要人群已无法直接受益于区域发展的实惠，扶贫攻坚战略转向以人为本，直接针对贫困户。

三、决胜全面建成小康社会背景的精准扶贫阶段（2014 年至今）

经过几十年的扶贫努力，我国的扶贫任务取得了重大成就。截至 2014 年底，贫困人口下降至 9550 万人，贫困发生率下降至 7.2%。但同时，全国仍有 14 个集中连片贫困区、12.8 万个贫困村、重点分布在中西部的边远山区、边境地区和少数民族聚居区，其地形地势恶劣、基础设施薄弱、土地资源稀缺、自然灾害频发和农民文化素质低等，贫困程度相当深，脱贫任务艰巨。虽然自 1994 年国务院制定和公布《国家八七扶贫攻坚计划》起，我国已经实施了以贫困村为主体推进，产业扶贫和"雨露计划"为主要手段的一体两翼的减贫战略。但在城乡二元结构体制遗留的隐患下，农村大量劳动力外出，农村空心化严重，产业扶贫难以有效开展，减贫边际效益递减问题突出。

在此种背景下，2013 年 11 月，习近平总书记在湖南湘西扶贫攻坚调研时提出"实事求是，因地制宜，分类指导，精准扶贫"的重要指示。2014 年 1 月，中共中央办公厅详细规制了精准扶贫工作模式的顶层设计，推动了"精准扶贫"思想落地，其核心理念强调，要实施精准扶贫，瞄准扶贫对象，进行重点施策。精准扶贫理论有很深刻的政治内涵，包括执政党执政能力，政府职能与公信力，政治稳定与民主发展，国家治理与民族繁荣等内涵。中央制定了明确的目标，到 2020 年实现全部脱贫、全面小康，体现了执政党的能力、责任与职能特征，充分挖掘了体制内的资源，充分发挥社会主义国家的政治优势和体制优势，充分展示国家的治理能力。

精准扶贫是针对不同贫困区域环境、不同贫困农户状况，运用科学有效程序对扶贫对象实施精确识别、精确帮扶、精确管理的治贫方式。精准扶贫涉及公平问题，帮助贫困人群脱贫致富，解决社会资源分配不公问题，实现共同富裕，体现社会主义核心价值追求，实现人民生存权与发展权的基本要求。国家富强，民族振兴，全国人民共同享受时代发展的成就，共同实现中国梦。精准扶贫思想是中国政府当前和今后一段时期关于贫困治理的指导性思想，其生成的理论基础是"共同富裕"根本原则，现实基础是"全面建成小康社会"的宏伟目标。目前，在精准扶贫思想的内容中，精准化理念是核心要义，分批分类理念是基础工具，精神脱贫理念是战略重点。总之，扶贫要实事求是，因地制宜。要精准扶贫，切忌喊口号。做到扶贫对象精准、项目安排精准、资金使用精准、措施到户精准、因村派人精准和脱贫成效精准。精准扶贫思想是中国特色社会主义道路的又一重大实践，也是中国共产党兑现带领全中国人民走社会主义共同富裕道路的庄严承诺。

第三节　全球减贫战略

一、全球减贫任重道远

自从联合国大会于 1961 年决定设置联合国"发展十年战略"以来，国际社会一直致力于全球减贫事业，以解决发展中国家的贫困问题。多年来，很多机构和组织参与了全球减贫行动，取得了很大成绩。联合国开发计划署负责落实《联合国千年宣言》和《2030 可持续发展议程》等发展规划，为减贫提供专业建议、培训及其他支持措施。世界银行向低收入国家提供优惠长期贷款和赠款，从金融上支持全球减贫。发达国家提供减贫资金和技术援助，低收入国家具体实施减贫行动；国际非政府组织募集资金和人员参与减贫，在各方面的共同努力下，全球减贫事业取得积极进展。按照 2011 年国际购买力平价（Purchasing Power Parity，PPP）每人每天 1.9 美元的极端贫困标准估算，全世界极端贫困人口从 1990 年的 18.95 亿人减少到 2015 年的 7.36 亿人，贫困率从 35.85% 下降到 10%。不过，全球减贫仍然面临巨大挑战。

1. 贫困人口规模庞大

尽管 30 年来贫困人口减少了 70%，但剩下的 30% 仍然是一个不小的数字。同时也要看到，1.9 美元的贫困标准并未反映贫困全貌，世界上有更多人口处于贫困之中。联合国开发署 2019 年发布的《全球多维贫困指数》（*Multidimensional Poverty Index*，MPI）报告显示，全球共有 13 亿人处于"多维贫困状态"。

2. 各国贫困治理效果参差不齐

有些国家贫困人口有增无减。根据联合国《2015 年千年发展目标报告》的分析，千年发展减贫目标得以实现，主要依靠中国。中国之外的发展中国家减贫速度相当缓慢，甚至还在增加。例如，撒哈拉以南非洲地区的极端贫困人口从 1990 年的 2.78 亿人增加到 2015 年的 4.13 亿人，占世界贫困人口的一半以上。

3. 全球贫困治理资金不足

解决全球贫困问题必须投入巨额资金，但目前筹集的资金远远不能满足减贫需要。作为主要的多边发展援助机构，世界银行每年的资金承诺额维持在 600 亿美元。这同广大发展中国家减贫和发展需求有很大差距。同时，多数发达国家没有实现官方发展援助不低于国民生产总值 0.7% 的承诺，在相当大程度上限制了全球减贫事业的进展。2017 年，只有丹麦、卢森堡、挪威、瑞典、英国等国达到了 0.7% 的援助标准，德国、法国、日本等国均未达标，美国甚至只有 0.18%。

4. 发展中国家减贫能力不足

国际社会可以为减贫创造条件，但真正进行减贫工作的终究是具体的发展中国家，许多发展中国家没有能力根据本国国情制定减贫战略规划，也没有能力很好地执行减贫规划，从而制约了减贫工作的开展。

二、全球减贫事业的中国贡献

长期以来，中国政府高度重视贫困问题，设立了专门的扶贫机构，投入大量财力物力解决贫困问题。党中央、国务院连续制定了《国家八七扶贫攻坚计划》和两期《中国农村扶贫开发纲要》等扶贫规划，确定了开发式扶贫方针，实施精准扶贫方略，开展脱贫攻坚行动，着力消除贫困，取得了重大历史性成就，为全面建成小康社会奠定了坚实基础。改革开放以来，按照世界银行每人每天 1.9 美元的国际贫困标准，中国 8 亿多贫困人口脱贫，占同期全球减贫人口总数的 70% 以上。这是中国对全球减贫事业的最大贡献。

中国有组织有计划大规模的扶贫开发，特别是党的十八大以来实施的精准扶贫精准脱贫，为全球减贫事业贡献了中国智慧和中国方案。中国的成功经验不仅印证自身选择的正确性，而且给世界上那些既希望加快发展又希望保持自身独立性的国家和民族提供了全新选择。联合国秘书长古特雷斯指出："精准减贫方略是帮助最贫困人口、实现 2030 年可持续发展议程中宏伟目标的唯一途径。中国已实现数亿人脱贫，中国的经验可以为其他发展中国家提供有益借鉴。"

2018 年 12 月，第 73 届联合国大会通过《消除农村贫困以执行〈2030 年可持续发展议程〉》决议。这是联合国大会第一个关于农村贫困问题的决议。这个决议把中国农村减贫的经验同联合国 2030 年可持续发展议程有效对接，提出实现 2030 年可持续发展目标的新思路，为全球减贫提供中国智慧。该决议以中国农村扶贫实践为基础，提出消除农村贫困问题基本政策框架，要求加大基础设施建设、推广包容性金融、消除数字鸿沟、增加就业、推进高质量教育、加强社会保障体系建设等，呼吁实行精准扶贫方略，加强国际合作，制定农村发展战略，帮助发展中国家农村地区的经济和社会发展，构建人类命运共同体。这是一套消除全球农村贫困的完整方案，且经过中国数十年扶贫实践检验，对其他发展中国家有巨大参考价值。

三、国际减贫合作惠及多国

贫困是一个世界性难题，中国在致力于自身消除贫困的同时，秉持正确义利观，在义利相兼、以义为先原则指导下，积极开展南南合作，力所能及地向其他发展中国家提供援助，帮助广大发展中国家特别是最不发达国家消除贫困。70 多年来，中国向 166 个国家和国际组织提供了近 4000 亿元人民币援助，派遣 70 多万名援助人员，7 次免除最不发达国家对华债务，为 120 多个发展中国家落实联合国千年发展目标提供帮助……持之以恒为全球减贫事业提供强力支持、做出重要贡献，凸显出负责任大国致力于构建人类命运共同体的担当精神。

中国在全球范围内正在加快推进"一带一路"建设，让国际减贫合作成果惠及更多的国家和人民。减贫是"一带一路"沿线国家面临的共同问题，需要各国通力合作。做好国际减贫合作，重在打通民心。目前中国倡导的国际减贫合作新机制是有别于西方国家设立的援助机制，不附加任何条件，而且用参与式的方式充分考虑受援国基层社区百姓的需求。此外，这一新机制将合作国视为伙伴，让对方充分参与到减贫合作项目的管理中，使其有平等感和拥有感。这种新型的国际减贫合作将有利于改善合作国的民生，促进民心相通，为"一带一路"合作打下良好的民意基础。

第十章
菌草技术扩散与减贫实践

第一节　菌草技术国内推广扶贫实践

一、菌草技术为扶贫和保护生态而生

1983 年，林占熺随同福建省科技扶贫考察团来到老苏区福建省龙岩长汀县，他在河田镇罗地村看到的情景让他触目惊心——这里的"悬河"高出两边耕地一两米，"悬河"四周山丘荒秃、植被稀疏、耕地沙化，一派凄凉。"不闻虫声，不见鼠迹，不投栖息的飞鸟；只有凄怆的静寂，伴随着被毁灭了的山灵"，这段文字描述的是 1941 年的长汀。40 多年过去了，当年闽西的长汀、连城、上杭、武平仍是全国贫困县，还有贫困户 9.1 万户，49 万多人，人均年纯收入不到 200 元，人均口粮不足 200 斤；曾被誉为"红色小上海"的革命圣地长汀，已是福建省水土流失的重灾区。生态恶化与贫穷落后是一对孪生兄弟。种草治理水土流失、保护森林资源、以草代木栽培食用菌致富一方的强烈愿望，促使林占熺开始了菌草技术研究。

1986 年秋，用芒萁、五节芒等野草做原料栽培食、药用菌最终获得成功。香菇等食用菌是木腐菌的传统理论从此被否定，木、草、菌的学科界限从此被突破，一门全新学科——菌草技术从此诞生。

"菌草技术就是为了扶贫和保护生态而生的。" 2016 年 10 月 17 日，第三个国家扶贫日，国家"扶贫状元"、福建农林大学国家菌草工程技术研究中心首席科学家、菌草技术发明人林占熺教授在接受新华网专访时，对 30 余年的菌草扶贫历程，发出这样的感慨。

二、菌草技术国内推广扶贫历程

"星星之火，可以燎原"。自 1986 年起，菌草技术在福建省进行示范推广；1990 年后开始由福建向全国各地扩散，1991 年菌草技术被国家科委列为国家星火计划重中之重项目，1995 年，菌草技术被中国扶贫基金会列为科技扶贫首选项目；1997 年起先后被福建省政府列为对口帮扶宁夏、智力援新疆、对口帮扶重庆三峡库区、科技援西藏项目等。菌草技术目前已在全国 31 个省（市、自治区）的 487 个县（市、区）推广应用，在生态建设、扶贫减困、产业发展等方面发挥积极作用，林占熺也由此赢得"全国扶贫状元"的殊荣。

回顾 30 多年菌草技术在国内的推广，它经历了以下三个主要阶段。

1. 第一阶段（1986~1990 年）：福建省内示范推广

在最初的推广期，部分菇农自发到福建农林大学菌草研究所参加培训、学习，由菌草研究所提供技术、菌种、象草、巨菌草等草种，自己带回家栽培食用菌。尽管实现了以草代木栽培食用菌，但节约成本有限，而且新技术的采用存在一定的风险，政府又没有激励措施，所以推广范围不大。之后为了让群众能进一步了解菌草技术，1988~1989 年，福建农学院菌草研究所和福建省尤溪县科委采用技术承包的方法合作推广菌草栽培香菇。由技术方直接与农户签订协约：如果生产示范不成功造成菇农亏损，那么每袋由技术方赔偿 0.1 元；如果栽培成功，那么每生产一筒菇农付给技术人员 1 分钱作为旅费补贴。这是不平等的协约。四名技术人员耗时半年手把手指导农户，在福建省尤溪县溪口镇、梅仙乡示范生产香菇 5.23 万筒，37 个示范户全部获得成功，引起县领导和省有关部门的重视，也为全国重点林区运用菌草技术发展菌草业提供了成功经验。

这是菌草技术推广初期，一种较有效的做法。由于是技术人员面对面、手把手指导菇农并且与农民利益挂钩，风险共担，对确保示范生产获得成功十分有效，引起了政府相关部门的重视。但是，这种方式只能适宜小范围小规模发展。而且协约技术方的利益无法保障，生产成功后技术服务费难以收取。这种方法无法形成规模，难以产业化发展。

1990~1991 年，福建省科委、三明市政府和福建农学院把菌草技术列为三明市科技兴农项目，项目推广经费 8 万元，由福建农学院菌草研究所、福建省尤溪县食用菌办、尤溪县科委联合承担该项目，在尤溪县示范推广。共示范推广菌草栽培香菇、毛木耳等食用菌 2024.4 万筒（袋），增加产值 4426 万元，降低成本 228.4 万元，节省木材 16118 立方米①。国家及省、市有关部门领导和专家到实地考察后一致认为，运用菌草技术发展菌草业是一条林菌两旺、千家万户可参与致富的可持续发展的新路，是可以形成支柱产业的好项目。

具体做法体现以下三点：一是分三级培训，县、乡技术员、村干部、重点示范户到福建农林大学菌草研究所培训，乡、村干部和示范户在当地所在乡举办培训班，菇农在所在村和现场培训，凡参与生产示范的菇农均参与培训，保证技术到户。二是建立示范户、示范村、范乡，形成各具特色的示范点，有效带动周围村庄群众发展菌草生产。三是成立专业经营公司 20 余家，这些公司解决了产品的销售问题。通过在尤溪县大面积应用推广的实践证明，第一，菇农是能够接受和应用菌草栽培食用菌技术的，如果有政府的政策引导和资金扶持，是能够大面积推广的。第二，林区也须要推广菌草技术。

1991 年，菌草技术被福建省科委、国家科委列为"八五"国家星火计划重中之重项目，是国家级星火十二个重中之重的项目之一。通过国家级"八五"星火项目的实施，经国家科委验收，仅福建省菌草栽培食（药）用菌推广至 51 个县（市），规模达 12.39 亿筒（袋），累计增加就业 49 万人，增加产值 22.46 亿元，节约木材 51.26 万立方米。福建省较大规模的应用了菌草技术，为菌草业的发展积累了一定的经验，打下了一定基础。但第一由于经费有限，所拨资金只够培训和召开必要的会议，难以向产业化发展；第二是生产示范点太散，面过广，难以凸显技术的规模效益。

2. 第二阶段（1996~2013 年）：西部扶贫开发，产业化发展

1995 年，菌草技术被中国扶贫基金会列为科技扶贫首选项目，西部各省都先后从福建农林大学引进菌草技术，扶贫开发效果显著。

1995 年，陕西汉中地区引进菌草技术，在全区 11 个县（区）的 112 个乡镇、331 个村应用，到 1999 年共栽培食药用菌 2038 万筒，鲜菇总产量 2649.48 万千克，新增产值 5248.35 万元，农户纯收入 2414.24 万元，已有 2.5 万户，9.5 万人因此脱了贫②。陕西省彬县自 1997 年 4 月起，运用菌草技术发展菌草窑洞经济，利用当地废弃窑洞作为菌草栽培食用菌、药用菌的场地，变废为宝，节约了大量的投资，成为当地农民脱贫致富的新途径。

1997 年 4 月，时任福建省委副书记、福建对口帮扶宁夏领导小组组长的习近平把菌草技术列为帮扶宁夏项目，应用于科技扶贫和生态综合治理。林占熺带着团队来到宁夏，在彭阳、盐池等 9 个县区建立食用菌示范点，开展技术培训，发展菇农 1.7 万农户，带动户均增收 8000 元。菌草技术在宁夏迅速推广开

---

①② 福建农林大学菌草研究所。

来，被誉为"东西协作扶贫的希望"。菌草技术在宁夏扶贫开发的时间长，范围广，经济和社会效益显著，经验丰富。

1999 年内蒙古通辽市，引进菌草技术，建 40 亩菇棚，安置了 180 个下岗工人再就业。

1999 年四川省，引进菌草技术，在全国政协副主席杨汝岱的关心下在成都建立了四川省菌草开发研究中心，集科研开发、示范、推广于一身，成为西南地区的菌草技术培训开发中心，为农民脱贫致开辟了一条新的路子，并在发展菌草业和农业循环经济有机结合等方面取得了新经验。

2001 年，菌草技术被列为福建省智力支持新疆昌吉州项目。州党委、州人民政府把菌草业生产作为重点发展的产业和新的经济增长点，把建立天山菌草产业带列入各级干部考核的内容。到 2003 年，生产阿魏菇 2095 万袋，实现产值 5875 万元；双抱菇 372.4 万平方米，实现产值 9232 万元；其他菇类 611 万袋。全州菌草业实现产值 20480.3 万元，全州 75 万人，农牧民通过菌草业人均获得纯收入 116 元。

2011 年 7 月，科技部、西藏自治区部区会商会议决定把发展特色菌草产业作为福建科技援藏的一项重要内容。当年 8 月在西藏林芝地区菌草治理流沙试验就取得突破性进展，菌草能在较短时间内重建沙地植被，固定流沙，生物生产量高，同时营养价值高，适口性好，可作为牛羊的优良牧草，生态经济效益显著。

3. 第三阶段（2014 至今）菌草技术推广与精准扶贫工作相结合

甘肃省定西市是中国重点贫困地区之一，21 世纪初，定西市委、市政府引进菌草技术，把发展食用菌产业作为调整农业结构、发展特色农业的重要举措；2017 年菌草引种及示范推广被列为"福州—定西东西部扶贫协作"重点项目，在福州、定西两市密切配合下，项目实施在助力脱贫攻坚和黄河流域生态治理方面发挥了积极作用。2017 年，引进试验示范种植菌草 400 亩，2018 年，在引进试种成功的基础上，在安定、临洮等 5 县区推广种植菌草 2202.7 亩，带动 5 县区建档立卡贫困户 774 户增收；2017 年定西市菌草推广种植面积 9235 亩，项目带动 6 县区建档立卡贫困户 986 户脱贫。

2013 年，经过考察论证，延安市政府决定从福建农林大学国家菌草技术中心引进菌草技术，并作为全市重大科技成果转化项目进行试验示范推广，将菌草业作为促进全市产业升级、科技扶贫和农民增收的战略型新兴产业培育发展。从 2014~2017 年，仅延安市延长县、子长县等 13 个县区，种植菌草 2 万亩，对当地突破饲料短缺瓶颈、发展牧业和菌业、实施精准扶贫正在发挥积极而深远的影响。

2016 年，国家菌草工程技术研究中心黔西南分中心成立并在贵州黔西南州建立喀斯特石漠化区域菌草生态治理与产业发展示范基地，服务黔西南州建设"西部草都"和牛羊肉、食用菌生产供应基地的需求，通过示范基地服务一批企业和农民合作社，开展精准扶贫工作成效显著；之后在黔东南州、安顺市、毕节市等多个县区等地规模应用，目前已种植菌草 20 余万亩，菌草技术已成为贵州发展山地生态畜牧业和精准扶贫的首选项目。

第二节　菌草技术扩散助力全球减贫

一、中国对外援助与合作

中国是世界上最大的发展中国家。在发展进程中，中国坚持把中国人民的利益同各国人民的共同利益结合起来，在"南南合作"框架下向其他发展中国家提供力所能及的援助，支持和帮助发展中国家特别是最不发达国家减少贫困、改善民生。中国以积极的姿态参与国际发展合作，发挥了建设性作用。中国提供对外援助，坚持不附带任何政治条件，不干涉受援国内政，充分尊重受援国自主选择发展道路和模式的权利。相互尊重、平等相待、重信守诺、互利共赢是中国对外援助的基本原则。几十年来，中国与发展中国家同命运、共发展，积极倡导、推进"南南合作"，共向 160 多个国家和国际组织提供了约 4000 亿元人民币的援助，派遣 60 多万人次援助人员支援发展中国家建设，为全球范围的"南南合作"树立了良好典范。同时，中国为超过 120 个发展中国家提供了力所能及的帮助，积极落实联合国千年发展目标，展现了负责任大国的形象，得到国际社会一致认可。（国务院新闻办公室，2014）中国是南南合作领域活跃的"造血"者。中国不仅授人以鱼，更坚持授人以渔。在对其他发展中国家的援助和合作中，通过人力资源开发、技术合作、能力建设等方式，与各发展中国家分享适用技术和发展经验。近年来，中国更与有关方面共同努力，以金砖国家合作为代表带动的"南南合作"如火如荼地开展，倡导并大力推动了金砖国家新开发银行、亚洲基础设施投资银行等机制建设。同时，中国积极倡导"一带一路"，大力推进国际产能合作和互联互通建设，为周边国家乃至全球发展提供了新的公共产品，大大增强了发展中国家的整体造血功能，促进各国共同发展。（经济日报，2016）

农业发展对发展中国家减少贫困至关重要。我国政府的农业对外援助促进了发展中国家的农业和农村发展，援建的农业项目促进了受援国农业生产能力的提升，增加了粮食和经济作物的产量，并为发展轻工业提供了原料。实践证明，农业科技援外项目不仅是我国政府帮助发展中国家发展农业生产、解决粮食安全的重要举措，也是我国外交工作的一个重要组成部分，更是促进我国农业"走出去"的重要战略途径。通过这种形式，既帮助了受援国发展农业生产、解决贫困问题，又展示了我国农业科技实力，为今后扩大双边农业合作搭建了平台，奠定了基础。近年来，随着世界经济的高速发展，粮食安全问题愈发成为国际社会高度关注的全球性问题，我国政府把以减轻贫困为目的农业，作为对外援助的优先领域。中国通过援建农业技术示范中心、派遣农业专家提供咨询和开展技术合作、培训农业技术和管理人员等方式，积极帮助其他发展中国家提高农业生产能力，有效应对粮食危机。农业科技对外援助的力度不断加大，在受援国政府的密切配合，以及国内各部门和广大援外人员的共同努力下，中国的对外援助不仅响应了中国的总体外交战略，而且也在国际社会产生了巨大的影响力，取得了很好的效果。

二、菌草技术援外与国际合作

由于菌草技术兼具经济效益、生态效益、社会效益等诸多优点，所以它在受到国内高度重视的同时，同样受到国际发明界、菌业界和政府的重视。20 世纪 90 年代中期，菌草技术开始了对外援助的国际化进程，二十多年来，菌草技术在国际合作中成效显著，其在国际间的推广应用为我国开展和平外交和构建人类共同体做出了重要贡献，合作的主要形式有专利技术转让、技术培训、技术援助、与政府合作技术推广扶贫等。1994 年菌草技术被联合国开发计划署和粮农组织列为"中国和发展中国家优先合作项目"，并被选为"南南合作"项目；1996 年联合国粮食及农业组织（FAO）驻华代表库瑞希视察福建农林大学菌草研究所，认为运用菌草技术发展菌草业和联合国粮食及农业组织的"保护环境、解决就业、消除贫困"三大目标相吻合："在新世纪，运用菌草技术发展菌草业将成为发展中国家保护生态环境、增加就业、消除贫困的重要途径"。

1998 年，中国商务部和福建省政府把菌草技术列为援助巴布亚新几内亚的项目，在巴新东高地省鲁法区建立了菌草生产示范培训基地；自 2000 年以来，巴布亚新几内亚隔年召开一次全国会议和国际会议，菌草业发展和应用菇类作为药物方面取得了系列的成果，为南美洲生态菌业菌草业的发展打下了良好基础；2004 年，南非夸祖鲁纳塔尔省和中国福建农林大学合作、耗资 1800 万兰特，在那夸尔省西德拉建菌草生产示范基地，把技术性较强的菌种制备，菌筒生产等在基地由经过专业培训的技工进行，当菌草技术本土化后，通过社区和有关部门合作，采用菌草旗舰计划的方法实施，受到当地政府和群众的欢迎；在 2006 年的中非合作论坛北京峰会上时任国家主席胡锦涛宣布我国要支持建立十个援非农业技术示范，我国商务部已将菌草技术列为援助卢旺达农业技术示范中心项目，同期商务部还将菌草技术列为莱索托项目。得到受援国的高度重视。2017 年，被列为中国—联合国和平与发展基金项目，成为落实联合国 2030 年可持续发展议程、助力全球减贫事业的重要农业技术。

菌草技术援助发展中国家，不仅促进发展中国家农户脱贫致富，还巩固、增进了我国与发展中国家的友谊，扩大中国的国际影响力，提升了国家外交形象，为我国和平发展做出贡献。菌草技术已成为福建省乃至我国农业科技对外援助的一个品牌。截至 2019 年 6 月，菌草技术交出的一份沉甸甸的援外成绩单：通过援外和国际合作，先后共举办 202 期菌草技术国际培训班，为 106 个国家培训学员 7817 人，并在巴布亚新几内亚、斐济、莱索托、卢旺达、南非、马达加斯加、尼日利亚、中非、厄立特里亚、马来西亚、缅甸、泰国、朝鲜 13 个国家建立菌草技术培训示范中心或基地，为菌草技术全球推广打下了良好的基础。目前，已有中、英、韩、俄、日、西班牙、阿拉伯、泰、皮金、法、祖鲁等 15 种文字在传播菌草技术。

第三节　菌草技术在贫困地区扩散的影响因素分析

农业技术扩散是指一项农业新技术在一定时间内，通过某种渠道，在社会经济系统中进行传播、适应的过程；农业技术扩散包括农业技术推广和农业生产者的技术采用，农业技术推广是农业技术扩散的最主要渠道（陈玉萍等 2010）。在农业技术扩散与传播的过程中，农业技术推广的各项活动促进了农业技术的扩散，农业技术推广起着主导作用。相反地，一项农业技术如果不进行推广活动是难以真正在农业生产上扩散的。农业技术的采用主要是指一个具体的或单个的农业生产者，在生产过程中，根据自身的特点以及根据自然、经济和社会等环境因素的变化，进行调整而产生的一种有目的的行为，它是一个个体农业生产者的生产决策过程。而农业技术的扩散或传播是指农业技术在较大区域中被群体农民采用，是由众多的个人采用新技术的行为总和，是人们普遍采用的过程。农业技术的采用与扩散是互为前提的，一种农业新技术只有被生产者采用才能扩散，技术的采用速度决定了技术的扩散程度，技术的扩散过程包括了技术的采用过程。

农业技术采用的过程，也就是农业生产者了解和掌握一项农业新技术，最终接受并使用技术的过程。这个过程主要通过农业推广人员进行宣传、教育、试验、示范等活动来完成。当技术传播到一个社会系统（如一个村）后，首先采用的是创业型农户，通过创业型农户逐步影响和带动学习仿效型农户，又通过学习仿效型农户带动传统农户。通常一些具有创新意识的农业生产者接触和了解并决定采用一项新技术，当取得较好的效果后，农户之间就会相互模仿、互相学习和交流，农业新技术就会在社区或农村推广开来。

从农业生产者的角度，技术采用是一个动态的过程。最初，生产者会收集技术"硬件和软件"方面的信息以及已经采用该技术的生产者对技术的评价信息；然后根据自身土地、资本、劳动力、人力资本等资源条件，再加上生产者本身的风险偏好等这些因素进行综合考虑，以决定是否采用该新技术。在这一时期内，农业生产者可能试验性地使用新技术或者部分采用新技术。随着下一个生产周期的到来，农业生产者为了实现收益的最大化，在正式生产之前根据以下几个条件决定技术采用类型，以及不同作物之间土地分配和可变投入的使用：上一时期获得的作物产量、收入和利润，采用新技术过程中所获得的新的关于技术的信息和生产经验，以及本期农业生产者自身的资源禀赋状况。在一个周期的农业生产与技术采用之后，生产者对新技术的信息了解得越来越多，生产者自身资源禀赋得以改善。这样，生产者进入下一个生产周期，并作出技术采用决策。因此，从时间维度上来讲，农业生产者的技术采用是一个动态的决策过程。农业生产者技术采用受很多因素的影响，本章重点分析考察这些影响因素。

农户采用菌草技术的决策是多种因素相互作用的一个动态的、复杂的过程，不仅受技术自身因素的影响，还受到农户禀赋、政策环境和技术推广服务等因素的影响。

1. 菌草技术因素

菌草技术作为一种生态农业技术，在推广应用过程中受多种因素的影响，技术自身的因素对其有重要的影响。农户是否采用某项新技术受多种因素的影响，技术自身的因素对其有重要的影响。对农户来说，首先对新技术要有充分的了解，如果不了解，甚至都没听说过，即使该技术具有很大的优越性，农户也不可能采用这项新技术。即使了解了某项技术，农户也不一定采用，农户在农业生产经营决策中，决策动机的前提条件是利益的最大化，即采用新技术的收益预期，同时还考虑新技术的成本和可操作性、新技术的配套设施等。新技术成本越低，配套设施越完善，可操作性越强，即新技术越容易掌握，农户对新技术的兴趣就越高。菌草技术受援助国主要是经济较不发达的发展中国家，有些国家以前菌类产业空白，地理气候条件各异，新技术本身的成熟度、地区适应性是影响农业扩散的重要因素。

2. 农户禀赋因素

农户禀赋主要是指农户本身及家庭禀赋，即农户家庭成员和整个家庭所拥有的包括天然所有及其后天所获得的资源和能力（方松海，2005）。农户是农业生产的决策者，尤其是户主，其自身禀赋的高低对农户技术行为的选择产生直接的影响；农户能否顺利进行菌菇生产与家庭所具备的资源有关，家庭禀赋决定着家庭资源。农户个人及家庭特征因素，例如受教育程度、风险偏好、家庭收入等对菌草技术的选择有直接的影响；我国西部地区和发展中国家贫困农户长期生活在只能糊口甚至难以糊口的困难境界，对风险的承担力低，存在安贫、依赖乃至自卑的心理，从而成为接受新技术的影响因素。

3. 政策环境因素

政策环境因素对农户的技术选择有着重要的影响。农业生产总是在特定的制度下进行，既定的制度框架影响着农户的技术选择，制度的完善程度对农户技术选择起着决定作用。农业制度主要体现在政府的技术政策，农业技术政策通过调整控制农业产业结构来确定技术目标，构建技术体系等宏观方面对农业技术进行规定和指导，从而影响农户对技术的选择。当地政府在菌草技术推广过程中，是否采取进行补贴、提供免费培训等激励政策对新技术的推广应用起着关键的作用。一项新技术在推广应用初期，总会面临着种种困难，特别是如何让那些对菌草技术一片空白的贫困农户去接受并采纳该技术，因此，政府必须创造一个较好的政策环境，帮助新技术的推广应用。

4. 推广服务因素

通常情况下，项目推广不能缺少示范带动，菌草技术推广也是如此。农户对新技术的选择，虽说是由农户本身作出决策，但在决策过程中，往往受到外界因素的影响。推广服务体系在推广中往往起到"四两拨千斤"的杠杆作用，是影响农户采用菌草技术的重要外因。技术推广人员的免费技术指导和现场示范指导，解决农户在种植栽培过程中遇到的各种问题，使农户对菌草技术更加了解，对菌草技术掌握更加全面，更愿意采用菌草技术。对外援助不但是双方国家技术层面的交流，而且是两国文化层次的交流。然而，国内派遣的农业专家、技术人员，他们少有国外生活经历，而因工作需要，经常要与当地农户进行直接交流，由于语言和文化方面的差异，到国外进行菌草技术培训指导也需要有一个适应的过程，这在一定程度上增加了技术培训和示范指导的难度和复杂性。

第十一章
菌草技术国内推广实践
——以西部扶贫与生态治理为例

第一节　菌草技术扩散助力闽宁对口扶贫协作

一、闽宁对口扶贫协作

"善为国者，遇民如父母之爱子，兄之爱弟，闻其饥寒为之哀，见其劳苦为之悲。"[①] 摆脱贫困，让改革发展成果更多更公平惠及人民，逐步实现共同富裕，这是中国共产党人矢志不渝的奋斗目标。秉承改革开放总设计师邓小平同志提出的"两个大局"重要战略构想（沿海地区先发展起来，内地要顾全这个大局；发展到一定时候，沿海帮助内地也是个大局），在中国进入"八七"扶贫攻坚的重要阶段，1996 年 9 月召开的中央扶贫开发工作会议做出了推进东西对口协作的战略新部署，其中确定福建对口帮扶宁夏。

宁夏作为我国少数民族地区之一，自然环境较为恶劣，贫困人口众多。1996 年 10 月，由时任福建省委副书记习近平为组长的"福建省对口帮扶宁夏领导小组"正式成立；1997 年 4 月，习近平同志率团来到宁夏，开始为期 6 天的对口扶贫考察，并在银川召开了闽宁对口扶贫协作第二次联席会议，会议把菌草技术列入对口科技扶贫合作的项目之一，开启了宁夏菌草扶贫之路。

二、菌草技术扩散的宁夏扶贫之路

1997 年 4 月，林占熺带领福建农林大学菌草研究所技术团队到宁夏，确定

---

① 出自西汉刘向的《说苑·政理》。这是习近平在 2015 年 10 月 16 日减贫与发展高层论坛的主旨演讲。

在彭阳开展菌草技术示范推广。彭阳县所处的宁夏南部西海固地区，素有"贫瘠甲天下"之称，是全国最贫困的三个地区之一，当地生态环境相当脆弱，历史上也没有过菌类生产记录。如何运用菌草技术扶贫是一个新课题。在宁夏菌草技术扶贫的实践中，遇到三大难题。一是在实施对口扶贫之前的扶贫方式主要是给钱和物的输血型方式，而技术扶贫是造血型的，如何从给钱给物的扶贫方式转为给技术的扶贫方式；二是参与运用菌草技术发展食用菌生产的农民，由于历史和自然条件的原因，贫困农民的文化和科技素质普遍较低，如何使菌草技术进入千家万户，让这些农户掌握现代生物技术——用菌草技术发展食用菌生产；三是千家万户的小农户如何适应千变万化的大市场。从扶贫的角度来考虑，参与食用菌生产的农户数越多越好，但是菌草技术生产的主要产品为各种菌菇类产品，生产的目的并非满足农户自家的消费，是商品生产。由于技术和资金的限制，农户只能进行小规模生产，而食用菌的市场主要是远离生产地的大城市市场和国际市场，本地本省市场有限。大市场和国际市场风云变化，千家万户的小规模生产如何适应千变万化的国内外市场。这是所有参与菌草技术扶贫开发的人员十分担心的事情。以上三点是困扰菌草技术扩散的难题，也是中国其他地区和国际菌草技术扶贫共同遇到的问题。宁夏在这方面已取得了可喜的成功经验。

1. 技术培训，并设立菌草技术示范点

具体做法是组织各地、县、乡分管领导到菌草技术发明单位福建农林大学学习，到福建食用菌生产主产地参观，通过学习、考察看到菌草业在宁夏发展的前景、认识到运用菌草技术发展菌草产业扶贫的好处。同时，由菌草技术发明人和福建农林大学的专家到宁夏举办各种类型的培训班，向干部群众系统地介绍菌草技术，并结合西海固地区的实践提出宁夏菌草技术扶贫的实施办法，自 1997～2003 年举办多次省一级的菌草技术骨干培训班，600 多名干部、技术人员参加学习。进一步了解菌草技术扶贫工作的意义和实施办法。

农民是最讲实际的，要使贫困地区农民接受从物质扶贫转变到技术扶贫光上课开会是不行的。必须使农民看得见，摸得着，能得到比物质扶贫更多的实惠又无后顾之忧。为此，在项目实施之初，首先要选择示范作用大的地方建立菌草技术扶贫示范生产点，组织积极性和素质较高的农户参与示范生产。

1997 年 4 月，在彭阳县小岔沟村和赵洼村建菌草技术扶贫示范点。由福建农林大学菌草研究所派出技术员驻点指导，27 个农户参与示范生产均获成功。示范户户均种菇收入 2000 元以上，其中，张生发当年种菇收入 5500 元，比他种 27 亩小麦的收入还高。

1998 年 4 月，在彭阳县示范生产取得初步成功的基础上，在闽宁两省区扶贫办的支持下，在永宁县闽宁村建闽宁菌草技术扶贫示范基地，示范栽培香菇、双抱蘑菇、杏鲍菇、平菇、毛木耳、茶新菇、灵芝等。

1999 年在彭阳县长城村和永宁县闽宁村各建立一个菌草技术扶贫专业村。200 多个农户参与示范生产，户均种菇收入 3000 元以上，高的达万余元。

2000 年起根据专业村发展的思路把参与菌草生产的菇农组织起来，相对集中连片发展，在宁夏南部山区各县发展 1~2 个重点乡，每个乡镇发展 1~2 个重点村和 10~20 个重点户，当年已发展 1000 余户农民种菇。

通过上述多方面的努力，干部和群众在菌草技术扶贫的实践中，逐渐认识到技术扶贫的重要性，渐渐地接受技术扶贫。到 2003 年推广到宁夏南部山区 10 个县（区），5000 多户农民栽培各种食用菌 7000 多棚，年创产值 3000 多万元，农民收入 2000 多万元；2004 年，仅彭阳县就有 1191 户农民种菇，产鲜菇 983 吨，菇农收入 442.5 万元①。

2. 技术到户，手把手、面对面的传授技术

菌草扶贫到户必须技术到户，为了使群众掌握技术，首先必须使菌草技术本土化，菌草生产是在自然条件下进行；其次应从当地具体情况应用和发展技术为主。具体做法，一是菌草技术本土化、简单化，逐步实现标准化。虽然菌草技术具有适应性广的特点，但是各地气候和资源条件不尽相同，因此，菌草技术的应用方法也不同。宁夏从当地实际情况出发，以农户能掌握技术为中心，把技术简化成群众易掌握的技术，简单再简单。为有利菇农掌握技术，先集中力量发展技术较简单、在当地市场比较容易开拓的品种—蘑菇。二是全程对菌草技术生产过程进行技术辅导。为此，福建农林大学菌草研究所每年派出 20~30 名技术员驻村、驻点，对所有参加菌草生产的农户根据生产实际集中或分散现场培训，有的技术员甚至与当地菇农同吃同住，对农户从事食用菌生产进行全程的技术辅导，在菌草栽培蘑菇的每个生产环节，面对面、手把手地现场指导。

3. 因地制宜，集中连片，整村发展

根据宁夏的自然条件确定栽培的品种和季节。宁夏全境海拔 1000 米以上，南部黄土丘陵海拔为 1600~2200 米。北纬 35°～39°。因此，为了便于开拓市场，生产菇类的品种选择在中国主产区高温季节不能在自然条件栽培的品种双抱蘑菇等中低温型的菇类，主要出菇季节安排在 5~11 月，与全国主要产区错开出菇季节，做到"人无我有""人有我优"；本区内各县的出菇季节也随着海拔的不同而适当错开，避免本区内各县由于出菇时间过于集中而形成区内市场的竞

---

① 福建农林大学菌草研究所。

争，这一措施有效地解决了销售难的问题。特别是在菌草技术推广初期，当地农户积极性不高，担心当地市场小，种植的蘑菇卖不出去的想法。为了解除他们的后顾之忧，团队和当地菇农签下了《菌草技术扶贫全程承包协议》，承诺不仅无偿提供菌草专利技术用于扶贫，还承担技术和市场风险，甚至贴出"安民告示"，菇农种出的菌草菇由工作队全部包销，时产时收，当场兑付，不打白条，并定出保护价，就高不就低。签了协议，工作队除了技术指导之外，还要跑市场。彭阳县长城村和永宁县闽宁村两个示范点的蘑菇，就是由通过工作队联系的销售渠道销往上海、西安、兰州和广州等市。

2000 年起根据专业村发展的思路把参与食用菌生产的农户组织起来，相对集中连片发展，凡是坚持集中连片整村发展做法的，一般食用菌生产第一年就能形成一定的规模，这样不仅有利于技术指导，而且有利于市场开拓，还可以减少水、电、路方面的基础设施的成本。具体做法，把菇农组织在交通方便、有一定水电的地方，由政府出面协调组织实施。例如，盐池县花马地镇盈得自然村，该村共 46 户，2004 年先示范生产 14 个菇棚，2005 年全村 46 户都发展食用菌生产，每户 2 个菇棚，两年内菌草产业成为该村的支柱产业。集中连片整村发展既有利于技术到村到户，迅速提高菇农的技术水平，又可以迅速形成规模，有利于市场开拓。多年实践证明这是一个成功的做法。

闽宁对口扶贫协作 20 年来，在两省领导的支持下，菌草技术向宁夏南部山区大面积推广，福建农林大学菌草研究所先后派出 15 批 205 名技术人员到宁夏传授菌草技术，开展菌草技术培训 500 余期，培训 5 万多人次，截至目前，在彭阳、盐池、永宁县闽宁镇等多个食用菌示范点，发展菇农 1.7 万户，种菇 1.7 万棚，带动农户户均增收 8000 元，增加就业 2.28 万人[①]。

尽管菌草技术在宁夏的示范推广取得经济、生态和社会效益三效并举的成效，但推广过程也存在一些问题，具体有以下四个方面：一是农户对菌草技术并不十分掌握，管理粗放，单位面积产量不稳定，影响生产效益；二是推广技术力量薄弱，本地专业技术人员数量不足，推广工作受到很大影响；三是老菇农巩固率差，一方面由于政府对老菇农扶持力度减弱，另一方面是因为贫困农户经济承受能力差，遇到市场价格波动便弃种；四是生产方式落后，在南方实现工厂化周年栽培菌菇后，宁夏的气候优势不再，竞争力低。

近年来，随着闽宁对口扶贫的深入，在闽宁两地政府、科研等部门的共同努力下，目前，宁夏菌草技术推广已由点到面，逐渐向产业化发展。食用菌生产已从最初的布局分散、产业化水平低下，逐步发展到集中连片、规模经营，

---

① 李旭．小蘑菇大收益　彭阳菌草产业见证闽宁协作 20 年 [J]．共产党人，2016（9）．

政府重点扶持企业，企业吸引农户，形成了"公司加农户"的新模式；彭阳县还建成了宁夏乃至西北地区现代化程度最高、规模最大的食用菌产业示范园，建成了多条工厂化生产线，菌菇品种也由原来的以双孢蘑菇为主发展到杏鲍菇、鸡腿菇、海鲜菇等多个品种，农户既可以在产业园上班，也可以把适合在家培育的菌袋领回去种；还创建了"六盘山珍"食用菌品牌，产品主要销往银川、西安、兰州和周边地区，为宁夏中南部地区摆脱贫困探索出了一条产业扶贫的路子，也为自治区发展设施农业打下了良好基础。此外，农民"利用荒山荒漠种草——用草养畜、种菇——用种菇后的废料种粮、草、果"，在发展菌草生产的同时，促进了畜牧业的发展，也有利于荒漠化的治理。从多年的生产实践来看，菌草产业市场潜力大，农民增收效益明显，不仅是一条产业扶贫的好路子，也是闽宁扶贫协作的一个好项目。

第二节　菌草技术扩散助推延安产业扶贫

一、科技成果转化与延安菌草产业成长

地处黄土高原的延安市，牛、羊存栏数分别为 20 万头、100 万只。发展畜牧业与保护退耕还林成果、封山禁牧矛盾突出。要突破制约舍饲养畜的瓶颈，必须引进有价值、易推广的饲草品种，大力发展人工饲草产业。2013 年，经过考察论证，延安市政府决定从国家菌草技术中心引进菌草技术，并作为全市重大科技成果转化项目进行试验示范推广，将菌草业作为促进全市产业升级、科技扶贫和农民增收的战略型新兴产业培育发展。通过典型示范带动，延安市以培养壮大延安新天然、润农、广育等龙头企业作为推进发展菌草产业的突破口，实施项目带动战略，推动产业链延伸发展，拓宽产业扶贫模式，促进菌草实现产、供、销一体化发展。从 2014~2017 年，仅延安市延长、子长等 13 个县区，种植菌草 2 万亩，对当地突破饲料短缺瓶颈、发展牧业和菌业、实施精准扶贫正在发挥积极而深远的影响。延安市菌草产业呈现勃勃生机，从原来的"以草代木"栽培食药用菌到现已向菌草菌物饲料、菌草菌物肥料、菌草生态治理、生物质能源与材料开发等产业链延伸，形成"菌草种植—生态治理—综合循环利用"产业发展模式。

延安市在菌草产业的发展中，起点高、视野宽，积极培育和延长菌草产业

链，使菌草产业的发展不断产生新的增长点。菌草产业呈现勃勃生机，成为高产、优质、高效、生态、安全的新型产业。

1. 选育优质饲草，积极支持畜牧产业发展

通过实验表明，菌草不仅是牛、羊、驴、猪、兔等草食动物的优质饲料，也可以饲喂鸡、鸭等家禽，同时也可以饲喂草鱼等水产品。家畜、家禽等动物采食菌草饲料之后，适口性好，采食速度快，营养均衡，抗疫病能力强，日增重效果明显。菌草不仅可作为鲜草直接饲喂动物，还可以制作青贮饲料和干草粉等饲料，有效解决 8 个月左右无草期的饲料问题，推动畜牧产业的快速稳定发展。目前从全国的发展来看，草畜产品的市场需求很大，发展前景广阔。因此，菌草作为一种优质、高产的草食动物粗饲料，具有极高的使用价值和推广价值，是拓宽饲草来源、增加农民收入、促进现代畜牧业可持续发展的首选饲草，还可填补玉米去产能后造成的产业空白。

进行菌草饲料化技术应用研究探索，通过菌草饲料化试验，探索出菌草饲养家禽家畜集成技术，为推进菌草产业发展、促进农业现代化建设做出贡献，助推延安市经济结构调整和产业转型，促进粮食、经济作物、饲草料三元种植结构协调发展。当地测算，种 1 亩玉米纯收入不足千元，菌草平均亩产 15 吨，纯收入 2000 元。菌草的亩产量是饲草玉米亩产量的 2.6 倍，且菌草粗蛋白含量达 13.4%，远高于玉米。用菌草养羊，每只羊日饲料成本降低 0.18 元。目前延安市存栏 100 万只羊、20 万头牛，一只羊一天需要干草 2 千克，一头牛一天需要干草 10 千克，一年共需要牧草 146 万吨。在一般管理水平下，菌草在延安市年亩产鲜草 15 吨，折成干草粉 3 吨左右（鲜草和干草的比例是 5∶1）。按延安市计划 2020 年种植 10 万亩菌草计算，可产鲜草 150 万吨，干草粉 30 万吨，基本可以缓解当地养殖业对饲草的需求，直接经济效益可达 6 亿多元。

为解决菌草在北方不能正常越冬等技术瓶颈，延安市由延安大学、延安职业技术学院、延安市微生物研究所联合组成"延安市菌草工程技术研究中心"，扶持建立了"延安市菌草产业技术联盟"，市政府先后多次召开全市菌草发展科技示范现场会，专门下发了《关于在全市大力发展菌草产业的通知》，把菌草推广种植列为全市重点工作。陕西省科技厅也将延安菌草产业列入陕西省科技统筹创新工程计划特色产业链项目，连续三年予以重点支持，累计投入近千万元。

2015 年 10 月，延安新天然农业科技发展有限公司与科技部门合作，在宝塔区温家沟建立了 1 个试验大棚，利用温室大棚冬季保温的特点解决菌草越冬问题，为大田种植提供种苗。2016 年 2 月，大棚里的种苗顺利过冬；同年 5 月底，大棚培育的菌草种苗出苗了。经过测算，大棚育苗株高 5 米，腋芽饱满，

完全符合做种苗的要求，而且本地出品的种苗减少了长途运输环节，有效保障了种苗的质量。随后，该公司分别在宝塔区温家沟和延长县安沟村建立了 36 个菌草育种大棚。该公司相关负责人介绍，菌草在大棚一次种植可以连续多年收割。每个标准大棚能提供 100~200 亩的种苗，按 300 元/亩的价格计算，一个标准大棚的产值是 3 万~6 万元，且菌草种植管理技术简单，普通农户都可以操作。2016 年，延安全市共培育种苗 103 棚，为菌草大面积推广种植奠定了基础，降低了生产成本，辐射带动了宁夏、西安、渭南、榆林等地区的菌草种植①。

2. 以草代木，促进食用菌产业发展

延安市微生物研究所、延安市技术转移中心、延安大学协同合作，在延安嘉康食用菌有责任限公司开展以菌草为主料栽培食药用菌研究试验，取得了阶段成果。采用以菌草为主料，搭配其他辅料的方式，栽培平菇 10 万袋并获得成功，利用菌草代替木屑、玉米芯等传统原料栽培平菇，每袋（3 斤干料）不仅可节约成本 0.25 元，生物转化率较传统配方可提高 20% 左右，产量提高 30% 以上。实践证明，菌草是栽培各类食用菌的最佳原料之一，以菌草为主要培养基培育出的食用菌和高档保健品成本低、营养价值优、效益好。目前全市约 30% 的食用菌企业和专业合作社均已开始采用菌草作为培养基栽培食用菌。

3. 发展菌草有机肥，为农业生产提供动力

2017 年 5 月，延安市生产资料总公司与陕西鄜州神鹿生态产业有限公司联合研发菌草有机肥，通过检测表明，菌草能在最短的时间达到有机肥发酵的最佳温度，提高了微生物活性。菌草的高蛋白、高纤维保障了有机肥的高有机质和高养分，是有机肥生产的优质原料。开展菌草肥料化利用，可帮助解决肥料不足、肥效不高的问题，促进黄土高原生态保护；推动菌草养畜过腹还田，生产大量优质农家肥，增加土壤有机质，减少化肥使用量，改善土壤结构，促进有机农业发展。特别是能有效解决延安市苹果种植土壤板结，有机质成分低下，亟须采用有机肥进行土壤改良的问题，巩固和提升苹果和粮食产业的发展。

4. 研制菌草保健品，支持健康产业发展

近两年来，延安市在菌草保健品的开发上也有所突破，与福建农林大学、延安大学等高校合作开发的菌草灵芝茶、菌草灵芝切片、菌草灵芝孢子粉等产品已经进入了小试阶段。延安市与福建农林大学合作研制的菌草鹿角灵芝，其主要功效成分是普通灵芝的 2~3 倍，是灵芝中的精品。尤其是灵芝孢子粉价格堪比黄金，长期食用具有增强免疫力、抗疲劳、保肝、抗肿瘤、调节血压、血

---

① 延安市科技局. 发展菌草产业　推进成果转化［N］. 延安日报, 2018-01-18.

脂、延缓衰老等功效。临床可用于预防和辅助治疗慢性支气管炎、神经衰弱、冠心病等多种慢性疾病。产品经科学加工，既不受任何污染，绿色环保，又不失原有的保健、药用价值。与延安大学合作研制的菌草灵芝茶，除以菌草灵芝和北虫草为主要原料之外，还添加了陕北特产红枣，不仅药用价值极高而且口感也得到了很大的改善。

除此之外，延安市已着手组织科研人员联合相关高校、院所开展以菌草生产乙醇、制纤维板、纸浆、颗粒燃料等产品的研究与试验示范，菌草产业已从每亩简单的以饲草为主的千元级产业，发展到食用菌、有机肥等万元级产业，再到保健品、纤维、造纸等 10 万元级产业，产业链进一步延伸，不断衍生出新的产品和产业。

二、延安市将菌草技术推广与精准扶贫工作相结合

习近平总书记指出，发展产业是实现脱贫的根本之策，因地制宜，把培育产业作为推动脱贫攻坚的根本出路。2017 年，延安市科技局充分发挥菌草产业的优势，把菌草产业作为重点脱贫致富产业，与扶贫开发进一步结合，利用菌草产业链长的特点，根据不同的扶贫对象，从产业链的种植、食用菌栽培、畜牧养殖等产业链条上找到扶贫突破口，引领带动当地群众脱贫，力促菌草产业扶贫走上可持续发展的路子。

为了引导支持带动贫困户脱贫，进一步助推精准扶贫，延安市科技局采用政府免费向贫困户提供种苗，并进行技术指导，支持贫困户发展产业。子长县瓦窑堡镇下冯家庄村贫困户张保红种植菌草 5 亩，饲养牛 6 头，年增收 2.3 万元。同时，在当地政府的支持下，他又饲养了 130 头猪，用菌草喂猪，可增收 5 万元；子长县李家岔镇郭家坪村贫困户高志龙种植菌草 8 亩，养羊 60 只，一年可增收 2 万元左右。同时引导延安市部分企业、合作社与贫困户签订菌草收购协议，并作为商品牧草销售，保证菌草销路畅通，增加贫困户的收入。建明肉牛养殖有限公司、富县鑫鸿牧业养殖合作社、子长鑫龙养牛专业合作社分别都种植 300 多亩的菌草，降低了饲草料费用，成倍提高了养殖收入，同时吸收贫困户进入合作社，发展养殖业脱贫致富。

延长县人民政府办公室下发了《延长县 2017 年菌草产业发展实施意见》的通知，明确规定对贫困户免费发放菌草种苗，同时给予每亩 100 元的补助；对于集中连片种植面积 30 亩以上实施菌草产业链延伸，收购菌草达到 500 吨以上的企业、合作社或农户给予 5 万元的资金补助，积极调动了全县种植户的积极性。如延长县永红农牧专业合作社与 37 户贫困户签订了菌草收购协议，按牧草

市场价全部回收贫困户种植的菌草，并辐射带动周边 200 余户发展菌草产业；延长县安沟镇黄古塬村民徐发军种植菌草 20 亩，共产鲜草约 210 吨，每吨鲜草按最低价 200 元计算，最低能收入 42000 元①。

　　延长县刘家河乡卫东食用菌开发有限责任公司，采用"公司+农户"的形式，采用菌草作为培养基加工菌棒，免费向农户发放，并对农户生产的平菇、香菇等食用菌回收后统一销售，这样既能带动村里困难群众脱贫，又能促进"一村一品"产业发展。目前，该公司已带动全村 300 多户农民走向了脱贫致富的道路。2018 年，延安市科技局为洛川县贠家塬村引进食用菌产业，通过免费提供菌草菌棒，并组织技术人员实地培训，选派贫困人员到食用菌企业学习等方式，支持贫困户发展。并给贫困户白桂宏、冯金平、贠延龙、冯建平、贠许仓、贠志明、贠益民、贠生虎 8 户免费提供香菇菌棒 4000 棒，预计收入 9 万元。

　　安塞区龙安和益博香菇示范园区围绕"政府搭台、合作社引领、农户参与、保底回收、全民共富"的精准扶贫工作思路，积极实施"一村一品、一乡一业"发展战略，合作社按照"低价售棒，技术支持，保底回收"的模式，广泛吸纳群众入社，目前已吸纳社员 97 人。现菌棒市场价每棒 5 元，而合作社只收社员成本价 4.5 元，对资金短缺的社员暂时只收 1.5 元/棒定金，待拿棒时交回剩余成本。合作社给所有社员承诺，能卖出高价的自由出售，确因出行不便、市场疲软等因素无法销售的，合作社以低于市场价 1 元的价格，保证全部回收，确保农户销路。合作社还明确凡是入社贫困户，以 1 万元产业扶贫资金入股，合作社不计盈亏，每年每户保证分红至少 1000 元，园区不解散，分红不间断。

　　2017 年 5 月，延安市科技局积极推进了延安市生产资料总公司与陕西鄜州神鹿生态产业有限公司联合研发菌草有机肥工作，通过对首批样品的检测表明，菌草的高蛋白、高纤维保障了有机肥的高有机质和高养分，是有机肥生产的优质原料。企业计划与周边贫困户签订种植收购菌草协议，带动周边贫困户尽早脱贫，为全市推广菌草有机肥生产奠定夯实的基础。

　　精准扶贫，产业先行。菌草产业是一项投资少、见效快、产出率高、可持续发展的生态型产业，可根据不同扶贫对象，从产业链的菌草种植、食用菌栽培、畜牧养殖等产业链条上找到扶贫突破口，引领当地群众脱贫。菌草有机质含量高，内含丰富的内生菌，具有熟化和改良土壤的功效。同时菌草水土保持效果好，对土壤的防冲能力和吸附雨水的能力比森林和农作物强，当年种植当年就能见效，可以有效改善生态环境，巩固退耕还林成果，建立绿色屏障。菌草产业在延安经过 7 年试验示范推广，结果表明，大力发展菌草产业，对进一

---

　　① 延安市科技局. 发展菌草产业　推进成果转化［N］. 延安日报，2018-01-18.

步巩固延安市退耕还林成果、治沟造地工程土壤改良和产业扶贫开发都能起到重要的推动作用。

第三节　菌草技术生态治理和精准扶贫的贵州实践

一、贵州农村贫困现状及其根源

1. 贵州省农村地区贫困问题的现状与特点

贵州是我国较为贫困的地区之一，截至 2017 年底，贵州省仍有贫困人口将近 300 万人，覆盖 14 个深度贫困县、20 个极度贫困乡（镇）和 2760 个深度贫困村，仍然是中国贫困面积最大、贫困程度最深、扶贫开发任务最重的省份，目前仍有数百万农村群众存在饮水困难或饮水安全问题，经济基础薄弱，每年都有大量农村人口因病致贫、因病返贫的现象发生。

概括而言，贵州省农村地区的贫困现象表现出如下几个显著的特点：一是贫困人口逐年减少，但相对贫困日益严重。近年来，贵州省扶贫工作的成效是十分显著的：贫困人口从 2012 年的 923 万下降到了 2017 年的 280 万，减少了 670 万；贫困发生率从 2012 年的 26.8 减少到了 2017 年的 7.7。但这些尚未脱贫的困难户缺乏必要的文化知识和劳动技能，社会资本、文化资本拥有量明显不足，以致全省贫富分化还在加剧，形成了经济收入方面的"马太效应"，相对贫困现象表现得相当突出。二是贫困户主要从事传统的第一产业。因受自然条件、人口素质的影响，大多贫困户仍过着"靠天吃饭"的农耕生活，仍停留在以粮为主的种植业自给型小农经济结构中，以简单农产品的出售来获得收入来源。2010 年，贵州省农业就业占社会总就业的比重达 70%，人均农业收入占其纯收入的 40%。根据库兹涅茨法则，第一产业的国民收入在整个国民收入中的比重以及农业劳动力在全部劳动力中的比重都应当是不断下降的。贵州省的这一就业结构显然是与经济发展规律格格不入的。三是贫困人口的受教育程度普遍过低。贵州省农村地区劳动力平均受教育年限为 7.14 年，远远低于全国贫困农户和全国农户的水平；文盲或半文盲所占的比例为 12.3%，小学程度比例为 35%，初中程度比例为 42.5%，高中及以上比例仅为 9%。大多数的农村贫困人口都只有初中及以下的学历，导致他们所掌握的劳动技能比较单一，往往从事传统的种植业。由于产品附加值低且生产周期长，故而不易脱贫致富①。

2. 贵州农村贫困原因分析

（1）地理环境恶劣。贵州位于世界三大喀斯特区域之一的中国西南岩溶地区中心腹地，山地和丘陵、喀斯特面积比重大，导致生态环境十分脆弱。农业生产条件差，农业综合生产能力低，是全国四大生态脆弱带中自然条件最差、脱贫难度最大的地区，目前贵州剩余农村贫困人口主要分布在生态环境较差的地区。全省喀斯特出露面积占71%，石漠化区域已达3.59万平方千米，占全省总面积的20.39%。例如，黔西南州喀斯特岩溶地貌发育典型，石漠化面积754.4万亩，占国土面积的29.9%，潜在石漠化面积317.1万亩，占国土面积的12.6%，是贵州省石漠化最为集中连片的地区之一，这些地区扶贫成本高，脱贫难度大。

（2）自然灾害严重。受大气环流及地形影响，贵州气候极不稳定，灾害性天气多，干旱、秋风、冰雹、凌冻尤为突出。仅2010年受灾人口就达到2633.40万人次，占全省常住人口3474.65万人的75.79%；农作物受灾面积达到195.64万公顷，占农作物播种总面积488.93万公顷的40.01%；绝收面积达到55.72万公顷，占农作物播种总面积488.93万公顷的11.40%；因自然灾害造成的直接经济损失达到179.77亿元，占农业产值587.31亿元的30.61%②。闭塞的地理位置和脆弱的生态环境造成贵州省"三农"发展的先天性不足，极大地迟滞了农民全面脱贫奔小康的进程。

（3）基础设施薄弱。在农村生产及生活基础设施上，崎岖不平的地势导致农村地区交通极为不便，并呈现一种封闭式的状态——丰富的资源无法输出、先进的技术和设备无法引进。与外界信息交流的缺乏，妨碍了将当地资源优势转化成经济优势的进度；在农村社会发展基础设施上，一方面，贵州省农村地区中小学的硬件设施配置仍十分落后。很多学校的教室并未放置多媒体教学设备，桌椅板凳质量较低，电灯、窗帘等物品都有不同程度的损坏。另外，财政经费供给的不足又大大降低了对许多优质教师的吸引力度，让农村地区贫困人口的文化素质得不到实质性的提升。另一方面，贵州省农村地区医疗卫生条件差、设备较简陋、农村卫生人员素质低以及医疗卫生资源分布不均，使很多农民无法在第一时间得到有效的治疗，贫困的概率大幅上升。

（4）发展方式落后。贵州省农村地区经济发展方式的落后表现在结构性缺陷和质、量不协调上。从结构上来看，三次产业的占比严重失调，种类单一的

---

① 罗金仙等. 贵州省农村地区的致贫原因与扶助对策 [J]. 农村经济与科技, 2018 (17).
② 王晓东等. 贵州省农村的贫困问题及其反贫困策略 [J]. 新疆农垦经济, 2012 (6).

农产品原料没有得到深加工，无法形成高附加值效应，也缺乏市场竞争力。从发展方式上来看，贵州省农业经济的发展仍然以量的增长为主，而对质的提升重视不够。粗放的经营方式往往以过度牧、垦为手段，最终造成的土地退化、土壤污染等生态问题必将导致农业经济发展的不可持续性。这种无意识的破坏行为相对于长远发展、彻底脱贫的战略目标来说，无异于南辕北辙。农民思想观念落后，以农为本的思想根深蒂固、思想狭隘，对新技术的采用存在抵触，极大地限制了农民收入的增加，让贫困在代际之间不断转移。

二、菌草技术在扶贫与生态治理中的应用价值

喀斯特石漠化地区是我国贫困人口集中区，水土流失和石漠化问题突出，社会经济发展滞后，面临生态恢复和脱贫致富双重压力。石漠化是制约贵州经济社会发展最严重的生态问题，遏制石漠化是贵州省生态建设的首要任务。如何有效、高效、可持续地利用石漠化土地不仅是生态环境改善的重点，也是当地百姓生存以及攻坚脱贫迫切需要解决的问题。传统意义上的石漠化治理主要考虑的是生态环境效益和社会效益，由于经济效益差，结果在很大程度上仅属于社会公益项目，花费巨大、效果欠佳且没有可持续性。种植菌草、发展菌草产业能够快速有效地减少水土流失，同时在短期内带动经济的发展、大幅度增加农民收入，兼顾生态和经济两大目标，是改变喀斯特地区贫困面貌的首选产业，是实现生态、经济和社会效益协调发展的有效途径之一。

1. 菌草生物学特性

巨菌草属于单子叶纲禾本科狼尾草属，宜生长于热带、亚热带和温带区，南至海南，北至新疆和宁夏等地均有栽培。其直立丛生分蘖能力强，抗逆性好。茎可达 3.5 厘米粗，节间距 9~15 厘米，有效分蘖高达 15 个，叶互生，叶长为 60~132 厘米，叶宽 3.5~6 厘米，8 个月可达 35 个叶片。其属于典型的 C4 植物，在我国的福建鲜菌草产量 15~25 吨/亩，在西北方宁夏荒漠区产鲜菌草15~20 吨/亩。巨菌草根系发达，通常可达 3~5 米，最高值为 7.08 米。其可增加土壤空隙以及土壤的蓄水能力。植物的分泌物和根系表皮的脱落物等为根区微生物的生长提供原料，同时分泌物的有机酸等有利于土壤团粒结构的发育。菌草抗病力强，是菌草产业发展中可人工栽培的一种重要草种。菌草在干旱胁迫下增加茎氮含量，增强脯氨酸、酶活性（POD、SOD、CAT 增加清除过氧化物），

增加根冠比，具有较高的抗旱性①。

2. 菌草技术参与扶贫与生态治理的可行性分析

从生态治理的角度来看，菌草具有生长速度快、根系发达、适应性广、抗逆性强等特点，具有良好的固土效果，蓄水保土能力强，可有效保持水土，改善土壤肥力，且植被恢复快，见效快，是治理石漠化最好的植物之一。

以巨菌草为例，巨菌草属狼尾草属，多年生、直立、丛生、根系发达、植株高大、抗逆性强、产草量高，由 20 世纪 90 年代引入国内经改良培育而成。巨菌草适应性强，能够在水土流失重灾区正常生长，根部分蘖能力强，在水土流失区巨菌草的平均高度可达 506.7 厘米，亩产鲜草 24800 千克。种植菌草地和退化土壤的草地年地表径流量减少 30%，土壤侵蚀量减轻 78%，每公顷水土流失地每年减少土壤侵蚀 60~70 吨，在有效地改善土壤的肥力情况下起到极好的水土流失综合治理效果；在 45 度裸露坡地在开展菌草综合治理水土流失示范试验中，采取"等高线护泥巴法"环状种植巨菌草苗，3 个月后巨菌草郁郁葱葱，铁笼般保护着脚下米粒般的泥地，一年后草、灌、木同步自然恢复，取得极好的水土流失综合治理效果②。

从经济发展的角度考虑，针对贵州喀斯特地区石漠化危害严重，生态脆弱，耕地不足的现状，草业具有解决农民经济自给和生态环境保护治理的多重功能，发展草地畜牧业已成为贵州省科学调整农业产业结构和解决贫困地区脱贫致富的最有效途径。菌草营养丰富，蛋白质和糖分含量高，适口性好，是饲喂牛羊的优良牧草之一，菌草产业可以成为贵州省建设生态畜牧业大省的支撑点。同时，也被用作食用菌重要的新型栽培材料，减少了林木的砍伐量，对森林资源进行了有效的保护。而在食用菌的生产过程中，菌草技术简便易懂，对于广大文化程度不高且资金短缺的贫困农民来说，具有很强的实用性和可操作性，为我国农村地区的贫困问题提供了一条切实可行的途径。此外，菌草技术既对资源进行多次的循环利用，又不产生污染，满足循环经济的要求，使石漠化地区实现自然、社会和经济的协调发展成为可能。建立起"草—菌—畜"循环绿色生产的模式，加快农村经济结构调整，带动畜牧业，加工业的发展，让大量的农村剩余劳动力转移到菌草种植、菌草饲料加工业、食（药）用菌食品加工业以及新型板材等与菌草相关的产业上来，拓宽了喀斯特地区农民的就业渠道，促进喀斯特地区农民脱贫致富。

---

① 何书惠. 巨菌草抗旱性能及重金属镉污染修复特性研究 [D]. 四川农业大学硕士学位论文，2015.

② 刘鹏玲. 云南石漠化地区菌草技术应用展望 [J]. 安徽农业科学，2015，43（15）：218-219.

三、菌草技术生态治理和精准扶贫的贵州实践

1. 黔西南州菌草产业示范推广

2016 年，国家菌草工程技术研究中心黔西南分中心成立并在贵州黔西南州建立喀斯特石漠化区域菌草生态治理与产业发展示范基地，服务黔西南州建设"西部草都"和牛羊肉、食用菌生产供应基地的需求，通过示范基地服务一批企业和农民合作社，开展精准扶贫工作成效显著。

（1）兴仁市潘家庄镇 一棵草带富一方百姓。位于兴仁县的潘家庄镇石漠化问题严重，同时面临产业结构单一，对煤炭资源高度依赖的问题。近年来潘家庄镇按照"一乡一特""一村一品"的发展思路，结合"三变"改革，采取"龙头企业+基地+农户+贫困户"的产业化经营模式和"流转兜底、就业保障、带动发展"的利益联结机制发展巨菌草种植，有力地带动了当地贫困群众增收脱贫。

2016 年 5 月，潘家庄镇与黔西南州中黔农业开展有限公司签订了土地流转合作协议，中黔公司潘家庄镇弥勒屯村、团结村示范种植巨菌草，是黔西南州建立的首个菌草产业示范推广基地，基地的建立对潘家庄镇的生态农业、特色种植、循环经济等发展有着重大而深远的示范带动作用。当年流转 1200 亩土地发展巨菌草产业，通过土地流转、务工收入、资金入股、农民参与、产业联动等方式带动农民增收脱贫；中黔公司还建设了青贮饲料加工厂，对青草进行加工销售，并对农户种植的鲜草按照 200~260 元每吨进行保底回收，销往县内外的养殖场，有力地保证了老百姓的利益。

几年来潘家庄镇巨菌草种植面积逐步扩大，2017 年就达 3800 多亩，中黔公司规范化种植面积达 2000 多亩，农户零星种植的有 1800 亩；2019 年中黔公司规范化种植 2800 余亩，农户自主种植 3000 余亩。除了传统的土地流转、劳务输出等方式带动群众之外，潘家庄镇还在产业联动上下功夫。由于巨菌草产草料高，降低了养殖成本，潘家庄镇依托巨菌草大力发展梅花鹿、香猪、养牛等养殖业，并开发梅花鹿深加工产品；此外，兴仁县潘家庄镇下溪村的食用菌产业基地，凭借当地的巨菌草、农作物秸秆及人力等有利资源，采用"公司+基地+农户"模式大力发展食用菌产业，增强了老百姓支持食用菌产业发展的信心，并带动当地及周边农户通过购买菌包在公司免费提供的大棚里种植，与公司签订保底收购合同，解决了种植户的后顾之忧。

通过农业产业结构调整，潘家庄改变了以往对于煤炭资源的高度依赖，同时也让石漠化问题得到了有效治理，曾经的"钨金镇"变身为今天的生态农

业镇。

（2）兴义市清水河镇"1+N"产业发展模式。自2018年以来，兴义市清水河镇积极响应贵州省委省政府脱贫攻坚春风行动令，把巨菌草示范种植作为调整农业产业结构的重要抓手。巨菌草精心种植和管理可以实现每亩2000余元的收益，且具备防砂固土和修复土壤的环保作用。为确保推广种植落到实处，清水河镇成立产业规划图班进行专人包保，强化技术培训。该镇以现场观摩、发放种植技术和经济效益分析宣传册等多种培训方式，将包保图班责任人培养成种植能手，然后再培训群众农户。通过干部到村到户到图班到地块，进行现场指导，开展规范化种植。根据"公司+合作社+基地+贫困户"的经营模式，清水河镇通过镇级兴义市荣峰种养农民专业合作社与各村集体合作社签订巨菌草收购协议，此外，该镇积极与外地畜牧养殖场对接，拓展巨菌草的销售市场。巨菌草非常适宜当地种植，产业发展空间大，我们还要进一步做好产业培育，着眼于规模经营，增强市场竞争力。目前，全镇已发展巨菌草4380亩，科学种植让不少农户尝到了甜头，取得良好的效果。眼下，村民们种植巨菌草的热情高涨，2019年种植规模扩大1倍。

同时清水河镇大力支持青绿源合作社规模养猪、贵州百惠养殖场规模养牛、阳光秸秆板材厂20条生产线建设，积极拓宽巨菌草销售渠道，用特色优势经济作物带动农民增收致富，决战脱贫攻坚。清水河镇"1+N"产业发展模式初见成效。主要体现在以下四点：一是建成巨菌草黑猪生态养殖示范基地1个，养殖生猪1000余头，基地年毛收入300万元，已经具备一定的品牌效应、经济效益、带动效应，自2018年以来，通过示范基地带动"N"家农户发展巨菌草—黑猪生态养殖，目前基地给20户农户（贫困户）发放200多头小猪仔、发放4头黑色后备母猪给贫困户发展巨菌草生态养殖，促进农户增收致富，另外，通过基地带动，清水河镇贫困户、群众积极种植巨菌草，自发利用巨菌草饲养生猪100余户；二是建成美系安格斯能繁母牛示范养殖基地1个，利用美系安格斯性控冻精技术和清水河当地能繁母牛优势，对贫困户养牛实行东西部对口帮扶扶贫资金和财政专项扶贫资金补贴，带动"巨菌草+牛"合力发展"牛"经济；三是由贫困村补打村合作社建成的清水河林下生态土鸡养殖场，现已出栏土鸡1000羽，存栏土鸡4000羽，产蛋50000余枚，以财政扶贫资金入股分红、劳动就业的形式带动补打村188户贫困户脱贫致富；四是由与贵州阳光兴业绿色建材有限公司签订了巨菌草销售协议，进行生态板加工，延伸菌草产业链。

（3）山环菌草公司"以草代木"带动农户栽培食用菌。黔西南喀斯特区域发展研究院黄显荣带领院里的科技团队创办了山环菌草公司，引进福建农林大学国家菌草中心研发的技术，用巨菌草代替木头生产菌棒，在兴义市义龙新区

菌草技术扩散及其激励机制研究

龙广镇建设了菌草科技示范基地。生产菌棒的原料不再使用木头，而是采用人工种植的巨菌草，不仅改变了食用菌生产需要砍伐大量林木，破坏生态的传统工艺，而且产出的食用菌品质也进一步得到提升，缩短了菌丝发育周期，极大地减少了投资成本。基地自 2018 年 11 月开始搭建厂房，总占地 76 亩，包含 1 个大型冷库房、3 条菌种研发中心生产线及 30 亩地菌棚。目前，10 个菌棚完工，基地培植的 50 多万根菌棒已被陆续放入菌棚中。基地总共要搭建 27 个菌棚，此次培育的菌种包含秀珍菇和小黑平菇两个品种，相对传统种植的菌种采用固体接种来说，成活率高、出菇整齐，且栽培周期缩短。基地培育菌种采取"以草代木"的方式，用巨菌草代替传统木屑作为"营养床"，不仅能够有效保护生态环境，还可减少大量成本。为此，基地于 2018 年开始在附近种植了 1300 余亩巨菌草。

食用菌产业落地义龙新区，既促进了当地经济发展，又带动了周边群众就业。这个示范项目的带动作用不仅体现在新技术和新工艺上，更在于跟当地农户建立起的利益联结机制上。项目采取以工代训的方式，对当地的农户进行技术培训。当农户掌握技术后，既可以在公司当技术员，也可以自己种植，而菌棒的生产和食用菌的收购则由公司负责。目前，该公司已建好 25 个食用菌生产大棚，带动 60 多名农户接受以工代训。其中，部分农户掌握种植技术后，已在附近的安龙县洒雨镇等地建设了 170 个大棚，从事食用菌种植。

2. 贵州华农集团的菌草扶贫

20 世纪 90 年代，通过"智力支边"，菌草与菌草技术作为科技扶贫项目被拿到贵州高原推广，由于前期高原的特殊环境和气候条件，菌草只能在贵州省与广西交界的几个低海拔地区生长，因此，制约了菌草技术在贵州大面积的推广应用。近年来，贵州华农集团技术团队在"国家菌草工程技术研究中心"不断指导和大力支持下，一是培育出适宜中国南、北方，尤其是适于云贵高原荒山荒坡广泛种植的耐旱、耐涝、耐寒、多年生、多用途、抗逆性强、产量高、蛋白质含量高、适口性好的禾本科高效菌草系列——华农金银草 2 号、3 号、5 号、6 号；经贵州省内 50 余个县（市）栽培并用于养殖牛、羊和栽培食用菌，取得显著成果。二是确立以菌草规模种植为先导；为规模养殖优质肉牛羊提供优质安全草本天然青饲料、青贮饲料、高效安全复合饲料；以草带木发展食用菌；以草带木发展无污染纸业、环保新型建筑材料等高新技术为支撑的产业精准扶贫路线，整合各类资源，通过与地方政府"共建菌草产业精准扶贫示范基地"等项目，将菌草技术转化为广大农户看得见、学得会，主动接受、乐于跟进、积极推广、规模复制并且通过参与产业建设真正实现持续增收的行动，为贵州的扶贫攻坚和生态治理提供一种新的方法和一种切实有效的生产方式。

160

目前，华农菌草已覆盖贵州省80%的地区，菌草技术的应用不仅形成贵州省独特的山地生态畜牧业与精准扶贫的新模式，进而起到参与农户快速减贫的良好效果，贵州省菌草技术的应用也扩大到除饲料、菌类生产之外的工业及生物质能源领域。菌草与菌草技术的应用在华农集团通过"政府+公司+集体经济组织+农户"的模式致力于精准扶贫工作的开展，已在贵州省的黔东南州凯里市、黄平县、丹寨县、麻江县、台江县、岑巩县；黔南州的罗甸县、独山县、龙里县；毕节地区的纳雍、黔西、大方县；黔西南州的安龙、望谟县，遵义市的南北、务川等地规模应用，菌草技术已成为贵州省发展山地生态畜牧业和精准扶贫的首选项目。多地实施证明，发展菌草产业是精准脱贫的一大关键，尤其在贵州省山区发展菌草产业就显得尤为重要，菌草产业是实现"农民富、产业优、企业强"的重要举措。

（1）丹寨县兴仁镇者拉村的实践。贵州省黔东南州丹寨县属国家级贫困县，者拉村属丹寨县极贫少数民族村，共426户。2016年3月，贵州华农集团与菌草综合开发利用技术国家地方联合工程研究中心、贵州省黔东南州丹寨县兴仁镇人民政府三方签订"共建菌草产业精准扶贫示范基地协议"，同时贵州华农集团与者拉村签订"种草养畜实现当年精准脱贫持续增收项目实施合同"，参与菌草种植的农户达到172户。4月28日至5月8日，集团按照合同约定向者拉村无偿提供菌草至华农2号草种110万株，共种植560亩（亩均1960株）。10月20日至11月12日，者拉村种植的菌草普遍获得预期产量（平均亩产出鲜草22吨），合同签订的收购价为180元/吨，因丹寨县当地养牛户较多且缺乏优质牧草饲源，养殖场向丹寨政府提出请求，2016年的菌草资源由养殖场统一收购，并且提出收购价提高到200元/吨。政府与华农集团商量，集团秉承只要能够体现菌草产业精准扶贫的效果，农户通过菌草产业切实能够得到实惠的初衷，同意由当地养殖大户收购农户种植的菌草。经统计，者拉村参与种植菌草的农户172户，共种植菌草560亩，平均每亩产量16吨，每吨售价200元，172户增加收入总额为165.1万元，当年实现户均增收9600元。几年来，村民们把菌草变成了"致富草"，还建起家庭农场，用菌草饲喂肉牛发展养殖，获得明显效果；为壮大村集体经济，村里不仅成立了菌草种植合作社，还建起了青贮饲料加工厂，采取"公司+合作社+农户"的模式，拓宽了村民们增收致富的新路子。者拉村2018年实现脱贫摘帽，菌草产业为贵州省山地生态畜牧业发展做出了积极的探索与示范。

（2）岑巩县大有镇统口村的实践。一直以来，岑巩县大有镇统口村因干旱在黔东南州出名，是个产业"空壳村"、经济"后进村"，统口村有315户1287人，2013年建档立卡的贫困户144户558人，贫困发生率高达43.37%。面对全村脱贫攻坚的困难局面，村党支部立足村情民意，充分利用该村土地集中、土壤肥沃的优势，提出"两年引水、三年修路、五年兴产业"的发展规划和壮大村级集体经济的发展目标，并最先将发展定位在蔬菜产业上。2013 年、2014 年，统口村先后种植辣椒 500 余亩、香菇 60 多万棒，逐步构建了脱贫攻坚"造血功能体系"，群众收入有了明显提高。但考虑到村里几十万棒香菇菌棒，制作需要消耗大量的木材，生产难以持续，亟待产业转型。

2016 年，岑巩县委县政府从干旱地区调整农业种植结构这一实情出发，引进贵州华农草业集团落户岑巩，在大有镇统口村投资开发了黔东南岑巩县草畜菌业现代高效生态循环农业示范基地，培育"一草一牧一菌"主导产业和拳头产品，使统口村走上了一条生态环保富有特色致富百姓的发展新路。华农集团采用"以草代木"的菌棒培植技术，投入 250 余万元，种植菌草（金银草）600 余亩，建成 200 头富硒优质牛肉养殖场，大力发展高端食用菌种植和畜牧养殖等产业。统口村统一生态种养专业合作社按照每户 5000 元的项目资金使用方式，组织 95 户贫困户入股华农集团，代生产 200 亩华农菌草种苗，户均增收1.2 万元以上；同时通过合作社出资 150 万元，参与华农集团饲养商品牛 285头，所得收益作为扶持贫困户生产生活和壮大集体经济。

2018 年村党支部带领群众发展菌草种植 2000 余亩，106 户参与种植菌草，实现创收 460 余万元；发展肉牛养殖 200 余头，实现产值 260 余万元；加上食用菌、蔬菜、烤烟……通过产业发展、基地务工、固化分红、利益联结等方式，2018 年全村农民人均纯收入达到 8250 元，集体经济实现收入 35 万元，30 户112 人脱贫出列，贫困发生率下降到 1.48%①。

曾经出名的产业"空壳村"和经济"后进村"，如今已成为了远近闻名的产业"富裕村"和示范"先进村"，2018 年，统口村被省委评为"全省脱贫攻坚先进党组织"。基于统口村菌草产业扶贫的成功，在岑巩县农业部门的引导和推广下，2018 年全县大力发展菌草种植，已在天马、凯本、天星等乡镇种植5000 余亩，创产值 1800 万元以上，带动近 600 贫困户实现增收。

（3）纳雍县董地乡的实践。毕节市纳雍县董地乡，贵州 20 个极贫乡镇之一，平均海拔 1700 余米，99.09 平方千米的土地上居住着苗、彝、汉等多民族群众 3 万余人，少数民族人口占总人口比例达 71%。至 2015 年，这里仍有建档立卡贫困群众 2029 户 8774 人，贫困发生率达 22.4%，2016 年被确立为全省 20个极贫乡镇之一，脱贫攻坚形势严峻。董地乡土地资源贫瘠，经济结构单一，严重缺水的董地群众还在靠天种粮、靠山吃饭。村民在山上种苞谷，不仅造成

---

① 万再祥. 一个产业盘活一个村［N］. 黔东南日报，2019-12-06.

水土流失的生态失衡，增加了农业生产的机会成本，还因一家一户且传统落后的农业生产方式而使贫困加剧。只有找到合适的产业项目才能激活各类生产要素，形成新的产业链，才能顺利完成脱贫攻坚任务。

2017 年 1 月，董地乡在脱贫攻坚指挥部前线工作队的牵线下，引进华农集团，按照"政府+公司+集体经济组织+农户"的模式进驻董地，当年已种植华农菌草 2248 亩，当地群众参与度很高，生产出来的黑皮鸡枞菌进入市场后，颇受好评，并有效带动当地群众配套发展了 12 万棒黑皮鸡枞菌产业，千个家庭农场及 2000 头规模的肉牛养殖场建设，在产业链发展、带动当地脱贫致富方面，起到了非常好的拉动作用，当年就带动建档立卡贫困户 547 户 2604 人如期脱贫，扶贫直接贡献率达到 30%。

3. 种草养畜发展山地生态循环农业

（1）黔西县大关镇"种草养畜"助力精准扶贫 。种草养畜模式探索出了一条岩溶山区种草养畜与扶贫开发、石漠化治理相结合的路子，较好地破解了生态脆弱地区农村贫困与生态退化恶性循环的怪圈，成为贵州喀斯特山区扶贫开发的新奇迹。

毕节市黔西县大关镇，处在乌蒙山脉中段腹部，属长江上游乌江水系，是典型的喀斯特地貌，岩溶山区，全镇面积 69.9 平方千米，全镇辖 14 个行政村（社区），234 个村民组，9704 户 40122 人，大关镇有耕地面积 38200 亩，其中，大于 25 度以上的坡耕地 13370 亩，占耕地面积的 35% 以上，宜牧荒山草坡 75110 亩，生态环境极端脆弱，区域内沟壑纵横，半石漠化极为突出，人畜饮水也较困难。长期以来，受传统小农经济影响，玉米种植根深蒂固，也让人越种越穷。自 2017 年以来，黔西县大关镇通过调整农业产业结构来减少玉米种植面积，大力发展菌草产业，仅两年时间，这个镇不但形成了"种草养畜"的产业格局，还成了名副其实的种草养牛示范镇。

在大关镇，村民们历来有养牛的习惯，但以前草料的来源主要是山上的野草和自家地里的玉米秆和稻草。一到冬季，草料就跟不上，所以养殖规模上不去。镇党委、政府决定因势利导，探索"种植菌草、以草养畜"的产业思路，为保证产业布局顺利落地，要求各村建立"村社合一"的村合作社，由村党支部牵头成立农民专业合作社，采取"党支部+合作社+农户"的模式发展种植巨菌草，项目覆盖全镇农户 1813 户，其中，包括部分种养殖能手和有 1169 户建档立卡贫困户，大关镇为全镇 1169 户贫困户共 4367 人申请扶贫资金 279 万元，群众将土地、扶贫资金等入股合作社，效益按照"贫困户 70%、合作社 20%、支部 10%"的比例进行分配；通过发展牧草种植及小黄牛、生猪、土鸡等养殖产业，群众在家门口就能务工挣钱，村民得到了实惠，而且贫困户每年还可以通过合作社股份拿分红。截至目前，大关镇种植了 6800 余亩巨菌草，在七里村和民权村建成两个菌草青贮饲料厂，为养殖业提供了保障。从 2017 年种草至今，大关镇的散养户养殖的小黄牛共增加了 2000 余头，全镇存栏达 7000 余头，2019 年，大关镇依托种草养牛产业共利益联结贫困户 1169 户 4367 人，户均增收约 5000 元。此外，2018 年 3 月，恒大援建的有两个养牛场在大关镇建成投入使用，2200 余头（含仔牛 900 多头）澳大利亚纯种安格斯牛落户大关镇。至此，"种植菌草、以草养畜"的产业格局基本在大关形成。

（2）紫云县板当镇山地生态循环农业发展新模式。作为国家级贫困县和全省 16 个深度贫困县之一的安顺市紫云自治县，属于滇桂黔石漠化集中连片特困地区，是贵州省确保按时打赢脱贫攻坚战中的"硬骨头"。板当镇位于紫云自治县东北部，全镇总面积 221.76 平方千米（2017 年），辖 25 个行政村，289 个村民组，29647 人（2017 年）。现有耕地面积 25462 亩，其中，稻田 12849 亩，占耕地面积的 50.5%，旱地面积 12613 亩，占耕地面积的 49.5%，农业人口人均耕地仅 0.6 亩。板当镇山高坡陡、土地贫瘠，人多地少，是名副其实的深度贫困地区，贫穷在这片麻山腹地的土地上深深扎根。2016 年在贵州省省委、省政府的号召下，南方电网贵州公司整县帮扶紫云"脱贫摘帽"，针对板当镇的资源环境现状，帮扶团队因地制宜，引入国家菌草工程技术研究中心林占熺研发的菌草技术在板当镇落户，在全镇大力发展菌草种植产业。经过几年的发展，如今板当镇的菌草种植已成燎原之势，正逐步延伸菌草产业链条，开启山地生态循环发展的扶贫新模式。板当镇作为国家菌草种植示范基地，全镇以菌草为破题点，在政府和南方电网贵州公司的大力支持下，引资建成青贮饲料加工厂、菌棒加工厂、生物有机肥厂，有效打通产业发展关键连接点，从菌草种植、畜牧养殖、菌菇栽培、有机造肥以及菌草深加工等产业链环已初步成形。如今，板当镇菌草种植面积已近万亩，青贮饲料和生物有机肥年产各 5 万吨，菌棒年产 270 万根，饲养牲畜 20 万只，解决就业人口 5000 余人，2018 年全镇菌草产业链年产值突破 1.4 亿元。

板当镇党委书记聂雄说："板当镇属于山地贫困地区，人多地少，环境容量有限，农业发展的资源要素也有限，现实已不允许我们依靠拼资源和牺牲环境利益代价来换取农业经济的高速增长。"为解决这一矛盾，板当镇积极探索发展现代山地生态循环农业，推行"山上+林下+水底"的山地立体农业发展模式，发展菌草、生态猪、杜泊羊、生态鱼、林下鸡、食用菌等种养结合的立体生态循环农业。以全镇种植的万亩菌草为基础，进行二次加工为青贮饲料及食用菌棒，再利用青贮饲料发展生态猪、杜泊羊、生态鱼、林下鸡的养殖，最后利用养殖场粪肥及食用菌棒废料加工成有机肥料，再次循环成为菌草种植肥料。一方面，通过清洁生产，使农业资源循环利用，有效减少畜牧养殖粪便的排放，降低对空气、土地资源的污染；另一反面，在生态循环农业经济发展中，因遵循了生态规律，粪便及废菌渣变成了有机肥，减少了化肥、农药使用量，促使农产品质量提高，减少了农产品污染，解决了农村种植业中化肥农药施用过量以及养殖业中粪污排放的问题。

通过探索现代山地生态循环农业发展新模式，板当镇实现了土地、资金、劳动力聚集，促进了农业产业规模化、生态化、组织化。2018 年初，得益于探索现代山地生态循环农业发展新模式，板当镇农业经营主体实现了"从无到有"。引进紫云自治县新农科技农业有限公司，通过"公司+村集体合作社+农户"的模式，公司通过土地流转的方式，把村民闲置或种植传统农作物的土地进行整合，全部统一种植了经济价值高的菌草，目前全镇流转土地 8000 余亩，已全部种上生态菌草。通过土地流转，实现了分散经营向适度规模经营转变，农民增加了地租收入和收益分红；通过企业务工，增加了农民的劳务收入；通过"反租倒包"，增加了经营性收入；公司还鼓励村民参与"反租倒包"，农户可先到公司免费领取菌草种和有机肥料，承包土地参与菌草种植与管护，投产后再以市场价卖给公司，以菌草的产量及销量换取经营性报酬，这种"反租倒包"激励机制，在一定程度上盘活了农村的闲余劳动力，也拓宽了农民的增收渠道。

2018 年 3 月，板当镇在在南方电网贵州公司的大力支持下，占地面积 399 亩、项目总投资 4292 万元的循环生态扶贫产业园在洛麦村破土动工，重磅打造"三厂两园一中心"，即建设年产 5 万吨的菌草青贮饲料厂、占地 5 亩的菌棒加工厂、年产 15 万吨的生物有机肥厂、占地 50 亩的草博园、占地 100 亩的菌博园、占地 1000 平方米的智慧农业数据中心。同时，有序规划建设巨菌草种植园区、有机肥原料与青贮饲料原料村级收集中心等。坐落于洛麦村的紫云板当循环生态扶贫产业园，由紫云自治县新农科技农业有限公司进行建设、生产、经营和管理，并按"公司+基地+合作社+农户"的模式运作，在参与劳动中实现以产惠农、以产兴农，进而确保贫困户利益连接全覆盖。板当镇的经济因菌草产业链而高速发展并迅速推广到整个紫云县。目前已延伸至长顺、惠水、镇宁、关岭等地，成为西南地区首个循环生态农业产业园。源于产业驱动，全县贫困发生率由 2016 年的 24.27%下降到 2018 年的 11.49%，贫困人口减少了 4.4 万人。2018 年全县农村居民人均可支配收入达 8791 元，预计 2020 年人均可达 1 万元。

第四节　本章小结

多年实践证明，菌草技术的推广应用将产生巨大的生态、社会、经济效益，发展前景广阔，尤其适宜我国西部贫困地区在生态治理、扶贫攻坚等项目中推广应用。

宁夏回族自治区南部自然环境恶劣，贫困人口众多，菌草技术推广尤为困难，面临着如何从给钱给物的"输血型"扶贫转为"造血型"的技术扶贫、如何使菌草技术进入千家万户以及小农户如何适应千变万化的大市场等三大难题，得益于闽宁两地政府的大力支持和菌草技术研发推广团队多年的辛勤努力，探索出一条"本土化、简单化、标准化""集中连片、整村推进产业发展"的推广模式，为之后菌草技术在智力支疆、支黔、对口帮扶三峡库区、援藏、甘肃定西等项目的推广应用起到了先导作用。

陕西省延安市政府将菌草业作为促进全市农业产业升级、科技扶贫和农民增收的战略型新兴产业培育发展，组建了延安市菌草工程技术研究中心并扶持建立了延安市菌草产业技术联盟，将菌草技术作为全市重大科技成果转化项目进行试验示范推广，研究探索菌草饲料化技术应用，通过温室大棚解决菌草种苗越冬问题等，从以草代木栽培食药用菌，现已向菌草生态治理、菌草菌物饲料、菌草菌物肥料、菌物保健品及新材料开发等产业链延伸，并将菌草技术推广与精准扶贫工作相结合，为延安产业扶贫开发和巩固退耕还林成果提供了新的思路和发展模式。

贵州省是中国贫困面积最大、贫困程度最深、扶贫开发任务最重的省份，针对喀斯特地区石漠化危害严重，生态脆弱，土地贫瘠的现状，贵州省近年来将菌草技术推广作为调整农业产业结构、实现生态治理和精准扶贫的有效途径之一，通过"政府+公司+合作社+贫困农户"的模式致力于精准扶贫工作的开展，贫困户以土地流转和扶贫资金入股农民专业合作社，群众在家门口就能务工挣钱，还可以通过合作社股份拿分红，起到参与农户迅速脱贫奔小康的良好效果，同时也壮大了集体经济；通过"草—菌—畜"模式，发展贵州省独特的山地草畜菌业生态循环农业，较好地破解了生态脆弱地区农村贫困与生态退化恶性循环的怪圈，成为贵州喀斯特山区精准扶贫的新模式。

第十二章
菌草技术援外与国际减贫合作典型案例分析

第一节　菌草技术援助项目研究
——以巴布亚新几内亚、斐济及莱索托为例

一、菌草技术援外第一站——巴布亚新几内亚

1. 项目背景

　　巴布亚新几内亚是南太平洋西部的一个岛国，英联邦成员国，是位于太平洋西南部的一个岛屿国家，是世界上较不发达的国家之一。经济主要是农业，占巴布亚新几内亚的32%。巴布亚新几内亚的人口、面积是仅次于南太平洋地区澳大利亚第二大国，它由北部的新几内亚和南部的巴布亚两部分组成，国土面积46.284万平方千米，海岸线全长8300千米，包括200海里专属经济区在内的水域面积达240万平方千米，全国人口约800万人，城市人口占15%，农村人口占85%。全境共有600多个岛屿。各岛多山，火山较多，地震频繁。巴布亚新几内亚南部为平原和低地，中部是中央山系，北部山岭走向与山系平行，由几个单独的山岭组成。巴布亚新几内亚除海拔1000米以上属山地气候以外，其余海拔较低地区属热带雨林气候。5~10月为旱季，11月至次年4月为雨季，沿海地区平均温度21.1℃~32.2℃，山地比沿海低5℃~6℃。年平均降水量2500毫米。

　　菌草最初与巴布亚新几内亚结缘要追溯到20世纪90年代。彼时，福建农林大学为发展中国家举办国际菌草技术培训班，其中，两位学员就来自巴布亚新几内亚。1996年，得知消息的巴布亚新几内亚东高地省省长亲自到福建省，邀请菌草技术发明人林占熺去巴布亚新几内亚推广菌草技术。1997年5月，福建省与东高地省签署建立友好省备忘录和菌草技术示范合作协议。当年7月，

福建农林大学派专家赴巴布亚新几内亚实施合作项目。1998 年，我国外经贸部援外司把菌草技术列为援助巴布亚新几内亚项目，并派出中国菌草技术专家组负责项目实施；2000 年 5 月，东高地省省长应邀访问福建省，双方签署了建立友好省协议书和《福建省援助东高地省发展菌草、旱稻生产技术项目协议书》。

2. 菌草技术在巴布亚新几内亚东高地省推广

在中国菌草技术援外的第一站，挑战和困难都是未知而全新的，当时项目所在地东高地省还属于刀耕火种的部落经济，不少人仍过着"吃饭一棵树，穿衣一块布"的日子。客观条件也不乐观，气候炎热，疫病流行，没有自来水，没有电灯、电话、电视机和网络，地处遥远的南太平洋岛屿上。在当地艰苦的条件下，专家组坚持了整整 8 年，在东高地省建立南太地区第一个菌草、旱稻生产示范培训基地，既成功发展了菌草栽培食用菌项目，也结束了该省没有稻谷生产的历史。

在巴布亚新几内亚，由于基地昼夜温差高达 30 多摄氏度，菌草育菇的气温条件达不到，国内的方法不适用。专家组只能就地取材，寻找本土化的技术解决方案；针对当地农业生产方式仍是原始的农牧，对新技术较难接受，专家组进行菌草技术的操作规程简便化，把技术简化，简单再简单，让尚处于部落经济状态的农户一看就懂，一教就会，一干就成；组织农户集中示范培训，将技术较难掌控的菌袋制作由基地集中生产，然后分散到贫困户进行培育，全程对生产过程进行技术辅导；项目推广初期由基地回收部分产品，消除他们担心菌菇卖不出去的后顾之忧，于是技术便逐渐推广开来；在农户基本掌握菌菇培育的简单技能、亲手生产出菌菇并取得效益后，再逐步实现技术的标准化、系统化。因为菌草种菇管理简便，减贫见效快，菌草生产随后扩展到巴布亚新几内亚的三省十区，种出的菌草产品畅销巴布亚新几内亚的莫尔斯比港、莱城、哈根等地。

3. 菌草技术合作扬帆再起航

2018 年 11 月 14 日，在国家主席习近平对巴布亚新几内亚独立国进行国事访问前夕，习近平主席在巴布亚新几内亚《信使邮报》《国民报》发表题为《让中国同太平洋岛国关系扬帆再起航》的署名文章，文章中这样写道：

"18 年前，我担任中国福建省省长期间，曾推动实施福建省援助巴布亚新几内亚东高地省菌草、旱稻种植技术示范项目。我高兴地得知，这一项目持续运作至今，发挥了很好的经济社会效益，成为中国同巴布亚新几内亚关系发展的一段佳话。"

来自中国的菌草顷刻间引起了人们的好奇，其实，在不少发展中国家，人们对菌草并不陌生。在巴布亚新几内亚、卢旺达、南非、斐济等国家，这些国家有的孩子被父母取名为"菌草"；有的人将菌草编进歌曲；有的赞誉它是带来希望的"太阳草"。类似的小故事,是菌草在世界各地生根发芽的写照。从农业园区走向普通家庭,从项目走近人心,从示范基地落户巴布亚新几内亚为始,到菌草技术散播到全球100多个国家……来自中国的菌草正展开一场世界旅行。扶贫减贫、生态保护、绿色能源……这些全人类共同关注的话题则拓展着这场旅行的界限。

2018年11月16日,亚太经合组织(Asia Pacific Economic Cooperation,APEC)峰会前的巴布亚新几内亚首都莫尔斯比港,在中国和巴布亚新几内亚两国领导人见证下,中国援巴布亚新几内亚菌草旱稻技术项目协议当天正式签署,标志着两国菌草技术合作如同中国与太平洋岛国关系一般进入全新的航道,扬帆再起航。这一项目将以福建省和东高地省在友好省框架下开展的合作为基础,推动菌草和旱稻在巴布亚新几内亚全国规模化、产业化发展。菌草技术发明人、国家菌草工程技术研究中心首席科学家林占熺表示,这一项目启动后,将在戈罗卡建立一个新的菌草和旱稻示范基地,兼具示范、培训、制种与推广作用,为整个产业更好发展打下基础。项目组还将在巴布亚新几内亚各地建立多种形式的示范点,根据当地实际情况,帮助民众进行种植。项目的签署也体现了中国推动落实联合国2030年可持续发展议程的担当。

二、菌草技术援外新典范——中国援斐济菌草技术示范中心

1. 中国援斐济菌草技术示范中心项目背景

斐济,位于西南太平洋中心,瓦努阿图以东、汤加以西、图瓦卢以南,陆地面积18333平方千米,海洋专属经济区面积129万平方千米。由332个岛屿组成,其中,106个有人居住,人口84.9万(2015年),56.8%的人为斐济族人,37.5%的人为印度族人。斐济是太平洋岛国中经济实力较强、经济发展较好的国家。制糖业、旅游业是国民经济支柱。斐济重视发展民族经济,强调发展私营企业,建立宽松的政策环境,促进投资和出口,逐步把斐济经济发展成"高增长、低税收、富有活力"的外向型经济。

中国援斐济菌草技术示范中心项目是2009年时任国家副主席习近平访问斐济时向斐济总理推荐的中、斐两国领导人共同推动的技术援助项目。在2014年8月于南京举行的"青奥会"期间,习近平主席与前来参加开幕式的斐济总统见面时再次谈到这一项目。斐济总统对习主席说:"您关心的菌草项目中国专家很快到位,我们相信一定会造福我国人民。"习主席表示:"我本人十分关注菌草项目,它可以增加当地农民收入,这个项目在巴布亚新几内亚及非洲都取得了很大的成功,我相信它一定可以为当地人民做出贡献。"

为落实两国领导共同确定的项目，几年前，福建农林大学组成由菌草技术发明人林占熺为组长的专家组迅速到位。林占熺先后 8 次奔赴斐济，经过深入系统的考察和交流，对斐济市场、交通、场所、气候、建设难易、项目示范见效速度等情况进行综合分析论证：斐济每年需要进口 3000 万美元的羊肉；2000 万美元的饲料及饲料添加剂，以满足当地喂养羊、鸡、牛的需求；消费的菌类 100% 依靠进口，菌类市场价格十分昂贵，近些年该国支柱产业旅游业每年以近 20% 在增加，众多宾馆和民众的消费越来越多，只要价格适中，菌类消费量势必大量增加；菌草技术除了提供了高蛋白食品之外，还能有效缓解饲草短缺问题，促进畜牧业发展，提高农民生活水平，所以，菌草业在斐济大有前景。

自 2014 年 9 月成功落地后，已示范生产菌草灵芝、平菇、杏鲍菇、草菇等 8 个品种，结束了斐济不能生产食药用菌的历史；示范推广菌草饲料，为当地牧场和农户提供菌草种苗及青饲料，缓解斐济旱季饲料紧缺难题；2019 年 2 月，斐济农业部宣布"优化利用菌草提高畜牧业生产力"作为五项举措之一。当地畜牧企业已经种植菌草作为旱季青饲料。菌草技术为当地增加就业、农民增收和环境保护，以及为岛国发展可持续农业开辟了一条新途径，该项目已经成为南太平洋地区岛国菌草业的重要示范基地。

2. 菌草技术示范中心助力斐济农民减贫致富

有了巴布亚新几内亚菌草的实践，菌草技术在斐济的扩散之路就显得顺利得多。自 2014 年引入该国以来，菌草技术很快在斐济扎根、开花、结果，为斐济农民带来了实实在在的好处，助力他们减贫致富，也有力地促进了该国农业的可持续发展。迄今为止，菌草技术示范中心在斐济各地举办技术培训班共 30 期，累计培训 1304 人，其中，残疾人 48 人。此外，示范中心还选派 45 名斐济农业官员和技术人员到福建农林大学接受培训，免费送菌袋给农户，专家手把手地指导他们种植。经过不断摸索与实践，专家组结束了斐济不能生产食药用菌的历史，建成了 2 公顷的芒果园套种菌类循环利用示范区以及 1 公顷的培训示范生产加工区。同时，还建成了菌草饲料生产线、简易菌草菇生产线，成功进行了菌草灵芝、毛木耳等 11 个品种的试验示范生产。此外，项目还建立起 6 公顷的菌草种植区，已为斐济多家畜牧企业、畜牧研究站、养殖户提供 3000 多亩巨菌草种苗作为饲料，有效缓解了当地牧场旱季极度缺乏青饲料导致牛羊死亡的问题，甚至吸引了邻近国家的牧场主到斐济养牛。

利用菌草技术种植蘑菇正使越来越多的斐济农户受益。目前斐济各地参与菌草菇种植农户累计已 600 余户，菌草作为饲草种植已推广至超过 550 户。农户收入增加后，有的准备建新房，有的买了土地准备种植经济树木，有的则帮助解决家人的学费问题。

在斐济主岛维提岛东部的雷瓦河三角洲上，有一个叫穆阿奈拉的村庄，村子四面环水，交通不便。43 岁的村民苏尼亚刚刚将种植蘑菇的小棚换成了大棚。大棚里面，大量菌袋已经种植好，只等不久便能收获大量鲜嫩的蘑菇了。苏尼亚是穆阿奈拉村最早的蘑菇种植户，也是该村减贫致富的带头人。穆阿奈拉村耕地有限，以前，这里的 8 户村民每天吃的传统食物除了芋头、木薯，就是椰子，缺少新鲜蔬菜。现在，中国专家给他们送来了利用菌草种植蘑菇的技术。苏尼亚说，种植蘑菇既补充了新鲜食品来源，又能帮助大家增加收入，实在是一举两得的好事。35 岁的苏尼塔·拉塔是菌草示范中心的技术骨干，她从 2014 年开始接触菌草技术，并被项目组选派到福建农林大学参加了国际菌草技术培训班。苏尼塔有三个孩子，她还领养了早逝姐姐的三个孩子，生活一直过得比较拮据。中国专家指导她在家搭菇棚，赠送菌袋。平时他们夫妇两人在菌草示范中心上班，回家后就可以管理自己家的菇棚。现在苏尼塔家的菌草菇已经有了固定的顾客群，菌草菇供不应求。她激动地说，种菇增加了收入，缓解了家里的经济压力，同时菌草菇蛋白质含量高，常做给孩子吃，可以增加营养，丰富饮食。现在，她家已经买了一块地，准备盖房子。她表示，菌草技术让她有了一技之长，提高了收入，非常感谢中国专家。

距离斐济首都机场不远的公路旁，便是雷瓦残疾人协会的办公室，56 岁的协会主席莉蒂娅女士说，对像她这样腿脚不便的残疾人而言，种植蘑菇真是个好营生，不用太费力，又见效快，既能食用，又能卖钱。现在，她不仅自己种植蘑菇，还教会她的残疾人朋友们种植，大家热情都很高。她一再表示感谢中国专家带来了菌草技术，帮助她们脱贫致富。

三、中莱菌草技术示范基地

1. 项目背景及示范推广成效

莱索托位于非洲东南部，是被南非环绕的国中之国，属内陆高原山区国家，自称高山王国，平均海拔超过 1600 米，国土面积 30355 平方千米，草地占全国土地面积的 64.8%；莱索托水土流失严重导致土地贫瘠，不少土地土成为不毛之地，被划为"人类生态脆弱区"，是世界上最贫困的国家之一。莱索托人口220 多万，其中，80% 的人从事农业，由于农业技术水平低，粮食依然需要进口。为了改变农业的落后面貌，尽快实现脱贫，成为这里的人们最为迫切的愿望。2005 年，时任莱索托农业部长、作物司首席园艺师 Mothokho 女士访问福建农林大学，初步了解菌草技术。在莱政府对菌草技术充分了解和认识后，在中国驻莱使馆和经商处的大力支持下，2006 年 10 月，中国政府与莱索托政府签订了换文协定，把菌草技术列为中国政府援助莱索托的项目，中国商务部把援莱索托项目下达给福建农林大学菌草研究所实施。2007 年底，1 万平方米的中莱菌草技术示范基地开业，实现菌草种植、加工、食用菌栽培各环节全面落地。经过前后四期的示范推广，到 2018 年底，莱索托全国种菇的农户已发展到 960 户；共成立和维护了 6 个菌草生产合作社，在莱各地区建立了 10 个菌草技术旗舰点和 7 个菌草技术水土保持示范点进行菌草菇生产、种草养畜和水土保持示范①；为莱索托农业经济发展、增加就业、消除贫困提供了新途径。

在项目实施期间不仅受到当地政府广泛关注，同时也深受农户喜爱。菇农 Kekeletso Seoehla 一家曾写信给专家组，说道："自从我开始种菇以来，我的生活发生了巨大的变化。我的孩子教育和生活水平提高了，能够为父母提供食物和衣服，我得到了很多东西，梦想成真了。菌草技术给我们带来了健康的生活，它是饥饿的敌人，我们真心感谢把菌草技术项目带到我们国家的中国人。"莱国立大学教授 Motlomelo 写信感谢林占熺时说道："菌草不仅是治理水土流失的理想草种，还是饲喂牲畜的理想饲料。感谢您将菌草技术传授给我们。"在莱索托首都马塞卢郊区，莫扎梅在自家的小院子里用竹子搭了两处大棚，里面种着平菇。莫扎梅 2014 年起在中国专家的指导下通过菌草技术种植平菇，目前一茬平菇收获约 65 千克，能卖到 2400 多马洛蒂（约合 1200 元人民币），极大地改善了家里的生活。"在中国专家来之前，莱索托的平菇都是从南非进口，只有高档超市才有。现在越来越多莱索托普通人喜欢上了这种食物。"莫扎梅对中国专家心存感激。

2. 援助莱索托项目取得成效的原因分析

（1）中国与莱索托两国政府及国际组织的支持。自 2006 年始，援莱索托菌草技术项目得到了从莱索托首相、国王到各级政府及我国驻莱索托使馆和经商处的高度重视和大力支持，也受到世界粮食计划署（World Food Programme，WFP）、联合国开发计划署（The United Nations Development Programme，UNDP）等国际组织的关注并支持，项目克服了种种困难得以顺利实施，菌草技术的优势得到充分发挥，对当地农业的发展起到了重要作用。为此，由于项目的实施取得显著成效，莱索托农业部一再要求项目延续，在我国商务部的支持下，自 2007 年始，项目已经实施了四期，取得了成效。

（2）采取有效的推广模式：示范基地+合作社+农户。菌草技术项目在莱索托的推广模式主要是采取示范基地+农户的形式，农户组成生产合作社的模式。项目把技术难度较高或单个农户不易从事的生产环节集中在马塞卢基地，中国

---

① 马国良. 经贸结硕果　合作谱华章——纪念中国与莱索托复交二十五周年 [N]. 国际商报，2019-02-27.

16 名农业专家先后赴莱指导当地农户开展菌草种植，在专家组的指导下由经过培训的技术工人进行，而把技术难度低的环节由贫困农户进行生产。专家组根据莱索托不同地区、不同气候的地理条件，对菌草栽培平菇的农户进行针对性的指导，主要包括不同季节菌菇的栽培管理要点、菌菇病虫害的预防及防治、菇棚的搭盖、覆土、采收等注意点，以保证菌菇的质量及其产量。

根据当地实际情况，以"组织化、本土化、简便化、标准化、系统化"的五化原则强化对农户种菇进行指导，使农户参加菌草生产的技术风险降到最低程度，使农户都容易掌握、积极参与。

（3）通过举办各种类型的培训班，为菌草技术项目储备技术人才。自 2007年 9 月起已在示范基地种植巨菌草 6000 平方米；共举办了 55 期菌草技术培训班，培训农业官员、当地技术员、农户、教师和学生 2490 人，先后选送 32 名莱索托农业部官员到中国参加由商务部主办、福建农林大学承办的菌草技术培训班，其中，2 名技术官员和 2 名国立大学本科毕业生赴华攻读菌草方向的硕士学位，为莱方培养本土菌草技术人才；技术培训不仅加快了项目的顺利推进，也为莱索托今后菌草技术的规模发展和应用推广奠定了良好的基础。

（4）通过各种渠道加强项目宣传，以各种方式开拓市场。菌草技术项目在莱索托是个全新的项目，为增进当地人们对食用菌的了解，项目专家组通过开办农户日、开放日，参加"非洲农业发展综合项目"、"世界粮食日"、全国农业展览等活动对项目进行宣传。通过对菌草项目的展示和介绍菌草菇营养价值，了解供销需求，帮助菇农开拓市场，把握商机。莱索托电视台（LTV）新闻记者、莱索托农业信息服务中心（AIS）记者、当地新闻报纸记者多次到基地进行采访，在莱索托电视台晚间新闻及农业专题节目上多次播出了菌草技术在莱实施的情况，并在当地主要媒体也设专题报道了该项目。

第二节　菌草技术国际合作研究
——以中国与南非、卢旺达菌草技术合作项目为例

一、中国与南非菌草技术合作项目

1. 菌草技术在南非夸祖鲁纳塔尔省推广

南非是非洲大陆经济发展水平较高的国家，然而与其他发展中国家一样，

在经济发展和城市化进程中，同样面临城乡二元分化、贫富差距拉大的困境，广大黑人的贫困、高居不下的失业率以及艾滋病的迅速蔓延，困扰着南非的经济发展。南非政府原来对农村和贫困人口的扶持主要是给钱给物的"输血型"方式，无法从根本上消除贫困。他们引进菌草技术，就是为了促进农业生产和农民增收，消减城市化进程中的负面效应。为此，南非政府把菌草项目作为消除饥饿、增加就业的重要手段，并作为产业扶贫的发展方向。在引进菌草项目之前，南非菇类生产成本高，从事生产的只有几家大企业，这使广大的黑人群众无法进入这个行业。但白人对菇类的消费水平较高，菇类产品在南非市场价格也比较高。在南非发展菌业生产有着广大的发展空间。菌草技术具有周期短、见效快；技术简单容易掌握的优势，且菌草技术产品——食用菌与药用菌具有很高的营养与药用价值，这与南非政府的食品安全、消除贫困、创造就业机会紧密联系在一起。

2003 年 2 月，南非祖鲁王国国王古德维尔·孜维勒悌尼国王参观访问福建农林大学菌草研究所，探讨如何引进菌草和旱稻技术，改善当地人民食物结构，保障食品安全，消除贫困，为当地创造就业机会。2004 年 7 月，南非夸祖鲁纳塔尔省省长访问福建农林大学，签署了菌草与旱稻项目协议，以 24 万美元获得菌草技术与旱稻技术在南非夸祖鲁纳塔尔省的使用权。南非政府共投资近 1 亿元人民币发展菌草产业，其中，投资 6000 万兰特在西德拉建立菌草研究和培训基地，该基地已于 2009 年 11 月开始运行。省长恩德贝勒在 2006 年国情咨文中多次提到菌草和旱稻项目是与中国福建省合作的一个主要的国际项目，对粮食安全有直接影响，把菌草与旱稻项目列为该省消除饥饿的重要手段，是产业扶贫的发展方向。

2. 菌草技术在南非的推广模式：基地+旗舰点+农户

菌草技术能够成功在南非推广，首先，组建一批专门为菌草技术项目服务的队伍进行培训。其次，在农业厅总部的示范培训基地举办菌草技术骨干培训班培训技术骨干和推广人员。最后，通过旗舰点对农户进行现场指导培训，每个旗舰点集中 135 个以上的农户进行生产，农业厅的项目经理、技术人员和推广人员在专家组的带领下全程参与旗舰点的组建与运行，集中学习生产技术和管理知识。然后，这些具有实践经验的技术人员和推广人员在其他地区复制类似的旗舰点。在项目实施过程中，菌草与旱稻技术专家组深入各地，广泛接触社会各个阶层认识，对南非社会情况，特别是农业和农村的情况有了较深入的了解，并与各种族人士和睦相处，紧密合作。专家们与最贫困的农村黑人妇女、基层工作的技术人员、部落首领、大学生和研究机构的专家学者、国会议员等各界人士都建立了深厚的友谊和良好的合作关系。现南非当地的技术人员已基本掌握了菌草生产的主要工艺。

在技术推广模式方面，在专家组与当地政府的共同努力下，现已形成了与南非当地大型扶贫项目"Zibabmbele养路工"结合，结合当地农业改革的战略，进行产业化扶贫的模式。通过旗舰点进行产业化发展，组织农户形成原料供应、菌袋生产、出菇管理和产品加工及销售的各类合作社，增加农户对生产的积极性，降低单个农户在技术、资金、市场上的风险，最终达到推动当地农村经济发展，改善农民生活水平作用。菌草技术合作项目在推广过程中采取本土化和简便化原则，专家组根据当地的市场和生产情况，选择菇类品种，开拓新兴的市场，特别是农村市场。在专家组的努力下，现在南非栽培平菇、香菇、灵芝、猴头、杏鲍菇、红平菇、黄平菇、毛木耳等食用菌与药用菌。

在菌草技术的推广过程中，专家组在夸祖鲁纳塔尔省农业厅建立了具有示范、生产功能的示范基地和示范点，现该基地年可生产菌袋100万袋；建立了具有制种和科研功能的菌草科学实验室，已成为夸祖鲁纳塔尔省的制种与科研中心；在城市周边建立了超过32个菌草旗舰点，负责产品的生产销售；推广农户超过余户；为确保菌草技术进村入户收到实效，林占熺对技术流程进行了简化，使农户"一看就懂、一学就会、一做就成"，简单到连南非的单亲母亲——"穷人中的穷人"都能掌握，让成千上万贫困农民学到菌草技术，在短时间内脱贫致富。"基地+旗舰点+农户"，这是从南非的实际出发，菌草技术扶贫的一种模式，它把政府支持和市场作用相结合，调动贫困农户、社区和企业的积极性，既解决农户的技术问题，又解决农户小生产不适应大市场的销售问题。

二、中国与卢旺达菌草技术合作项目

1. 项目背景及早期推广概况

卢旺达地处非洲中东部高原地区，面积26338平方千米，属内陆国家，全境多山，有"千丘之国"之称，海拔950~4519米。地势西高东低，地形以高山、丘陵和草地为主，气候较温和，年平均气温20.6℃。卢旺达人多地少，资源短缺，是一个落后的农牧业国家，是联合国公布的最不发达国家之一。2008年全国人口总数1000万人，人口密度380人/平方千米，年平均人口增长率3.2%，是人口增长最快的国家之一。2007年人均GDP为370美元。卢旺达的自然地理条件，导致其在目前和今后相当长的一段时间内必将面临极其严峻的诸多压力：粮食安全的压力；农业人口特别是妇女就业压力，卢旺达有460万劳动力，失业率为30%；生态安全压力，森林的过度砍伐和过度放牧导致水土流失严重，全国30%的人口使用木炭为燃料，按每人每天消耗木炭0.45千克计算，每天木炭的消耗量为135万千克，其余约70%中的绝大部分村民使用木柴为燃料，木柴的消耗量更大①。因此，面临的可持续发展压力极大。菌草技术为卢旺达解决上述问题开辟了一条有效的途径。主要体现在以下三点：一是菌草技术以野生或人工栽培的草和农作物秸秆为原料生产出优质的绿色无公害食品，解决食品安全问题；二是菌草技术是劳动力密集型的产业，投入少、见效快，能够在较短时间内解决大量劳力特别是妇女的就业问题；三是菌草技术所需的原料可再生且再生周期短，产品还可以循环利用，既可保护生态环境，又能源源不断地为人类提供食品，实现可持续发展。

2005年10月，卢旺达农业部和福建农林大学签署了菌草与旱稻合作协议，以12万美元获得菌草技术与旱稻技术在卢旺达的使用权，指定农业部农业发展局（RADA）为项目实施单位，2006年8月在卢旺达首都基加利市附近的KABUYE区建立了菌草与旱稻技术示范培训基地。2006年8月1日，项目正式开始实施。卢旺达地少人多，当地人民生活非常贫困，生活条件极其落后。原来没有食用菌生产，在20世纪70年代时比利时专家就教他们种菇，结果当地老百姓把菇养在土房子里面，而且产量非常的低，实际上那种菇要养在水泥房子里面，根本就推广不开来，成本高收益低，在西方国际组织撤走后，菌类生产基本上不能为续。通过福建农林大学菌草所和卢旺达农业部的技术合作和示范推广，菌草技术在卢旺达探索出一条适合当地的技术推广模式，主要有以下三点：

一是建立了菌草技术示范生产和制种基地（含制种实验室），基地利用极其有限的资金快速改进了卢旺达原有的菇类生产模式，技术简便化、本地化、标准化，菌种成本只有原来的1/10、农户进行菌类生产的投资大大降低，产量却比原来提高数倍，这些生产技术上的变革大大鼓舞了当地政府和人民。

二是组织多次不同类型、不同层次的培训班：菌草技术高级培训班、技术工人培训班、菇农培训班等，共举办五期培训班，培训学员265人；培养了一批熟练的菌草技术工人和优秀的管理人员，可以独立对菇农进行技术指导；广大群众通过对菌草技术的了解，对菌草业的发展充满希望，纷纷自发前往示范基地学习，想方设法筹集资金进行菌业生产。

三是在农业发展局的协助下，建立菌草技术推广的组织机构（菌草合作社），协调解决生产中出现的技术、资金、劳力和市场等问题。初步建立了菇类产品的销售网络（渠道），从生产菌袋到栽培出菇直至销售鲜菇的各个环节已

---

① 林占森. 卢旺达菌草业现况及发展前景 [J]. 福建农业科技, 2016 (6).

经初具规模。

自菌草技术合作项目实施以来，在当地备受关注，在卢旺达政府的大力支持下，菌草技术已经推广到全国各地，为菌草业的快速发展奠定了良好的基础。2009 年 9 月，农业部又拨款 6200 万卢朗（约 11 万美元）作为菌草技术实验室建设和技术推广等专项基金。同时，多家国际组织如，世界宣明会（World vision International）、世界粮农组织（Food and Agriculture Organization of the United Nations，FAO）、非洲发展银行（African Development Bank，ADB）、世界粮食计划署（World Food Programme，WFP）、英国乐施会（Oxford Committee for Famine Relief，OXFAM）、女性关爱组织（Women for Women）等，也看中菌草技术项目的巨大潜力，他们有的纷纷出资资助卢旺达政府和群众组织进行技术培训、技术推广等工作，有的出资购买生产材料设备、建设菌草生产基地等。

2. 中国援卢旺达农业技术示范中心与菌草技术推广

中国援卢旺达农业技术示范中心项目是中国政府落实中非合作论坛北京峰会 8 项举措的重要内容之一，中心于 2009 年 12 月 18 日正式开工，2011 年 4 月建成投入运行。由项目承包单位福建农林大学派出的专家组和技术人员，对卢旺达当地农户进行水稻、菌草、蚕桑、水土保持培训，其中以菌草为主，至今仅菌草技术已培训上千人。经过中国专家 13 年的培训和推广，现菌草技术在卢旺达已遍地开花，有 50 多家大规模生产的企业和合作社在从事菌草产业，有些企业已将菌草产品出口至其他非洲国家。

首都基加利蘑菇种植户莱昂尼达斯，在参加菌草技术培训班后，于 2014 年成立了一家名为"得意"的公司，种植菌草然后用菌草培植蘑菇，培训、雇用当地青年和妇女生产的蘑菇，所获收入不仅让自己的两个孩子能上好学校，还自办了一个幼儿园；达玛斯（Damas）今年 37 岁，2010 年卢旺达国立大学毕业，毕业后在示范中心工作，2014 年出去创业，从事菌草菇菌袋生产，得到中国专家组的响应，表示在技术方面和物资方面给予支持，帮助达玛斯开始启动项目各项生产环节，并会向他提供优质的菌种原种用于生产菌袋栽培。经过几年的努力，现在一个月可以生产 10000 多菌袋，已帮助 150 多户农户从事菌草菇的生产并实现脱贫……，当地涌现的一大批的青年创业者、农民致富带头人、妇女创业者，他们的生活面貌也因此而改变，1.2 万个农户通过种植蘑菇获得了稳定收入，提高了生活水平。

自 2011 年农业技术示范中心正式开展菌草技术培训班以来，这项技术已经获得当地人的认可。卢旺达农业部长卡丽巴塔曾表示："在所有外国援助卢旺达的农业项目中，中国援助的农业技术示范中心项目对卢旺达农业现代化、消除贫困、扩大就业方面贡献最大。"在卢旺达当地有利的气候条件下，菌草的种植和开发利用形成一定的规模和延伸效应。如今，中国的技术援助已经扩大为帮助卢旺达发展一项新兴的菌草产业，并以此为核心发展卢旺达的现代农业。

此外，针对长期以来传统农业耕作方式不合理和为获取燃料而砍伐森林造成严重的水土流失问题，自 2011 年开始，以林占熺为首的中国援卢旺达农业技术示范中心专家组在卢旺达开展了菌草治理水土流失试验示范。试验结果表明，采用等高线种植巨菌草和开垦梯田方式可以有效地减少水土流失。相对"传统栽培农作物"模式而言，"等高线种植巨菌草"模式雨水流失率减少 82.39%，土壤流失率减少 96.26%；"等高线种植巨菌草活篱笆+梯田套种农作物"模式雨水流失率减少 74.64%，土壤流失率减少 90.4%。巨菌草生物量大，单季 667 平方米产鲜草超过 12.25 吨，其根系发达，固土蓄水能力强。虽然本次试验所测得的土壤养分数据偏低，因其土壤肥力原始贫瘠，但试验结果表明，"等高线种植巨菌草"模式在有机质 C、有效磷和钾含量方面比传统栽培模式更高，说明种植巨菌草具有改善土壤肥力的潜力[1]。所以，种植巨菌草，保持水土效果好，提高土壤肥力，产量高，利用菌草技术发展菌业和畜业，为当地农业可持续发展开辟一条新的途径。如今，菌草生态治理已被卢旺达列为国家水土流失治理的重点项目。

第三节　本章小结

20 世纪 90 年代中期，菌草技术开始了对外传播的国际化进程，二十多年来，菌草技术在对外援助和国际合作中成效显著，其在国际间的推广应用为我国开展和平外交和构建人类共同体做出了重要贡献。在巴布亚新几内亚，菌草技术"发挥了很好的经济社会效益，成为中国同巴布亚新几内亚关系发展的一段佳话"；在斐济，菌草技术被誉为"岛国农业的新希望"；在莱索托，因短时间即可收回成本，农民称菌草种植蘑菇为"快钱"；在南非，创立"基地+旗舰点+农户"模式，把政府支持和市场作用相结合，调动贫困农户、社区和企业的积极性，既解决农户的技术问题，又解决农户小生产不适应大市场的销售问题；在卢旺达，从菌草技术合作项目的实施，到中国援助卢旺达农业技术示范中心的建成投入运行，这项技术已经获得当地人的认可，卢旺达农业部长卡丽巴塔曾表示："在所有外国援助卢旺达的农业项目中，中国援助的农业技术示范

---

① 林占森.卢旺达菌草业现况及发展前景 [J]. 福建农业科技, 2016 (6).

中心项目对卢旺达农业现代化、消除贫困、扩大就业方面贡献最大。"

　　虽然菌草技术国际化优势明显，发展前景十分广阔，在发展中国家得到广泛的推广和应用，但是菌草技术作为一种生态农业技术，在推广应用过程中受多种因素的影响，一是技术自身的因素。菌草技术受援助国主要是经济较不发达的发展中国家，农户对菌草技术不太了解，所以技术本身的收益预期、可操作性和地区适应性等是影响技术扩散的重要因素；二是农户禀赋因素。发展中国家贫困农户受教育程度低，长期生活在只能糊口甚至难以糊口的困难境界，对风险的承担力低，存在安贫、依赖乃至自卑的心理，从而成为接受新技术的影响因素；三是政策环境因素。一项新技术在推广应用初期，总会面临着种种困难，特别是如何让那些对菌草技术一片空白的农户去接受并采纳该技术，因此，菌草技术的推广有赖于当地政府的政策激励；四是推广服务因素。技术培训体系是否完善，示范指导是否通俗易懂，是影响农户采用菌草技术的重要外因，援外农业技术示范中心的建成对培养当地菌草技术人才以及解决农户遇到的技术难题起到了促进作用，也为所在国今后菌草技术的规模发展和应用推广奠定了良好的基础。

第十三章
拓展菌草功能，助力全球减贫与生态治理

第一节　菌草技术的发展与菌草产业的成长

20 世纪 80 年代以前，世界各国都以林木中的阔叶树为主要原料，来栽培香菇、木耳、灵芝等食（药）用菌。然而阔叶树资源紧缺，培植周期长，且不易人工栽培。随着食用菌产业的快速发展，特别是食用菌工厂化企业的迅猛发展，"菌林矛盾"日趋突出，资源遭到破坏，生态环境日益恶化，食用菌产业也面临原材料短缺的威胁。为化解食用菌栽培大量消耗森林资源的难题，福建农林大学林占熺教授从野生和人工栽培的草本植物中筛选、培育出数十种菌草，实现食用菌栽培"以草代木"，1986 年发明了菌草技术，开创了菌草科学研究新领域。经过 30 多年的不断研发推广，菌草技术在实践中日趋完善与成熟，到目前为止，可用 45 种野生或人工栽培的菌草栽培 55 种食（药）用菌，并从原来单一的食用菌代料技术拓展至菌草菌物饲料、菌草菌物肥料、菌草生态治理、生物质能源与材料开发等领域，建立起菌草综合开发利用技术体系。

国内外大量的应用实践表明，应用菌草技术发展菌草生产具有投资少、周期短、见效快等优点。随着菌草技术的不断创新扩散，在部分地区已经形成了新兴产业——菌草业。菌草业是一个新的生态产业、新的生产体系，形成植物—菌物—动物循环、植物—能源—肥料循环等，对资源的多次循环转化综合利用，把菌业生产的社会、经济、生态三大效益有机结合起来（见图 13-1）。发展菌草产业将对草地的开发利用、对水土流失的治理、对菌业生产、牧业生产、农业结构调整和贫困地区经济发展产生深远的影响，对解决 21 世纪人类面临的人口、食物、资源、环境、能源五大难题起到积极的作用。

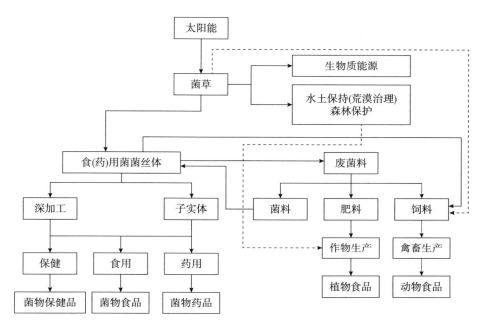

图 13-1 菌草产业发展

第二节 菌草业多功能性的特征

农业的多功能性，一般是指农业不仅具有生产和供给农产品、获取收入的经济功能，还具有环境保护、农村景观保留、生物多样性、农村生存与发展、粮食安全保障、食品质量卫生、农业历史文化传承以及动物福利等方面的功能。菌草业隶属于农业，它自身的生物学特性和生产特点决定了它在农业生产中具有其自身的多功能性，不仅具有生产和供给食（药）用菌产品、获取收入的经济功能，还具有更多的生态功能和社会功能，具体表现为（见表 13-1）：

表 13-1 菌草业多功能性的特征

一级功能	二级功能	具体内容
经济功能	食物供给	供给食（药）用菌产品和菌物饲料、增加农民收入
	原料供给	提供食品加工业、制药和化学工业、生物质能源原料

一级功能	二级功能	具体内容
生态功能	资源节约 生态治理	保护森林资源、循环利用 防止水土流失、净化大气和水源、维持生态平衡
社会功能	就业减贫 营养保健	吸纳剩余劳力、减缓贫困、促进社会安定 改善食物结构、提高健康水平

1. 经济功能

为社会提供食用菌产品和菌物饲料等，以价值形式表现出来的功能，是菌草业的基本功能。菌草栽培香菇、木耳等食用菌，其生物转化率是 80%~120%，1 千克的干培养料可转化 1 千克左右的鲜菇，每亩地的菌草每年能生产 4000 千克鲜菇，可能提供给人类的粗蛋白食品为目前水稻生产的 5.6 倍，是为人类提供优质食品的最经济、最合理的新途径。菌草营养丰富，蛋白质和糖分含量高，适口性好，是饲喂牛羊的优良牧草之一，可为畜牧业发展提供优质饲料。菌草具有生长快、生物量大、抗逆性强的特点，是相当理想的生物质新能源和新材料，利用菌草生产提取生物质燃料、高分子新材料等，可以节约大量的木材资源。

2. 生态功能

菌草业的优势在于能保护和改善生态，克服传统的用林木资源生产菌物以造成破坏森林生态的弊端，利用人工种植适合菌物生产的各种草本植物如芦苇、象草、巨菌草、串叶草等，以草本植物代替林木栽培食（药）用菌，不仅扩大了食（药）用菌的生态来源，而且可以极大地减少林木的砍伐量，有效地保护森林资源；菌草技术合乎循环经济的要求，既对资源进行多次的循环利用又不产生污染，对自然资源进行了最充分和节约的利用，对生态环境没有造成损害，而且还有益于保护与优化自然生态；从治理水土流失的角度来看，种植菌草能大幅度提高太阳能的植被转化率。太阳能转化为菌草的转化率是太阳能转化为阔叶树的 4~6 倍。菌草的根量比一般农作物大 3~5 倍，维系土壤肥力比农作物高 15 倍。因此。菌草对土壤的防冲能力和吸附雨水的能力比森林和农作物都强；菌草再生能力强，一次种植可多年多次收割，是可持续开发的丰富资源；另外，种植巨菌草每亩年可吸收空气中的二氧化碳 6550~10480 千克，菌草是环境修复和环境保护的最好植物之一。

3. 社会功能

体现在农村劳动力就业、贫困人口脱贫、促进社会安定以及增进民族健康等方面。利用菌草栽培食用菌，规模可大可小，可在园艺设施内规模栽培，取得规模经济效益，也可发展为庭院经济，房前屋后庭院栽培，属于劳动密集型产业，需要大量的劳动力（特别适于妇女从业），是我国农村特别是贫困地区就业增收和消除贫困的好途径。在食用菌生产过程中，多为轻体力劳动，老幼妇孺皆可；菌草技术简便易懂，只要经过培训即可掌握，因此，它对于广大文化程度不高且资金短缺的贫困农民具有很强的实用性和可操作性。菌草业的发展，不仅为解决中国国内农村地区的贫困问题提供了一条切实可行的途径，而且它在国际间的推广，对解决一些发展中国家的贫困和就业问题做出了积极的贡献。许多菌类具有提高免疫力、增强体质的功能，发展菌草业可为城乡居民提供富有营养的食用菌，对于科学地改善食物结构，提高健康水平有重要意义。

第三节　拓展菌草功能　助力全球减贫与生态治理

经济社会的需求正在不断地拓展，农业的功能性也在不断拓展。实践表明，农业发展的动力来自经济社会不断发展的需求，这是农业功能创新的动力。在现代社会中，当粮食、能源、环境等问题日益紧张时，人们再度把目光投向农业，冀求发挥农业在解决上述问题上的潜力。通过对菌草业的成长分析可知菌草业具有多功能性，但由于人们对菌草技术的认识尚处于初步阶段，导致菌草业的多功能性发挥尚不充分。纵观近些年菌草技术在国内外的扶贫推广实践，在新时代的环境和技术条件下，菌草业的发展应发挥其在全球减贫与生态治理上的更大作用。

1. 强化菌草业的食物保障功能

食物安全关系民心稳定和社会稳定，为满足人类食物的需要，特别是优质蛋白质的需要，是人类社会发展的永恒挑战。随着世界人口不断增加，耕地面积不断缩小，发展中国家面临贫困、饥饿和就业等难题，尤其是蛋白质摄取量不足问题尤为突出。科学家们预言，21 世纪食用菌将发展成为人类主要的蛋白质食品之一。菌草业可以在不依赖耕地、不破坏森林生态的条件下为人类提供富含蛋白质的菌类优质食物，其转化率是每千克干草生产 1 千克左右的鲜菇，每亩地的菌草每年能生产 4000 千克鲜菇，可能提供给人类的粗蛋白食品为目前水稻生产的 5.6 倍，是为人类提供优质蛋白质的最经济有效的新途径；菌草不仅可作为鲜草直接饲喂动物，还可以制作青贮饲料和干草粉等饲料，有效解决

8个月左右无草期的饲料问题，推动畜牧产业的快速稳定发展，有利于城乡居民科学地改善食物结构、提高健康水平。因此，必须从保障食物安全、造福人类的战略高度强化对菌草业重要性的认识，重新诊释菌草业的内涵，加大对菌草业的政策支持力度。

2. 拓展菌草业的原料供给功能

菌草具有禾本科生物结构的显著特点，含有薄壁细胞、导管和纤维组织带，并且纤维长、强度好，这很适合做纤维板，而且巨菌草的硝酸-乙醇纤维素含量达39%，而酸不溶木素、聚戊糖和灰分含量相对较低，这些特点使其易于蒸煮、化学药品消耗低，制浆得率高，容易打浆，是比较适合做高档纸浆的原料，制造纸浆，利用菌草造纸和生产纤维板，可以节约大量的木材资源；当今以化石能源（煤、石油、天然气等）为主的不可再生的能源结构不仅使资源日益枯竭，而且造成对环境的严重污染，必须大力发展可再生能源（包括风能、太阳能等），其中，发展生物质能源，有着巨大的潜力。菌草的生物质能含量高，灰分少，作为燃料，二氧化碳的排放量远低于煤、油，而且生长过程中吸收二氧化碳，是发展清洁能源的理想燃料，对减少大气污染、保护生态环境具有重要的作用；种植菌草可以作为发电燃料、锅炉燃料、乙醇原料，以菌草作能源草符合国家发展生物质能源"不与人争粮，不与粮争地"的原则，可充分利用荒滩、荒坡、废弃地等种植菌草。

3. 彰显菌草业的资源节约功能

贫困地区环境容量有限，农业发展的资源要素也有限，现实已不允许依靠拼资源和牺牲环境利益为代价来换取农业经济的高速增长。菌草的技术优势在于能保护生态、改善生态，克服以往的用林木生产菌物以致破坏森林生态的弊端；同时，菌草技术可通过"草—菌—畜"模式发展生态循环农业，使农业资源循环利用，减少污染，畜牧养殖粪便及废菌渣变成了有机肥，减少了化肥、农药使用量，促使农产品质量提高，较好地破解了生态脆弱地区农村贫困与生态退化恶性循环的怪圈。就生态功能而言，其表现为生态价值，它是一种隐性或半隐性的客观存在，其变化很难直观地、短时期内表现出来，有的变化甚至累积久远，影响到后代利益。目前实现菌草业生态功能的最大的困难在于，生态功能具有公共物品的属性，处于社会收入等级较低位置的农户会优先选择追求经济价值，而菌草零星种植经济效益不明显、采收加工成本较高，影响了菇农对菌草技术的接受度。因此，对菌草业生态功能的实现，政府应发挥主导作用，加大对菌草业的财政支持力度，鼓励农户采用菌草技术发展菌草业。

4. 发挥菌草业的生态治理功能

从生态治理的角度来看，菌草不仅具有生长速度快、根系发达、适应性广、抗逆性强等特点，还具有良好的固土效果，蓄水保土能力强，可有效保持水土，改善土壤肥力，且植被恢复快，见效快，是治理干旱地区及石漠化最好的植物之一；近十年来，林占熺团队重点在全国几十个不同类别的地区，运用菌草技术对生态修复治理进行了卓有成效的研究与探索。特别是自 2013 年以来，他们连续多年在内蒙古阿拉善黄河沿岸的沙漠上开展菌草技术防沙、固沙的示范试验，为在黄河两岸建立菌草绿色生态屏障开辟了新途径，开创了种植百天左右就能把"沙漠变绿洲"、把风沙牢牢封固住的奇迹；2013 年种下的巨菌草的根系 6 年后仍有效固沙。巨菌草内含固氮菌，其叶、茎、根均可以固氮。巨菌草作为先锋植物，可进行草—灌—乔结合治理；可与沙蒿、梭梭等多年生沙生植物套种；还可"变沙为土"、生地变熟地，用于生产马铃薯、花生等作物。多位我国"两院"院士认为，其实践成果为我国干旱半干旱区生态修复提供了新途径，该成果在干旱半干旱地区菌草防风固沙技术的研究方面达到国际领先水平。菌草技术不仅可为黄河筑起千里绿色菌草生态安全屏障，也为世界江河湖泊的生态治理提供示范。

5. 强化菌草业的就业减贫功能

菌草技术的推广实践，为贫困农户提供了一种可供选择的技术发展新模式。栽培食（药）用菌，能够帮助农户增加收入，拓宽农户脱贫致富的道路。农户生产食用菌有两条途径可供选择：一条是工厂化栽培，对于大多数农户而言并不现实，因为投入成本太高，贫困农民不可能拿出巨额资金进行生产投资，另一条是实施菌草技术，该技术投入小，属劳动密集型，而且技术简便易懂，只要经过培训即可掌握，因此，它对于广大文化程度不高且资金短缺的贫困农户具有很强的实用性和可操作性。菌草技术在解决贫困问题的社会学价值方面，除了为贫困地区提供了一种可供选择的新模式，为缩小地区差别、构建和谐社会探索一条新途径，为全球减贫事业创造一种新经验之外，还为解决农村劳动力就业问题提供了一种新方法。从中国 40 年的实践来看，过量地把农村劳动力转移到城市，不但给城市带来种种社会问题，而且对农村的发展也不利，菌草技术的推广能大量吸纳劳动力，缓解因劳动力过量转移给城市造成的压力，这一点菌草技术在解决农村社会人口流动方面也具有其独特的社会学价值。

6. 拓展菌草业的营养保健功能

发展菌草业可为城乡居民提供富有营养的食用菌，对于科学地改善食物结构，提高健康水平有重要意义。菌草技术通过援外和国际合作，已经传播到

106 个国家，既解决了发展中国家贫困和就业问题，也改变了当地居民的饮食结构，增加了蛋白质的摄取量，提高了群众的健康水平。许多菌类具有提高免疫力、增强体质的功能。食用菌除了含有高蛋白、高膳食纤维、低脂肪、低能值，富含矿物质和多种维生素之外，同时还含有真菌多糖、甾醇、糖蛋白、生物碱等多种生理活性物质，而且营养美味可增强机体免疫力、保肝健肾、清除血液垃圾、预防心脑血管系统疾病。

附　录

附录一　农户菌草技术采用行为调查问卷

亲爱的菌农朋友：

感谢您对我们调查工作的支持，我们这项调查为纯粹的科学研究，有关数据资料只作科学研究用途，请大家放心如实提供，衷心感谢您的支持！

福建农林大学

市（地区）、县：＿＿＿＿＿＿＿＿＿＿＿

乡　　　（镇）：＿＿＿＿＿＿＿＿＿＿＿

村：＿＿＿＿＿＿＿＿＿＿＿＿＿＿＿

调查日期：＿＿＿＿＿＿＿＿＿＿＿＿

注：菌草包括芒萁、五节芒、芦苇等野草及人工种植的巨菌草、象草。

一、农户及家庭特征因素

1. 您是否是户主＿＿＿＿＿＿＿＿，您的性别＿＿＿＿＿＿＿＿。

2. 您的年龄＿＿＿＿＿＿＿岁，您的文化程度＿＿＿＿＿＿＿。

（1）文盲　（2）小学　（3）初中　（4）高中　（5）高中以上

3. 您家共有＿＿＿＿＿人，劳动人口（含打工）＿＿＿＿＿人，从事农业生产的＿＿＿＿＿人。

4. 您家除了农业生产之外，有没有从事其他行业（如外出打工、开工厂或作坊、经商或开杂货铺等）？（＿＿＿＿）

（1）有　　（2）没有

5. 您家人中是否有村干部？（　　　　　）

（1）有　　（2）没有

6. 您的亲戚中是否有（镇、村）干部的人？（　　　　　）

（1）有　　（2）没有

7. 假如现在有一种新技术，您成功采用的话效益会很好，但是也存在失败的风险，您会是村里最先采用该技术的一批人吗？（　　　　　）

（1）会　　（2）不会　　（3）看情况

8. 您从事菌菇种植_____年。

9. 2010 年您家总收入_____元，其中，菌菇收入_____元，其他收入_____元。

二、菌菇生产种植情况和成本收益情况

1. 2009~2010 年您家菌菇生产情况。

年份	品种	香菇	蘑菇	花菇	毛木耳	灵芝	平菇
2009	规模（袋/平方）						
	总产量（斤）						
	价格（元/斤）						
2010	规模（袋/平方）						
	总产量（斤）						
	价格（元/斤）						

2. 2009~2010 年您家主要原材料的购买情况。

（如果原料是自备的请注明）

年份	木屑		棉籽壳		菌草		玉米芯		稻草	
	购买量（百斤）	价格（元/百斤）	购买量（百斤）	价格（元/百斤）	购买量（百斤）	价格（元/百斤）	购买量（百斤）	价格（元/百斤）	购买量（百斤）	价格（元/百斤）
2009										
2010										

三、技术因素

1. 您有没有听说过用菌草也可以种菇？（　　　　）

（1）有　　（2）没有

2. 您家有种植菌草吗？（　　　　）

（1）有　　（2）没有

如果没有，您为什么没有种？（　　　　）

（1）种植成本太高　　（2）管理困难　　（3）野草丰富　　（4）其他＿＿

3. 您家种植了＿＿＿＿＿＿亩菌草？

4. 您种菌草的目的是？（　　　　）

（1）自己种菇用　　（2）拿去卖　　（3）分配的任务

5. 您在种植菌草过程中，觉得菌草技术的配套设施（采收、运输、粉碎等技术）是否健全？（　　　　）

（1）是　　（2）否

6. 您家有采用菌草（含野草）种植食用菌吗？（　　　　）

（1）有　　（2）没有

如果没有，您为什么没有用菌草种植食用菌？（　　　　）

（1）木屑比较好买　　（2）没地方买草粉　　（3）菌草种菇出菇总量低

（4）其他＿＿

7. 您家的菌草是怎么获得的？（　　　　）

（1）自己种　　（2）野草　　（3）免费从别家获得　　（4）向别家购买

8. 您家在采用菌草种菇之前主要是用哪种原材料？（　　　　）

（1）木屑　　（2）棉籽壳　　（3）玉米芯　　（4）稻草　　（5）其他＿＿

9. 您家是从哪一年开始采用菌草种菇？＿＿＿＿＿＿＿＿＿＿

10. 您为什么采用菌草种菇？（　　　　）（多选）

（1）菌草比较便宜　　（2）担心原来的原材料会持续涨价

（3）用菌草种菇，品质产量更好　　（4）政府有补贴　　（5）其他＿＿

11. 您现在采用菌草种菇是如何配比的？＿＿＿＿＿＿＿＿＿＿（注：哪几种主要原材料进行配比）各种原材料的比例如何？

香菇＿＿＿＿＿＿＿＿＿＿＿＿＿＿＿＿＿＿＿＿＿＿＿＿＿＿＿

灵芝＿＿＿＿＿＿＿＿＿＿＿＿＿＿＿＿＿＿＿＿＿＿＿＿＿＿＿

12. 您从哪里知道这个配比是最好的？（　　　　）

（1）自己的经验　　（2）他人种植经验　　（3）参加技术培训

13. 您觉得菌草技术容易掌握吗？（　　　　　）

（1）容易　　（2）一般　　（3）不容易

14. 您在用菌草草粉种菇过程中觉得哪个环节比较难？（　　　　　）

（1）温度控制　　（2）湿度控制　　（3）病虫害防治　　（4）菌包走丝

（5）其他____

15. 用菌草种菇的成本占总成本的比重？（　　　　　）

（1）高　　（2）一般　　（3）低

16. 您对采用菌草种菇能增加菌菇收入的期望如何？（　　　　　）

（1）高　　（2）一般　　（3）低

17. 您觉得采用菌草种菇出现风险的概率如何？（　　　　　）

（1）高　　（2）一般　　（3）低

18. 与木屑种植相比，您在用菌草种菇的过程中，有没有出现什么问题？
（　　　　　）

（1）有　　（2）没有

如果有，出现什么问题？（　　　　　）

（1）烂筒　　（2）出菇总量更低　　（3）出菇时间更早或更迟

（4）其他____

四、政策环境因素

1. 政府有没有对采用菌草技术进行补贴？（　　　　　）

（1）有　　　　（2）没有

如果有，是对哪个环节进行补贴？（　　　　　）

（1）种菌草　　（2）用菌草种菇　　（3）（收割、粉碎）机械

（4）合作社仓储

2. 政府对种菌草补贴多少_____元；您对这个补贴额满意吗？（　　　　　）

（1）满意　　（2）一般　　（3）不满意

3. 您更希望政府对哪个环节进行补贴？（　　　　　）

（1）种菌草　　（2）用菌草种菇　　（3）（收割、粉碎）机械

（4）其他____

4. 政府每年有没有提供免费的菌草技术培训？（　　　　　）

（1）有　　　　（2）没有

5. 政府每年提供_____次的免费菌草技术培训？

6. 政府主要在哪里进行培训？（　　　　　）（可多选）

（1）村里　　（2）乡里　　（3）县里　　（4）其他地方____

7. 培训时是怎么通知您的？（　　　　　）

（1）没怎么通知我　　（2）村里集体广播　　（3）直接通知我个人

（4）通过合作社通知　　（5）其他____

8. 您有没有参加合作社？（　　　　　）

（1）有　　（2）没有

如果有，合作社为您提供哪些服务？（　　　　　）

（1）统一购买原材料　　（2）统一销售菌菇　　（3）提供菌草技术信息

（4）其他____

9. 您一年参加过_____次的菌草技术培训？

10. 当地政府对木材的管制严不严格？（　　　　　）

（1）严格　　（2）不严格

五、技术推广服务因素

1. 技术推广部门有没有进行免费的技术指导？（　　　　　）

（1）有　　（2）没有

2. 技术推广人员有没有进行现场指导示范？（　　　　　）

（1）有　　（2）没有

六、信息因素

1. 菌草技术信息是否容易获得？（　　　　　）

（1）是　　（2）否

2. 您是怎么获得菌草技术信息的？（　　　　　）（可多选）

（1）收听广播电视　　（2）订阅报纸杂志书籍　　（3）网络

（4）合作社　　（5）亲朋好友　　（6）技术推广人员　　（7）其他

调查结束，感谢您的合作！

附录二　食用菌工厂化企业菌草技术
采用行为调查问卷

尊敬的厂长（经理）：

您好！为了解菌草技术采用的真实情况，我们开展这次问卷调查。本问卷不记厂名，不会损害您的任何利益，请您放心如实填写。本调查仅用于科学研究，并对外保密。以下调查表中选项均采用在□打钩方式进行单项或多项选择，请您在相应的□中打钩，在有横线的地方填写具体情况。谢谢您的支持与帮助！

福建农林大学

1. 贵公司属于：

□个人独资　　□合伙制　　□股份合作制　　□股份有限公司　　□有限责任公司

2. 贵公司种植的食用菌是：

□金针菇　　□杏鲍菇　　□真姬菇　　□蘑菇　　□鸡腿菇　　□其他＿＿

3. 贵公司属于：

□国家级龙头企业　　□省级龙头企业　　□地（市）级龙头企业　　□其他＿＿

4. 贵公司食用菌年产量为：＿＿吨

5. 公司年产值为：＿＿万元

6. 截至 2010 年底企业固定资产原值为：＿＿万元

7. 企业所有者（经理）的受教育程度：

□高中以下　　□高中或中专　　□大专或大学本科　　□硕士或以上

8. 贵公司产品获得以下标志？

□无公害食品　　□绿色食品　　□有机食品　　□未获得

9. 贵公司是否有产品出口？

□有　　□没有

10. 请问贵公司与大学、科研机构是否有协作关系？

□有　　□没有

11. 您采用新技术前考虑哪些因素？

□技术的风险　　　□成本及收益　　　□可以节约木材，保护生态环境

□政府激励措施　　□同行影响　　　　□其他＿＿

12. 如果贵公司在生产过程中使用木屑，其来源为：

☐本地　　　☐外县　　　☐外省

13. 您觉得当地政府对乱砍滥伐天然阔叶林的管制措施怎么样？

☐非常严厉　　☐比较严厉　　☐一般

14. 您是否同意下述观点？

（1）食用菌产业发展必将导致菌林矛盾，破坏生态环境：

☐同意　　　☐不同意

（2）保护生态环境：

☐应是政府的责任　　☐应是政府与企业共同的责任

☐应是导致生态环境破坏的企业的责任

（3）采取改善生态环境的措施并承担相应的费用中政府应负担：

☐全部　☐多半　☐一半　☐少部分

15. 贵公司有采用菌草作为原料吗？

☐有　　　☐没有

有采用接着 16 题回答，没有采用跳到 24 题回答。

16. 贵公司在采用菌草技术时，有没有进行配方试验：

☐有　　　☐没有

17. 贵公司采用菌草技术后原材料成本水平的变化是：

☐提高　　　☐下降　　　☐变化不大　　　☐说不准

18. 贵公司采用菌草技术后菌菇产量水平的变化是：

☐提高　　　☐下降　　　☐变化不大　　　☐说不准

19. 贵公司采用菌草技术后菌菇质量水平的变化是：

☐提高　　　☐下降　　　☐变化不大　　　☐说不准

20. 您觉得运用菌草技术与常规技术相比的难易程度如何？

☐更容易　　☐差不多　　　☐更难

21. 您认为目前菌草技术哪些方面需要改进？

☐新草种选育　　　　☐菌草干燥储存　　　☐草粉种菇配比研究

☐草粉加工设备　　　☐其他____

22. 您认为目前政府对菌草技术的激励政策的合理期限是：

☐1~5 年　　　☐5~10 年　　　☐10~20 年　　　☐20 年以上　☐无所谓

23. 您认为目前政府应在哪些环节健全激励措施？

☐继续补贴人工种植菌草　　　　☐补贴利用野生菌草种菇

☐补贴草粉加工储存专业户或合作社，保证常年供应

☐加大对利用菌草种菇的工厂化企业的补贴

24．你知道菌草可以作为食用菌原材料吗？
□知道　□不知道
25．你不选择菌草作为原材料的原因是：
□其他原材料容易买到　　□没掌握菌草技术

参考文献

英文参考文献

［1］Abadi Ghadim A K, Pannell D J. A Conceptual Framework of Adoption of an Agricultural Innovation ［J］. Agricultural Economics, 1999, 21 (2): 145-154.

［2］Adesina A A, Mbila D, Nkamleu G B, et al. Econometric Analysis of the Determinants of Adoption of Alley Farming by Farmers in the Forest Zone of Southwest Cameroon ［J］. Agriculture, Ecosystems & Environment, 2000, 80 (3): 255-265.

［3］Adesina A A, Zinnah M M. Technology Characteristics, Farmers' Perceptions and Adoption Decisions: A Tobit Model Application in Sierra Leone ［J］. Agricultural Economics, 1993, 9 (4): 297-311.

［4］Akaike H. A New Look at the Statistical Model Identification ［J］. Automatic Control, IEEE Transactions on, 1974, 19 (6): 716-723.

［5］Arrow K J. The Economic Implications of Learning by Doing ［J］. The Review of Economic Studies, 1962, 29 (3): 155-173.

［6］Arrow K J, Fisher A C. Environmental Preservation, Uncertainty, and Irreversibility ［J］. The Quarterly Journal of Economics, 1974, 88 (2): 312-319.

［7］Baptista R. The Diffusion of Process Innovations: A Selective Review ［J］. International Journal of the Economics of Business, 1999, 6 (1): 107-129.

［8］Basu S, Weil D N. Appropriate Technology and Growth ［J］. The Quarterly Journal of Economics, 1998, 113 (4): 1025-1054.

［9］Blatt J J, Miller P H. Preparing for the Pacific Century: Fostering Technology Transfer in Southeast Asia ［J］. Ann. Surv. Int'l & Comp. 1, 1996 (3): 235.

［10］Bouman B, Yang X, Wang H, et al. Performance of Aerobic Rice Varieties under Irrigated Conditions in North China ［J］. Field Crops Research, 2006, 97 (1): 53-65.

［11］Caliendo M, Hujer R, Thomsen S L. The Employment Effects of Job-creation Schemes in Germany: A Microeconometric Evaluation ［J］. Advances in Econometrics, 2005, 21 (7): 381-428.

［12］Cragg J G . Some Statistical Models for Limited Dependent Variables with Application to the Demand for Durable Goods ［J］. Econometrica: Journal of the Econometric Society, 1971, 39 (5): 829-844.

［13］Feder G, Just R E, Zilberman D. Adoption of Agricultural Innovations in Developing Countries: A Survey ［J］. Economic Development and Cultural Change, 1985, 33 (2): 255-298.

［14］Feder G, Just R E, Zilberman D. Adoption of Agricultural Innovation in Developing Countries ［J］. World Bank Staff Working Paper, 1985, 33 (2): 255-298.

［15］Feder G, Slade R. The Acquisition of Information and the Adoption of New Technology ［J］. American Journal of Agricultural Economics, 1984, 66 (3): 312-320.

［16］Feder G, Umali D L. The Adoption of Agricultural Innovations: A Review ［J］. Technological Forecasting and Social Change, 1993, 43 (3-4): 215-239.

［17］Foster A D, Rosenzweig M R. Learning by Doing and Learning from Others: Human Capital and Technical Change in Agriculture ［J］. Journal of Political Economy, 1995, 103 (6): 1176-1209.

［18］Griliches Z. Hybrid Corn: An Exploration in the Economics of Technological Change ［J］. Econometrica Society, 1957: 501-522.

［19］Hall G E, Loucks S F, Rutherford W L, et al. Levels of Use of the Innovation: A Framework for Analyzing Innovation Adoption ［J］. Journal of Teacher Education, 1975, 26 (1): 52-56.

［20］Hayami Y, Ruttan V W. Agricultural Development: An International Perspective ［J］. American Journal of Agricultural Economics, 1985, 33 (2): 123-141.

［21］Huang J, Rozelle S. Technological Change: Rediscovering the Engine of Productivity Growth in China's Rural Economy ［J］. Journal of Development Economics, 1996, 49 (2): 337-369.

［22］Lin J Y. Education and Innovation Adoption in Agriculture: Evidence from Hybrid Rice in China ［J］. American Journal of Agricultural Economics, 1991, 73 (3): 713-723.

［23］Los B, Timmer M P. The Appropriate Technology Explanation of Productivity Growth Differentials: An Empirical Approach ［J］. Journal of Development Economics，2005，77（2）：517-531.

［24］Meert H，Van Huylenbroeck G，Vernimmen T，et al. Farm Household Survival Strategies and Diversification on Marginal Farms ［J］. Journal of Rural Studies，2005，21（1）：81-97.

［25］Negatu W，Parikh A. The Impact of Perception and Other Factors on the Adoption of Agricultural Technology in the Moret and Jiru Woreda（district）of Ethiopia ［J］. Agricultural Economics，1999，21（2）：205-216.

［26］Nowak P J. The Adoption of Agricultural Conservation Technologies：Economic and Diffusion Explanations ［J］. Rural Sociology，2009，1307（4）：113-134.

［27］Omamo S W. Farm-to-market Transaction Costs and Specialisation in Small-scale Agriculture：Explorations with a Non-separable Household Model ［J］. The Journal of Development Studies，1998，35（2）：152-163.

［28］Shucksmith M，Herrmann V. Future Changes in British Agriculture：Projecting Divergent Farm Household Behaviour ［J］. Journal of Agricultural Economics，2002，53（1）：37-50.

［29］Weil D N. Appropriate Technology and Growth ［J］. Working Papers，1998，113（4）：1025-1054.

中文参考文献

［1］边银丙. 我国秸秆资源状况对食用菌产业发展的影响 ［J］. 中国食用菌，2006，25（1）：5-7.

［2］曹光乔，张宗毅. 农户采纳保护性耕作技术影响因素研究 ［J］. 农业经济问题，2008（8）：69-74.

［3］曹建民，胡瑞法，黄季焜. 技术推广与农民对新技术的修正采用：农民参与技术培训和采用新技术的意愿及其影响因素分析 ［J］. 中国软科学，2005（6）：60-66.

［4］柴斌锋，陈玉萍，郑少锋. 玉米生产者经济效益影响因素实证分析——来自三省的农户调查 ［J］. 农业技术经济，2007（6）：34-39.

［5］常向阳，戴国海. 技术创新扩散的机制及其本质探讨 ［J］. 技术经济与管理研究，2003（5）：101-102.

［6］常向阳，姚华锋. 我国农业技术扩散的障碍因素分析 ［J］. 江西农业大学学报（社会科学版），2005，4（3）：21-23.

［7］陈安宁. 资源可持续利用的激励机制研究 ［J］. 自然资源学报，2000，

15（2）：107-111.

　　［8］陈凤波，丁士军．南方农户水稻种植行为差异分析［J］．湖北社会科学，2003（4）：33-35.

　　［9］陈会英，郑强国．中国农户科技水平影响因素与对策研究［J］．农业技术经济，2001（2）：21-26.

　　［10］陈会英，周衍平．中国农业技术创新问题研究［J］．农业经济问题，2002（8）：22-26.

　　［11］陈诗波．循环农业主体行为的理论分析与实证研究［D］．华中农业大学硕士学位论文，2008.

　　［12］陈曦．农户技术选择行为及其转变的实证研究［D］．河北农业大学硕士学位论文，2007.

　　［13］陈玉萍，李哲，丁士军．南方水稻干旱与农户和政府的处理策略分析［J］．农业经济问题，2007（12）：49-53.

　　［14］陈玉萍，吴海涛，陶大云．技术采用对农户间收入分配的影响：来自滇西南山区的证据［J］．中国软科学，2009（7）：35-41.

　　［15］陈玉萍，张嘉强，吴海涛．资源贫瘠地区农户技术采用的影响因素分析［J］．中国人口·资源与环境，2010，20（4）：130-136.

　　［16］崔和瑞，梁丽华．基于混沌理论的农业技术创新扩散过程研究［J］．科技管理研究，2010（17）：28-30.

　　［17］崔宁波，郭翔宇．我国大豆生产技术及应用的经济分析［D］．东北农业大学博士学位论文，2008.

　　［18］戴波．精准扶贫的理论与实践：基于木老元乡和摆榔乡的调研［M］．北京：社会科学文献出版社，2019.

　　［19］戴思锐．农业技术进步过程中的主体行为分析［J］．农业技术经济，1998（1）：12-18.

　　［20］丁巨涛．当前我国农业技术创新的主要障碍因素及对策［J］．中国科技论坛，2004（2）：49-53.

　　［21］丁巨涛．我国农业技术推广体系构建探析［J］．农村经济，2005（5）：102-103.

　　［22］董辅礽．中国经济纵横谈［M］．北京：经济科学出版社，1996.

　　［23］杜青林．中国农业和农村经济结构战略性调整［M］．北京：中国农业出版社，2003.

　　［24］段利忠，刘思峰．技术扩散场技术扩散状态模型的理论研究［J］．北京工业大学学报，2003，29（2）：251-256.

［25］段茂盛．技术创新扩散系统研究［J］．科技进步与对策，2003，20（2）：76-78．

［26］樊启洲．农业技术推广体制改革研究［D］．华中农业大学博士学位论文，2000．

［27］方亮．技术创新扩散的微观作用原理及仿真研究［D］．华中科技大学硕士学位论文，2008．

［28］方松海．农户禀赋对保护地生产技术采纳的影响分析［J］．农业技术经济，2005（5）．

［29］方维慰，李同升．农业技术空间扩散环境的分析与评价［J］．科技进步与对策，2006，11（11）：48-50．

［30］冯楚建．基于社会嵌入视角的西藏地区科技精准扶贫模式研究［D］．华中科技大学硕士学位论文，2017．

［31］冯铁龙．工业园区技术创新的扩散及其激励机制研究［D］．重庆大学硕士学位论文，2007．

［32］冯忠泽，万靓军，田莉．建立中国农产品质量安全市场准入机制框架分析［J］．中国农学通报，2008（5）：121-126．

［33］［英］弗兰克·艾利思．农民经济学：农民家庭农业和农业发展［M］．胡景北译．上海：上海人民出版社，2006：135-158．

［34］傅新红，宋汶庭．农户生物农药购买意愿及购买行为的影响因素分析——以四川省为例［J］．农业技术经济，2010（6）：120-128．

［35］高启杰，朱希刚，陈良玉．论我国农业技术推广模式的优化［J］．农业技术经济，1996（2）：13-18．

［36］高启杰．推广经济学：农业推广投资研究［M］．北京：中国农业大学出版社，2001．

［37］高启杰．我国农业推广投资现状与制度改革的研究［J］．农业经济问题，2002（8）：27-33．

［38］高启杰．现代农业推广学［M］．北京：中国科学技术出版社，1997．

［39］高启杰．中国农业技术创新模式及其相关制度研究［J］．中国农村观察，2004（2）：24-27．

［40］关俊霞，陈玉萍，吴海涛．南方农户农业生产的技术需求研究［J］．经济问题，2007（4）：84-86．

［41］管曦．建设茶业多功能性的研究［J］．江西农业学报，2009（1）：178-179．

［42］郭书田．发展菌草业具有广阔的前景［C］．第三届国际菌草业发展

暨第六届中国菌草技术扶贫研讨会论文集，2005：251-253.

　　［43］何书惠．巨菌草抗旱性能及重金属镉污染修复特性研究［D］．四川农业大学硕士学位论文，2015.

　　［44］胡虹文．农业技术创新与农业技术扩散研究［J］．科技进步与对策，2003，20（5）：73-75.

　　［45］胡瑞法，黄季焜，李立秋．中国农技推广：现状问题及解决对策［J］．管理世界，2004（5）：50-57.

　　［46］胡瑞法，黄季焜，李立秋．中国农技推广体系现状堪忧——来自7省28县的典型调查［J］．中国农技推广，2004（3）：6-8.

　　［47］胡瑞法，黄颉．中国植物新品种保护制度的经济影响研究［J］．中国软科学，2006（1）：49-56.

　　［48］胡瑞法，徐丽安．关于农业技术经济学科体系的探讨［J］．农业技术经济，1996（5）：13-17.

　　［49］黄季焜，Rozelle S．技术进步和农业生产发展的原动力——水稻生产力增长的分析［J］．农业技术经济，1993（6）：24-28.

　　［50］黄季焜，胡瑞法，方向东．农业科研投资的总量分析［J］．农业科研经济管理，1998（3）：23-25.

　　［51］黄季焜，胡瑞法，智华勇．基层农业技术推广体系30年发展与改革：政策评估和建议［J］．农业技术经济，2009（1）：4-11.

　　［52］黄季焜．中国农业科技投资经济［M］．北京：中国农业出版社，2000.

　　［53］黄年来．我国食用菌产业的现状与未来［J］．中国食用菌，2000，19（4）：3-5.

　　［54］黄世宏．发展能源草大有可为——访菌草研究所所长林占熺［J］．6·18博览，2008（16）：7-8.

　　［55］黄文清，张俊飚．基于资源禀赋约束下的我国食用菌产业可持续发展问题研究［J］．湖湘论坛，2010（4）：86-91.

　　［56］黄志龙．福建食用菌产业发展问题与应对措施［J］．食用菌，2008，29（6）：1-2.

　　［57］冀宏，赵黎明，汪虹．食用菌产业在农业循环经济中的作用与实践［J］．食用菌，2007（2）：1-3.

　　［58］［美］加里·斯坦利·贝克尔．家庭论［M］．王献生等译．北京：商务印书馆，1998：397.

　　［59］姜绍丰．福建农村支柱产业——食用菌［J］．国际农产品贸易，2007（2）：46-47.

［60］姜太碧．农技推广与农民决策行为研究［J］．农业技术经济，1998（1）：1-4.

［61］孔祥智，涂圣伟．新农村建设中农户对公共物品的需求偏好及影响因素研究［J］．农业经济问题，2006（10）：13-18.

［62］兰良程．中国食用菌产业现状与发展［J］．中国农学通报，2009，25（5）：205-208.

［63］兰玉杰，陈晓剑．企业家人力资本激励约束机制的理论基础与政策选择［J］．数量经济技术经济研究，2002（2）：15-17.

［64］李春琦，石磊．国外企业激励理论述评［J］．经济学动态，2001（6）：61-66.

［65］李凤智．改革开放以来我国农村扶贫实践研究［D］．南京大学硕士学位论文，2018.

［66］李谷成，冯中朝，范丽霞．农户家庭经营技术效率与全要素生产率增长分解［J］．数量经济技术经济研究，2007（8）：25-34.

［67］李季，任晋阳，韩一军．农业技术扩散研究综述［J］．农业技术经济，1996（6）：48-51.

［68］李季．农业技术扩散过程及其评述［J］．农业现代化研究，1997，18（1）：20-22.

［69］李佳怡，李同昇，李树奎．不同农业技术扩散环境区农户技术采用行为分析——以西北干旱半干旱地区节水灌溉技术为例［J］．水土保持通报，2010（30）：201-205.

［70］李普峰，李同昇，满明俊．农业技术扩散的时间过程及空间特征分析［J］．经济地理，2010（4）：30-34.

［71］李树奎，李同昇．我国西北地区县域农业技术扩散环境的评价研究［J］．干旱区地理，2011（1）：15-18.

［72］李树奎．农业技术扩散环境与区域社会经济协调发展的时空关联分析［D］．西北大学硕士学位论文，2010.

［73］李文刚，罗剑朝，朱兆婷．退耕还林政策效率与农户激励的博弈均衡分析［J］．西北农林科技大学学报（社会科学版），2005（5）：15-18.

［74］李昕杰．农民参与式农业技术创新扩散方式研究［D］．吉林农业大学硕士学位论文，2008.

［75］李旭．小蘑菇大收益　彭阳菌草产业见证闽宁协作20年［J］．共产党人，2016（9）.

［76］李燕凌．我国农村公共品供求均衡路径分析及实证研究［J］．数量经

济技术经济研究，2004（7）：59-65.

[77] 李垣，刘益.关于企业组织激励的探讨[J].数量经济技术经济研究，1999，16（5）：35-39.

[78] 李云龙.全球贫困治理的中国方案[N].学习时报，2020-01-17.

[79] 林毅夫，潘士远，刘明兴.技术选择、制度与经济发展[J].经济学（季刊），2006（2）.

[80] 林毅夫，沈明高，周皓.中国农业科研优先序[M].北京：中国农业出版社，1996.

[81] 林毅夫.制度、技术与中国农业发展[M].上海：上海三联书店，1992.

[82] 林占森.卢旺达菌草业现况及发展前景[J].福建农业科技，2016（6）.

[83] 林占熺.菌草技术发展回顾[J].6.18博览，2010增刊21-22.

[84] 林占熺.菌草学[M].北京：中国农业科学技术出版社，2003：1-15.

[85] 刘秉儒，杨新国，宋乃平.宁夏菌草技术产业发展前景和问题的对策[J].生态经济，2010（1）：147-150.

[86] 刘春香.中国农业技术创新现状与对策研究[J].农业经济，2006（5）：33-34.

[87] 刘红梅，王克强，黄智俊.我国农户学习节水灌溉技术的实证研究——基于农户节水灌溉技术行为的实证分析[J].农业经济问题，2008（4）：21-27.

[88] 刘红梅，王克强，黄智俊.影响中国农户采用节水灌溉技术行为的因素分析[J].中国农村经济，2008（4）：45-54.

[89] 刘鹏玲.云南石漠化地区菌草技术应用展望[J].安徽农业科学，2015，43（15）：218-219.

[90] 刘仁平.农业技术创新问题与对策研究[J].农业经济，2006（6）：3-6.

[91] 刘颂.关于现代激励理论发展困境的几点分析[J].南京社会科学，1998（4）：29-36.

[92] 刘遐.食用菌工厂化生产的国际发展[J].食用菌，2011（5）：1-4.

[93] 刘笑明，李同升.农业技术创新扩散的国际经验及国内趋势[J].经济地理，2006（6）：931-935.

[94] 刘笑明，李同升.农业技术创新扩散环境的定量化评价研究——以杨凌关中地区为例[J].地理科学，2008（5）：656-661.

［95］刘笑明．农业技术创新扩散的影响因素及其改进［J］．中国科技论坛，2007（5）：50-53.

［96］刘亚萍．改善生态环境　助力脱贫攻坚——福定携手发展菌草产业综述［N］．定西日报，2019-09-09.

［97］卢正惠．论激励与约束［J］．经济问题探索，2002（4）：93-98.

［98］鲁南等．巨菌草的生物结构及制浆造纸性能［J］．纸和造纸，2015，34（3）：27-30.

［99］罗金仙等．贵州省农村地区的致贫原因与扶助对策［J］．农村经济与科技，2018（17）.

［100］吕文震．技术创新扩散中企业采用行为的博弈分析［D］．南京航空航天大学硕士学位论文，2006.

［101］马国良．经贸结硕果　合作谱华章——纪念中国与莱索托复交二十五周年［N］．国际商报，2019-02-27.

［102］马树才，刘兆博．中国农民消费行为影响因素分析［J］．数量经济技术经济研究，2006（5）：20-30.

［103］马晓旭，杨洁．稻农无公害农药使用意愿及其影响因素研究［J］．江西农业大学学报（社会科学版），2011（10）：4-7.

［104］满明俊，李同昇，李树奎．技术环境对西北传统农区农户采用新技术的影响分析——基于三种不同属性农业技术的调查研究［J］．地理科学，2010（1）：66-74.

［105］满明俊，李同昇．农业技术采用的研究综述［J］．开发研究，2010（1）：80-85.

［106］满明俊，周民良，李同昇．技术推广主体多元化与农户采用新技术研究——基于陕甘宁的调查［J］．科学管理研究，2011（3）：99-103.

［107］蒙秀锋，饶静，叶敬忠．农户选择农作物新品种的决策因素研究［J］．农业技术经济，2005（1）：20-26.

［108］聂和平，刘朝贵，李小孟．初探我国食用菌工厂化生产的途径［J］．中国食用菌，2006（4）：11-13.

［109］蒲艳萍，吴永球．经济增长、产业结构与劳动力转移［J］．数量经济技术经济研究，2005（9）：19-29.

［110］齐振宏．我国农业技术创新过程的障碍与支撑平台的构建［J］．农业现代化研究，2006（1）：53-57.

［111］乔榛，焦方义，李楠．中国农村经济制度变迁与农业增长［J］．经济研究，2006（7）：24-29.

菌草技术扩散及其激励机制研究

［112］裘孟荣，袁飞．论农业技术创新与扩散的宏观管理［J］．农业技术经济，1996（1）：33-37.

［113］饶旭鹏．国外农户经济理论研究述评［J］．江汉论坛，2011（4）：43-48.

［114］任克双．新品种扩散过程中农户采用行为及影响因素的实证研究［D］．华中农业大学硕士学位论文，2008.

［115］盛亚．新产品采用者的决策准则［J］．数量经济技术经济研究，2002（7）：81-84.

［116］［美］西奥多·W.舒尔茨.改造传统农业［M］.梁小民译.北京：商务印书馆，1987.

［117］孙东升．我国农业科技推广体系改革探讨［J］．经济研究参考，2003（43）：46-48.

［118］孙敬水，崔立涛．企业技术创新的影响因素、市场结构及动态博弈分析［J］．科技进步与对策，2007（8）：97-101.

［119］孙联辉．中国农业技术推广运行机制研究［D］．西北农林科技大学博士学位论文，2003.

［120］谭卫平．为世界减贫贡献中国智慧［N］．人民日报海外版，2018-10-17.

［121］唐永金．论农业推广中的主体行为［J］．河北农业大学学报（农林教育版），2003（2）：60-61.

［122］唐永金．农业创新传播、扩散和推广［J］．农业现代化研究，2010（1）：77-80.

［123］陶佩君．社会化小农户的农业技术创新扩散研究［D］．天津大学博士学位论文，2007.

［124］万再祥．一个产业盘活一个村［N］．黔东南日报，2019-12-06.

［125］汪三贵，刘晓展．信息不完备条件下贫困农民接受新技术行为分析［J］．经济研究参考，1997（5）：15-19.

［126］汪三贵．技术扩散与缓解贫困［M］．北京：中国农业出版社，1998.

［127］王朝全，郑建华．论农业技术推广新机制［J］．农村经济，2005（6）：6-9.

［128］王慧军．中国农业推广理论与实践发展研究［D］．东北农业大学博士学位论文，2003.

［129］王景旭．农户对水稻技术需求及其影响因素实证研究［D］．华中农业大学硕士学位论文，2011.

［130］王武科，李同升，刘笑明等．农业技术水平的地区差异分析［J］．农业现代化研究，2007（3）：343-346.

［131］王武科，李同升，刘笑明等．农业科技园技术扩散的实证研究——以杨凌示范区为例［J］．经济地理，2008（4）：661-666.

［132］王小虎等．农业科研院所学科特点与学科建设研究［J］．农业科技管理，2013，32（1）：5-8.

［133］王晓东等．贵州省农村的贫困问题及其反贫困策略［J］．新疆农垦经济，2012（6）.

［134］王永强，朱玉春．农业技术扩散过程中的障碍因素分析［J］．中国科技论坛，2009（1）：107-111.

［135］王豫生，周毕芬．菌草技术发明与发展的社会学价值［J］．福建农林大学学报（哲学社会科学版），2006（1）：1-5.

［136］翁伯琦，雷锦桂，江枝和．东南地区农田秸秆菌业现状分析及研究进展［J］．中国农业科技导报，2008（5）：24-30.

［137］吴敬学，杨巍，张扬．中国农户技术需求行为的经济机理分析［J］．江西财经大学学报，2008（4）：50-54.

［138］吴少风．食用菌工厂化生产几个问题的探讨［J］．中国食用菌，2008（1）：52-54.

［139］武耘．现代农业发展中的食用菌工厂化无公害生产刍议［J］．现代农业科技，2008（9）：56-57.

［140］［美］西奥多·W.舒尔茨．论人力资本投资［M］．吴珠华等译．北京：北京经济学院出版社，1990.

［141］奚丽娟．集群环境下企业采用行为及技术创新扩散模型研究［D］．河北工业大学硕士学位论文，2006.

［142］夏敬源．中国农业技术推广改革发展30年回顾与展望［J］．中国农技推广，2009，25（1）：4-14.

［143］肖岩．菌草启示录［J］．新合作，2009（2）：20-22.

［144］肖焰恒．可持续农业技术创新理论的构建［J］．中国人口·资源与环境，2003（1）：106-109.

［145］谢芳芳．菌草技术的援外推广模式研究［D］．福建农林大学博士学位论文，2013.

［146］谢联辉，蔡俊迈．菌草：一个大有作为的新产业［N］．人民日报，1998-02-19.

［147］徐梅．当代西方区域经济理论评析［J］．经济评论，2002（3）：74-78.

［148］延安市科技局．发展菌草产业　推进成果转化［N］．延安日报，2018-01-18．

［149］阎竣，陈玉萍．西部户用沼气系统的社会经济效益评价——以四川、陕西和内蒙古为例［J］．农业技术经济，2006（3）：37-42．

［150］阎文圣，肖焰恒．中国农业技术应用的宏观取向与农户技术采用行为诱导［J］．中国人口·资源与环境，2002（3）：27-31．

［151］颜廷武．中西部地区农户经济行为与农村反贫困研究［D］．华中农业大学博士学位论文，2005．

［152］杨雪．农民在农业科技成果采用中的决策行为与动机研究［D］．上海交通大学硕士学位论文，2009．

［153］杨宜婷，周波，陈曦．种稻大户技术应用时机选择影响因素分析［J］．江西农业大学学报（社会科学版），2011（4）：45-49．

［154］尹成杰．农业多功能性与推进现代农业建设［J］．中国农村经济，2007（7）：4-9．

［155］余婷．基于产业集群的技术创新及扩散系统分析［D］．华中科技大学硕士学位论文，2007．

［156］喻永红，张巨勇，喻甫斌．可持续农业技术（SAT）采用不足的理论分析［J］．经济问题探索，2006（2）：67-71．

［157］岳中志．非对称信息条件下的企业经营者激励契约设计［J］．数量经济技术经济研究，2005（2）：50-55．

［158］张东伟，朱润身．试论农业技术推广体制的创新［J］．科研管理，2006（3）：141-145．

［159］张会云，唐元虎．企业采用技术创新决策的博弈分析［J］．科技进步与对策，2002（11）：117-119．

［160］张舰，韩纪江．有关农业新技术采用的理论及实证研究［J］．中国农村经济，2002（11）：54-60．

［161］张金霞等．我国食用菌产业的多功能性浅析［J］．中国农业资源与区划，2008（3）：33-35．

［162］张景顺，王树进．我国农业高新技术产业化问题研究［J］．南京农业大学学报（社会科学版），2002（2）：12-15．

［163］张五常，易宪容．佃农理论——应用于亚洲的农业和台湾的土地改革［M］．北京：商务印书馆，2000．

［164］张相日，陆辉，李金灿．中国食用菌栽培技术研究及其发展前景［J］．广西科学院学报，2005（1）：19-22．

［165］张湘．晋州农户新品种采用行为影响因素研究［D］．华中农业大学硕士学位论文，2009.

［166］张雨．农业科技成果转化运行机制研究［D］．中国农业科学院博士学位论文，2005.

［167］张云华，马九杰，孔祥智．农户采用无公害和绿色农药行为的影响因素分析［J］．中国农村经济，2004（1）：14-19.

［168］张哲．基于技术扩散的产业集群创新动力研究［J］．山东社会科学，2009（2）：111-113.

［169］赵佳荣．中国基层农业技术推广体系及其运行机制创新研究［J］．湖南农业大学学报（社会科学版），2005（6）：18-21.

［170］赵维双．基于政府管理的技术创新扩散激励机制研究［J］．经济问题，2005（2）：14-16.

［171］赵维双．技术创新扩散的环境与机制研究［D］．吉林大学博士学位论文，2005.

［172］赵绪福，吕世安．农业推广发展的目标模式初探［J］．湖北民族学院学报（自然科学版），1998（6）：108-112.

［173］赵学平，陆迁．控制农户焚烧秸秆的激励机制探析［J］．华中农业大学学报（社会科学版），2006（5）：69-72.

［174］赵志强，杨建飞．我国企业自主创新机制的问题与对策研究［J］．江西农业大学学报（社会科学版），2011（4）：17-21.

［175］郑金英．菌草产业成长及其多功能性探析［J］．中国农学通报，2011（1）：304-308.

［176］郑文彪．开发食用菌产业应走节约资源之路［J］．浙江林业，2008（12）：28-31.

［177］中华人民共和国国务院新闻办公室．中国的对外援助（2014）白皮书［Z］．2014.

［178］钟全林，郑达贤，曾从盛．食用菌产业发展对社会经济与资源环境的影响——以福建古田县为例［J］．林业经济，2006（6）：71-74.

［179］周艳波，董鸿鹏．基于农产品质量安全下的农户技术选择行为研究［J］．农村经济，2008（1）：15-17.

［180］朱贵芳．福建省农业科技推广体制创新研究［D］．福建师范大学硕士学位论文，2006.

［181］朱森林等．贵州皇竹草石漠化治理食用菌生态农业发展模式初探［J］．南方农业，2016（9）.

[182] 朱希刚，赵绪福．贫困山区农业技术采用的决定因素分析 [J]．农业技术经济，1995（5）：18-21.

[183] 朱希刚．技术创新与农业结构调整 [M]．北京：中国农业科学技术出版社，2004.

[184] 朱希刚．农业技术经济分析方法及应用 [M]．北京：中国农业出版社，1997.

[185] 朱希刚．农业科技成果产业化的运行机制 [J]．农业技术经济，2000（4）：38-41.

[186] 朱希刚．我国农业科技进步贡献率测算方法 [M]．北京：中国农业出版社，1997.

[187] 朱晓峰．90 年代我国农业技术变迁方向及长入经济的主导模式 [J]．农业技术经济，1993（5）：30-33.

[188] 朱艳．基于农产品质量安全与产业化组织的农户生产行为研究：以浙江省为例 [D]．浙江大学硕士学位论文，2004.

后 记

本书是在我博士论文的基础上补充和完善的。在此，我深深地感谢我的导师刘伟平教授。他严谨的治学态度和不断追求进步的精神深深地感染着我，督促我不断前行。同时，还要感谢学院领导的支持和同事的帮助，是他们的支持和帮助促成了本书的问世。

在本书资料的收集和调研中，我得到了多方面的帮助。特别要感谢福建农林大学菌草研究所所长林占熺研究员，在资料的收集方面，林所长提供了最无私的帮助，在此，对林老师表示衷心的感谢。感谢福建省食用菌技术推广总站的林远崇站长、肖淑霞副站长的大力帮助。特别要感谢的是在调查和研究过程中给予我无私帮助的有关试点县食用菌专家，他们是松溪县食用菌老专家钱友安、宁德市食用菌办郑东、寿宁县食用菌办郑毅雄、福鼎市食用菌办周秦福、武平县食用菌办钟礼义、泰宁县食用菌办王高飞、顺昌县星升菌草合作社陈泽春、漳平县科技局苏日柏等各位专家，对于他们真诚的帮助，在此表示深深的谢意。

感谢本书责任编辑任爱清老师提出的宝贵意见，感谢她在编辑过程中的不断沟通与细心审读，使我深刻体会到文章是在不断的修改和完善中完成的。

由于本人的水平与精力有限，书中难免会存在不足与疏漏之处，敬请广大读者批评指正并给予谅解。